버핏클럽

버핏클럽 *issue* 2

Editor in Chief
백우진 Baek Woo-Jin

Editor
김형렬 Kim Hyeong-Ryeol
양은희 Yang Eun-Hi

Art & Design
김지선 Kim Ji-Sun
노혜지 Noh Hye-Ji

Publisher
김기호 Kim Ki-Ho

지은이   강영연, 강환국, 김재현, 김학렬, 박성현, 백우진, 사경인, 서준식,
          송선재, 숙향, 신진오, 이건, 이은원, 장홍래, 최준철

발행일   초판 1쇄 2019년 6월 1일
발행처   에프엔미디어
신고   2016년 1월 26일 제2018-000082호
주소   서울시 용산구 한강대로 109, 601호
전화   02-322-9792
팩스   0505-116-0606
이메일   bookdd@naver.com

ISBN   979-11-88754-14-4

이 도서의 국립중앙도서관 출판예정도서목록(CIP)은 서지정보유통지원시스템 홈페이지(http://seoji.
nl.go.kr)와 국가자료공동목록시스템(http://www.nl.go.kr/kolisnet)에서 이용하실 수 있습니다.
(CIP제어번호: CIP2019019556)

The Mook for Intelligent Investor

버핏클럽

'버핏클럽'의 진화

워런 버핏을 표현하는 키워드는 무척 많다. 가치투자자, 억만장자, 독서광, 오마하의 현인, 대승적 투자자(투자의 지혜를 널리 공유하는 투자자), 열정적인 자본주의자, 소박한 생활, 노익장, 낙관주의, 노블레스 오블리주….

여기에 추가할 게 하나 있다. '진화'다. 버핏은 투자자로서도, 경영자로서도 변신해왔고 진화에 성공했다. 구순이 되어서도 변화에 유연하게 대응하고 있다. 노익장보다 더 놀라운 측면이다. 노년에 신체적으로 건강하기보다 지력을 유지하기가 더 어려운데, 버핏은 여전히 분석하고 판단하며 의사 결정의 틀을 업그레이드한다.

최근 몇 년 동안 버핏은 IT 주식에 대해 유연함을 보여줬다. 주총 Q&A에서 버크셔의 아마존 투자에 대한 질문이 나오자 버핏은 "토드와 테드 중 한 사람이 아마존 주식을 매수했다"며 "두 사람은 나보다 훨씬 더 넓은 영역에서 수백 개 종목을 조사하면서, 기업이 마지막 날까지 창출하는 현금 등 온갖 변수를 분석해 가치투자 원칙에 따라 투자 종목을 선정한다"고 설명했다. 버핏의 이 같은 투자 결정은 IT 기업 중 필수 소비재 및 서비스 업체에 기존 투자 원칙을 적용한 것이라고 버핏 전문가들은 풀이한다. 지난해에 이어 올해의 주총 Q&A 기사도 투자 분야 번역에서 최고로 꼽히는 이건 번역가가 정리했다.

버핏처럼! 창간호에 기고한 필진 중 상당수가 새로운 일이나 새로운 시도를 시작했다. 진화의 선택을 위한 도전에 나선 셈이다.

'안전마진의 철학: 알 수 없는 미래와의 안전거리' 칼럼에서 깊은 통찰을 보여준 박성진 씨는 지난 3월 이언투자자문 대표로 변신했다. 박 대표는 왜 직접 투자자문사를 설립해 운영하기로 했을까? 인터뷰 기사에서 그의 대답과 포부를 읽어볼 수 있다. 흥미롭게도 그의 대답과 올해 주총에서 버핏이 한 답변 중 하나가 거의 일치한다.

서준식 신한BNP파리바자산운용 국내 운용 부문 총괄 부사장은 올해 들어 '스노우볼인컴펀드'를 출시했다. 국내 최초로 채권형 주식의 개념을 도입한 펀드다. 이번 호 기고에서 서 부사장은 이 펀드의 투자 대상을 구성한 기준을 공유했다. '떨어지는 칼날' 삼성전자를 매수한 의사 결정 과정도 눈길을 끈다.

버핏의 스승 벤저민 그레이엄의 투자법을 집중 분석한 특집 기사는 국내 가치투자자들의 진화를 보여준다. 숙향(필명), 송선재, 강환국 세 필자는 그레이엄의 투자법이 여전히 유효하다는 것을 다각도로 들려준다. 숙향은 자신의 그레이엄식 투자 성공 경험을 공유했다. 송선재 씨는 그레이엄을 계승한 월터 슐로스를 소개했고, 강환국 씨는 퀀트라는 키워드로 그레이엄의 투자법을 분석했다.

국내 3대 가치투자 커뮤니티의 운영자인 김태석(필명 남산주성), 김철광(바람의숲), 구도형(좋은습관) 3인의 좌담회도 준비했다. 그들은 최근 현안과 향후 전망에 대해 견해를 나누며 자산주부터 바이오주 같은 섹터, 4차 산업혁명 같은 테마도 심도 있게 다뤘다.

최준철 VIP자산운용 대표는 "나의 50%는 버핏이고 50%는 루안커니프"라며 버핏의 대안적 롤모델로 루안커니프를 꼽았다. 루안커니프는 어떤 회사일까? 최 대표는 지난 15년 동안 루안커니프 애널리스트들로부터 배우고 자극받은 것들을 정리해 기고했다. 한편 최 대표는 지난해 6월 회사를 투자자문사에서 사모펀드 운용사로 전환했다.

이런 측면에서 〈버핏클럽〉 2호의 콘셉트를 '진화'로 잡았다. 이 콘셉트는 표지에 'Buffett's Evolution'이라는 문구로 나타냈다. 참고로 1호의 콘셉트는 'Becoming Warren Buffett'이었다. 이 무크도 둘째 호를 맞아 진화했다고 자부한다. 〈버핏클럽〉은 앞으로도 거듭 진화할 것을 약속드린다.

백우진 편집장

Contents

"우리는 열정적인
자본주의자"

미국 중부 네브래스카주의 소도시 오마하는 5월 첫 주말이면 축제를 치른다. 바로 주주 자본주의의 축제인 버크셔 해서웨이의 주주총회다. 전 세계에서 모여든 4만 명의 주주들은 오마하의 현인 워런 버핏과 그의 동반자 찰리 멍거의 지혜를 듣기 위해 새벽 4시부터 줄을 선다. 올해 주총 소식과 함께 버크셔 주총의 이모저모, FAQ, 역사 등을 살펴보자.

총회장에 입장하기 위해 줄을 선 모습

'주주 자본주의의 축제', '자본주의의 우드스톡'으로 불리는 버크셔 해서웨이의 주주총회. 미국 중부 네브래스카주의 인구 약 40만 명인 소도시 오마하에서 열린다. 버크셔의 주총에는 참석한 4만여 명의 주주는 물론이고 전 세계 투자자와 세계 언론의 관심이 집중된다.

버크셔의 주총 행사는 매년 5월 첫 주말에 사흘 동안 개최된다. 금요일에는 쇼핑데이가 열리고, 토요일에는 장시간의 주총이 진행되며, 일요일에는 단축 마라톤이 개최된다. 올해 주총은 지난 5월 3일부터 5일까지 진행되었다.

금요일 시작되는 쇼핑데이 판매 행사는 토요일까지 이어진다. 버크셔의 자회사들이 전시장에 부스를 마련해 제품을 홍보하고 판매한다. 제품은 버크셔가 거느린 자회사들만큼 다양하다. 시즈캔디 초콜릿, 코카콜라, 데어리퀸 아이스크림 같은 식료품을 구매하고 맛볼 수 있다. 브룩스 운동화, 보스 헤드폰 같은 소비재도 전시·판매된다. 평소보다 크게 할인된 가격이다. 주주총회 기념품을 파는 매장도 있다. 티셔츠의 인기가 높은데, 사람들이 많이 찾는 사이즈는 일찍 품절된다.

소비재를 만들지 않는 자회사들은 부스에서 자사의 사업을 홍보한다. 철도회사 BNSF, 전력회사 버크셔 해서웨이 에너지, 농업 기업 CTB 등의 직원들이 버크셔 주주들의 문의에 적극적으로 답변해준다.

일요일 마라톤 행사는 5km를 달리는데 참가비는 1인당 약 60달러다. 버크셔는 받은 참가비를 모두 기부한다.

버크셔 주주들은 대부분 일요일에 떠난다. 북적이던 소도시 오마하가 다시 평온을 되찾는다. 월요일까지 머무르면 평소의 오마하, 버핏이 일하는 도시의 한적한 분위기를 느낄 수 있다.

88세 '오마하의 현인' 5시간 마라톤 문답

토요일에 진행되는 주주와의 질의응답이 버크셔 주총의 하이라이트다. Q&A는 오전 9시 15분부터 오후 3시 15분까지, 점심시간 1시간을 제외하고 장장 5시간 동안 진행된다. 투자 관련 현안은 물론이고 미국과 세계 경제의 주요 이슈를 놓고 문답이 오간다. 경제뿐 아니라 정치 이슈도 다뤄진다. 이 글에서는 외신들을 종합해 주총 당일의 현장 분위기와 문답을 전한다.

4일 오마하의 CHI헬스센터(구 센추리링크)는 4만여 주주로 가득 찼다. 오전 8시 30분에 시작하는 행사에서 좋은 자리를 잡기 위해 새벽 4시부터 줄을 서서 기다리는 주주들도 있었다. 입장은 7시경 시작되었다.

주총이 개막되고 8시 30분부터 버크셔 해서웨이 홍보 영상이 상영되었다. 홍보 영상 중간중간에 코카콜라, 듀라셀 등 버크셔가 투자한 회사의 광고가 나온다.

'오마하의 현인' 버핏의 총기는 88세의 고령에도 여전했다. 멍거는 무려 95세인데도 장시간의 문답을 지친 기색 없이 소화했다. 두 거장은 투자자들의 질문에 특유의 유머를 구사하며 답변했다. 그때마다 주주들은 열띤 갈채를 보냈다.

이날 질의응답의 키워드는 아마존(Amazon), 크래프트 하인즈(Kraft Heinz), 후계자 등이었다. 아울러 미국 대통령 선거와 대선 공약도 거론되었다.

변하지 않는 가치투자의 원칙, '미래의 현금흐름'

가장 큰 관심사는 버크셔의 아마존 투자였다. 5월 초, 버핏은 미국 투자 전문 방송 CNBC와의 인터뷰에서 버크셔가 아마존 주식을 사들이고 있다고 밝혔다. 그는 오래전부터 아마존과 제프 베조스(Jeffrey Bezos) 최고경영자의 팬이었고 아마존에 좀 더 일찍 투자하지 않은 것은 어리석었다고 말하며, 구체적인 매입 규모는 이달 말 미국증권거래위원회(SEC) 제출 보고서에서 확인될 것이라고 말했다.

가치투자를 표방해온 버핏은 오랫동안 정보기술(IT) 주식을 외면하면서, 이들 주식의 가격이 터무니없이 올랐다고 말해왔다. 내재가치보다 주가가 높은 IT주는 살 이유가 없다는 논리였다. 그러던 그의 버크셔가 아마존 주식을 매입했다는 소식이 알려지면서 전 세계 투자자들의 이목이 집중되었다. 가치투자 전략을 수정한 것인가, 아니면 아마존을 가치주로 봐야 하는 것인가, 논의가 분분했다.

이날 버핏은 "아마존 주식을 매입한 결정은 여전히 가치투자 원칙에 따른 것"이라고 말하며 "아마존 주식은 여전히 저렴한 편"이라고 덧붙였다. 또 "가치투자는 기업의 미래 현금흐름을 측정하고 가치를 매기는 데 있는 것"이라면서 "발 밑에 있는 가격만 보고 저렴하다고 판단하는 것이 아니다"라고 말했다.

버핏은 이어 "좋은 사업에 많은 돈을 투자할 수도, 나쁜 사업에 많은 돈을 낭비할 수도 있지만, 분명한 한 가지는 저렴한 비용으로는 좋은 투자를 할 수 없다는 것"이라고 실명했다. 기격이 저렴한지만 따져서는 좋은 기업의 주식을 매수하지 못한다는 말이다.

버크셔는 아마존 이전에도 IT주로 IBM과 애플(Apple)을 매입했다. 2016년 3월 말 기준 애플 주식 981만 주를 보유하고 있다고 2016년 5월 공시했고, 이후 1억 6,530만 주로 늘렸다고 2018년 5월 미국 언론 매체들이 전했다.

'제조 vs. 유통' 싸움에서 유통이 강해지고 있다

또 다른 관심사는 크래프트 하인즈의 실적 악화와 향후 전망이었다. 버크셔는 2013년 브라질 투자회사 3G 캐피털(3G Capital)과 손잡고 하인즈를 약 230억 달러에 인수했다. 2015년에는 약 480억 달러를 투입해 크래프트를 인수한 뒤 하인즈와 합병했다. 이를 통해 버크셔는

쇼핑데이 행사장의 시즈캔디, 코카콜라, 듀러셀 부스(위부터)

움직이는 모형 기관차를 전시한 BNSF와 가이코, 크래프트 하인즈 부스(위부터)

크래프트 하인즈의 주식 27%를 보유한 최대 주주가 되었다.

버핏의 기대와 달리 크래프트 하인즈는 실적 악화로 주가가 큰 폭 하락했다. 버크셔도 크게 타격을 받았다. 버크셔가 보유한 지분의 가치는 지난해 말 138억 달러에서 최근 106억 달러로 대폭 감소했다.

이 질문에 버핏은 직접적인 대답을 하지 않았다. 대신 코스트코(Costco)의 커클랜드 같은 유통사에 속하는 브랜드와 크래프트 하인즈 같은 제조사 브랜드 사이에 싸움이 지속적으로 진행되고 있다고 말했다. 이어 몇몇 유통사, 특히 아마존과 월마트(Wal-mart), 코스트코 같은 회사들이 힘을 얻었다고 평가했다.

버핏은 앞서 CNBC와의 인터뷰에서 크래프트 하인즈에 대한 투자가 과도했음을 인정한 바 있다. 그는 "우리는 크래프트에 과도한 돈을 썼습니다"라며 2015년 투자 당시 브랜드 가치를 지나치게 낙관했다고 말했다.

이 투자 손실은 버핏이 아마존을 더 높이 평가한 계기가 되었다는 관측도 나왔다. 니혼게이자이신문은 버크셔가 크래프트 하인즈에서 30억 2,300만 달러의 손실을 입자 버핏은 '제조사와 유통사 사이의 역학 관계에서 유통사가 힘을 더 갖는 쪽으로 바뀌었다'고 분석했다고 전했다.

"차기 회장 후보는 에이블과 자인"

앞으로 누가 버크셔를 이끌 것이냐는 질문에 버핏은 차기 회장 후보로 그레고리 에이블(Gregory Abel)과 아지트 자인(Ajit Jain)을 꼽았다. 그는 "그레고리와 아지트보다 더 좋은 책임자는 없을 것"이라면서 "최종 결정은 오랜 파트너 멍거와 함께 내릴 것"이라고 말했다.

그레고리 에이블은 1962년생으로 캐나다 출신이며 현재 버크셔의 에너지 부문 총책임자이자 이사다. 기업 인수를 통한 실적 창출과 리더십이 그의 강점으로 꼽힌다. 아지트 자인은 1951년생 인도 출신으로 버크셔의 보험 부문 부회장을 맡고 있다. 자인은 버크셔의 주축인 보험 부문의 체계를 만드는 데 크게 기여했다고 평가된다.

2020년 미국 대선을 앞두고 버핏의 의견을 묻는 질문도 나왔다. 한 투자자는 민주당 대선 후보들이 부유세 강화, 대기업 규제 등 '반(反)자본주의'적 공약을 내세우는 것과 관련해 그의 견해를 물었다. 버핏은 오랜 민주당 지지자다. 버핏이 "나는 열정적인 자본주의자입니다"라고 운을 떼자 주주들의 박수 갈채가 쏟아졌다. 버핏은 "그러나 부유층에 대한 세율이 너무 낮습니다"라면서 "자본주의에는 규제도 필요하며, 부의 격차를 줄이고 뒤처진 이들에게 다가가려는 구조가 필요합니다"라고 답했다.

버크셔 주총 참관기

버핏 추종자인 아들과 나눈 감동

홍영표(변호사)

중학교 2학년생인 아들은 워런 버핏을 존경한다. 버핏의 전기인 《스노볼(The Snow-ball)》을 초등학교 6학년 때 원서로 읽었을 정도이니 내가 버핏을 존경하는 것보다 더 하다고 할 수 있다. 물론 내게서 상당한 영향을 받았겠지만 말이다.

고령인 워런 버핏과 찰리 멍거가 언제 은퇴할지 몰라서 작년부터 버크셔 해서웨이 주주총회 참석을 별렀고 마침내 올해 참가하게 되었다. 시카고를 거쳐 오마하로 들어 갔다가 3일간 진행되는 주주총회 일정을 소화하고 다시 시카고와 샌프란시스코를 거 쳐 귀국하는 일정이었다.

시카고에서 미국 입국 심사관에게 오마하가 목적지이고 버크셔 주주총회에 참석 한다고 말했다. 그는 자신도 클래스 B주를 소유한 주주라며 반색했다. 주총장 인근은 숙박료가 너무 치솟아 주총장까지 차로 20분 남짓 걸리는 곳에 숙소를 잡았다.

일정 이틀째인 3일 아침, 우버를 불러 버크셔 본사로 이동했다. 기사는 친절한 백인 노인이었는데 어렸을 때 아버지가 연세대학교 교수였고 가족이 연세대 근처에서 살 았다고 했다. 버크셔 건물은 과연 시가총액 500조 원이 넘는 세계적 지주회사의 본사 인가 황당하기까지 했다. 멋들어진 유리 건물이 아니고 버크셔 해서웨이라고 커다랗 게 쓰인 간판조차 없었다. 주위는 낡은 건물 일색에 철거 중인 건물과 보수 중인 건물 이 뒤섞여 어수선했다. 그러나 버크셔 건물은 버핏의 합리성을 보여주는 증거다.

본사에서 버핏의 집까지는 걸어서 30분 거리여서 오마하의 분위기도 살필 겸 걸어 가기로 했다. 버핏 집 앞에는 이미 다양한 국적과 인종의 사람들이 자리 잡고 있었다. 담이 낮고 전형적인 미국식 저택이었고 금방이라도 버핏이 문을 열고 나올 것만 같았 다. 아들의 방문 소감과 20년 후 자신의 모습에 대한 기대를 짧은 영상에 담았다. 버크

버핏의 자택 앞에서 포즈를 취한 홍영표, 성현 부자

셔 본사 근처에 있는, 버핏이 매일 들른다는 맥도날드에 가서 끼니를 때운 후 주주 쇼핑데이가 열리는 CHI헬스센터로 이동했다.

크레덴셜(주주총회 입장권)을 받는 과정은 매우 쉬웠다. 한국 증권회사에서 받아온 버크셔 해서웨이 영문 주식 잔고 증명서와 여권을 제시하자 접수 담당자는 대강 훑어보더니 몇 명 것이 필요하냐고 물어보았다. 2명이라고 하자 목에 거는 줄이 연결된 손바닥 크기의 플라스틱 크레덴셜을 2개 건네주었다.

쇼핑데이 장소인 드넓은 실내는 부스들이 대규모로 들어서 있었다. 코카콜라, 시즈캔디, 듀라셀, 네브래스카 퍼니처 마트, 넷젯, BNSF 등 많은 자회사와 지분 투자 회사들이 할인 판매와 홍보에 열을 올리고 있었다. 여기에서 버크셔의 포트폴리오를 단번에 생생하게 알 수 있었다. 북웜 부스에서는 투자서 등의 책을 저렴하게 판매했는데, 《설득의 심리학》으로 유명한 로버트 치알디니(Robert Cialdini)가 사인회를 하고 있었다. 나와 아들은 《초전설득》과 《설득의 심리학》 원서에 사인을 받았다. 머그컵, 후드티, 티셔츠, 파자마, 우표, 야구공, 시즈캔디, 건전지 같은 기념품을 잔뜩 구입해서

주총 다음 날에는 5킬로미터 단축 마라톤 대회가 열렸다.

숙소로 돌아왔다. 몇 시에 주총장으로 출발할 것인지 상의 끝에 새벽 3시로 정하고 일찍 잠을 청했다.

마침내 4일 토요일. 주총 날이다. 3시에 아들을 깨워 주총장으로 향했다. 이미 100여 명이 입구에서 기다리고 있었다. 바닥에 신문지를 깔고 앉은 사람들도 있었고 가져온 접이식 의자에 앉은 사람들도 있었다. 시간이 갈수록 줄이 길어졌고, 눈에 보이는 사람들만 수천 명은 됐다. 마침내 입장이 시작되는 7시가 되자 출입구 검색대는 1초라도 먼저 들어가려는 사람들의 전쟁터였다. 병목 현상이 생기고 뒷사람들이 욕하고 그야말로 아수라장이었다. 검색대를 통과하면 일제히 뛰었다. 걸어가라는 진행 요원들의 고함에 따르는 사람은 없었다.

주총장은 빈자리가 없을 정도로 빽빽하게 채워졌다. 4만 명이 넘는 사람들이 주주총회에 참석하기 위해 이른 아침부터 한자리에 모이는 열성이 놀라웠다. 얼마 지나지 않아 다큐멘터리 영상과 자회사, 지분 투자 회사들의 광고 영상을 보여주는 것으로 주주총회가 시작됐다. 버핏과 멍거가 단상에 올랐고 빌 게이츠(Bill Gates)와 자회사의 대표들, 주주총회를 준비한 직원을 차례로 소개했다. 또렷이 보이는 거리에서 버핏과 멍거를 마주하고 있다는 것이 정말 감격스러웠다. 아흔을 목전에 둔 버핏, 아흔을 훌쩍 넘긴 멍거. 이 두 거장이 수많은 청중 앞에서 장시간 동안 집중하며 주총을 진행하고, 주주들의 임의적 질문에 즉석에서 대답하며 소통한다는 것이 경이로웠다.

주주총회의 하이라이트인 Q&A 시간이 되자 아들 역시 질문을 준비했다. "한국을 포함해 아시아 주식시장은 매우 투기적입니다. 당신은 어렸을 때 투자를 시작하셨는데, 이처럼 투기적인 시장 상황에서 저와 같은 아시아 청소년들에게 투자에 관해 충고할 말씀이 있나요?" 나는 단상으로 가서 담당자에게 질문하고 싶으니 방법을 알려달라고 했지만 아뿔싸! 이미 질문자가 정해졌다는 청천벽력 같은 대답이 돌아왔다. 사전에 신청받아 추첨을 통해 정했다는 것이다. 아들의 실망과 아쉬움은 이만저만이 아니었지만, 결국 다음을 기약하기로 했다.

장시간의 주주총회를 마치고 숙소로 돌아왔다. 다음 날 5킬로미터 단축 마라톤 'Invest in yourself 5K'에 참여하기 위해 어제보다 한결 편한 마음으로 잠자리에 들었다. 나는 온라인으로, 아들은 쇼핑데이에 참가 신청을 했다.

어느새 오마하 일정의 마지막 날이 되어 마라톤 출발 장소에 도착했다. 수천 명이 버핏과 멍거의 캐리커처가 그려진 파란색 기념 티셔츠를 입고 순서 없이 뛰고 걷기 시작했다. 평소에 운동과 담쌓은 터라 부담이 컸지만, 현장은 뛰는 사람 반, 걷는 사람 반이었고 주주와 가족들이 가볍게 뛰고 산책하는 운동회에 가까웠다. 유모차를 끌고 온 가족, 백발의 노부부도 보였다. 두런두런 대화하며 걷다 보니 결승점 통과 시간을 1시간이나 넘겼고 우리 뒤로도 꽤 많은 사람들이 남아 있었다. 진행 요원에게서 버핏과 멍거의 얼굴이 새겨진 커다란 은색 메달을 받고서 오마하 일정을 마무리했다.

버크셔 해서웨이 주주총회가 자본주의의 우드스톡이라고 하지만 근본적으로는 버크셔 해서웨이라는 회사의 주주들의 만남과 교류의 장이다. 단기 투자에 익숙한 한국 투자자들에게서 좀처럼 보기 어려운 수많은 주주(주인)들의 유대와 주인정신이 돋보였다. 버핏과 멍거 역시 주주라면 지분율에 관계없이 동등한 주인으로 대하는 대의적 사명감을 보여주었다. 가치투자의 방법이나 철학이 아니라 기업에 대한 주인정신이 내가 얻은 가장 큰 인사이트였다.

주주 1명당 3명 동반 입장 가능

버크셔 주총을 모르는 주식 투자자는 거의 없고, 한국 가치투자자 중에서도 참석하는 사람들이 있다. 그러나 구체적으로 아는 투자자는 많지 않으므로, 사람들이 궁금해하는 점을 몇 가지 알아보았다.

Q. 버크셔 주총에는 누가 참석할 수 있나?

A. 주주총회이므로 당연히 주주가 참석할 수 있다. 주주 1명당 입장권이 4장까지 배부되므로 주주는 3명까지 동반 입장할 수 있다.

Q. 입장권은 어떻게 받나?

A. 주총에 참석하고자 한다면 이메일로 입장권을 요청하면 된다. 입장권은 우편으로 수령할 수 있지만, 외국 주주는 주총 당일에 현장에서 수령하는 것이 더 편하다. 행사장 입구에서 입장권을 나눠주는데, 버크셔 주식 잔고가 명기된 영문 잔고 증명서와 여권을 제시해야 한다. 잔고 증명서는 증권사 홈페이지에서 출력할 수 있다.

Q. 입장권에 좌석이 지정되어 있나?

A. 아니다. 선착순이다. 그래서 주총 당일 오전 7시부터 입장이 가능한데 새벽 4시부터 줄이 늘어선다. 행사장 입구 소지품 검색대를 지나면 좋은 자리를 차지하기 위해 발길을 서두르고, 단상이 잘 보이는 자리부터 채워진다.

Q. 오마하로 가는 교통편은?

A. 우리나라에서는 오마하로 가는 직항이 없다. 미국 대도시에 가서 환승해야 한다.

Q. 숙박은 어떻게 하나?

A. 주총 기간에는 오마하와 인근 숙박 시설의 투숙료가 치솟아서 호텔 1박에 50만 원이 넘는다. 경제적인 선택은 여러 명이 에어비앤비로 집을 빌리는 것이다. 오마하의 평소 에어비앤비 요금은 10만~20만 원인데 주총 기간에는 50만 원 이상으로 올라간다. 오마하 인근 도시에 숙소를 잡고 렌터카로 이동하는 방법도 있다.

주주총회 입장권과 행사 가이드 북

버크셔 주총 '성장 이력'

1965년 10여 명의 참석자로 시작한 주총

버크셔 주총이 처음부터 성대하게 치러진 것은 아니다. 처음에는 참석한 주주가 적었고 언론과 사람들의 관심도 받지 못했다. 버크셔 주총 참석자가 1,000명을 넘은 것은 1980년대 후반이었고, 1만 명을 넘은 것은 2000년대 들어서였다.

버핏은 1965년 버크셔 해서웨이를 인수한 이래 9차례 장소를 옮기며 옮기며 주총을 열어왔다. 1972년까지 매사추세츠주 뉴베드퍼드에서 개최했고 이후에는 네브라스카주 오마하에서 열었다. 〈오마하 월드 헤럴드〉는 버크셔 주총의 '성장 이력'을 기간과 장소, 참석 인원순으로 정리했다.

1965~1972	매사추세츠주 뉴베드퍼드의 버크셔 해서웨이 사무실 / 10여 명
1973~1979	네브래스카주 오마하의 내셔널 인뎀너티 사무실 / 20~25명
1980~1985	레드라이언 인 / 100~250명
1986~1989	조슬린 미술관 / 500~1,000명
1990~1994	오르페움 극장 / 1,400명
1995~1996	홀리데이 인 컨벤션 센터 / 4,100명
1997~1999	액사벤 콜리세움 / 7,700명
2000~2003	시빅 오디토리엄 / 13,000명
2004~현재	CHI헬스센터 / 19,500~37,000명

버크셔 주총 참석해 바뀐 인생

스카글 씨, 1979년 버핏 만나 부자 되다

버크셔 주총이 소규모로 열렸을 때 참석한 열성 주주들이 있었다. 그들 중 상당수는 버크셔라는 가치주를 남들보다 일찍 매수했고 버핏이 말하는 대로 장기 보유했다. 그 결과 높은 투자수익률을 올릴 수 있었다.

1979년 버크셔 주총은 자회사인 자동차보험회사 내셔널 인뎀너티(National Indemnity)에서 열렸다.

버핏이 주총을 시작하고 5분이 지나자 주주 몇 명이 자리를 떴다. 버핏이 남은 사람들에게 말했다.

"나는 한 시간 여유가 있습니다. 투자에 대해 논의할 분이 있으면 말씀드리겠습니다."

이날 참석한 주주는 20여 명에 불과했다. 버핏이 주총을 주재한 내셔널 인뎀너티의 식당에는 자판기와 커피 메이커만 갖춰져 있었다.

참석자 중에는 샌프란시스코의 주식 중개인인 빌 스카글(Bill Scargle)이 있었다. 스카글은 친구한테서 1978년 버크셔 주총에서 버핏을 만났다는 말을 듣고는 자신도 버핏을 만나보기로 마음먹었다. 그래서 이날 오전 이른 비행기로 샌프란시스코를 출발해 오마하에 도착했다.

〈오마하 월드 헤럴드〉는 2015년 5월 2일 자 신문에서 스카글과 버핏의 만남을 다음과 같이 전했다.

"단지 이 주총에 참석하려고 샌프란시스코에서 이 먼 거리를 왔다고요?"

버핏이 말했다. 믿기 어렵다는 투였다. 우쭐한 기분도 엿보였다.

스카글이 대답했다.

"물론이죠."

이른 아침부터 그렇게 먼 거리를 날아온 스카글은 주총에 참석한 뒤 바로 오마하를 떠나 오후 비행기로 돌아갔다. 긴 이동에 짧은 주총이었지만 이 주총이 자신의 삶을 바꿔놓았다고 그는 말했다. 짧은 시간이었지만 버핏에게 빠져든 것이다.

"나는 그가 매우 영리한 투자자라는 것을 한눈에 알아봤어요. 아주 인상적이었어요. 여러 사안을 설명했죠. 마치 교수 같았어요. 정말 명쾌했어요."

얼마 지나지 않아 스카글은 저축한 돈 1만 2,000달러 전액을 투입해 버크셔 주식을 샀다. 그런 다음 충분히 오랫동안 보유해 부자가 되었다.🐝

정리 편집부
사진 홍영표·수미숨

"이제
보물찾기는
끝났습니다"

이건

우문현답이라는 말이 있다. 그러나 실제로 '현답'은 '현문'에서 더 많이 나온다. 버크셔 주총의 질의응답에서는 '똑똑한 질문'을 여럿 접할 수 있다. 그 질문에 대한 버핏과 멍거의 '현답'을 통해 지혜를 배울 수 있음은 물론이다. 올해 주총에서도 영리한 질문이 다수 나왔다. 올해 주총의 질의응답 중 하이라이트를 소개한다.

* 본문은 질의응답의 핵심 내용을 정리하는 방식으로 옮겼다. 정확한 내용을 원하면 야후 동영상(https://finance.yahoo.com/brklivestream)을 이용하기 바란다. 번역 과정에서 위 동영상을 포함해 다양한 매체의 기사와 자료를 이용했다.(옮긴이 주)

주식을 매수할 절호의 기회에 대비하려면
바로 동원할 수 있는 현금이 있어야 한다고 설명했다.

"사람들은 가치투자가 저PBR, 저PER 등과 관련된다고 생각하지만, 장래에 더 많이 얻으려고 하는 투자는 모두 가치투자입니다."

버크셔의 아마존 주식 매수는 가치투자 철학의 변화인지 묻는 질문에 버핏은 이렇게 대답했다.

테슬라(Tesla)의 보험업 진출 전략에 대해서는 "보험사가 자동차 사업에 진출해서 성공하기 어려운 것처럼 자동차회사가 보험 사업에 진출해서 성공하기도 어렵다"고 답했다.

또 보유 현금이 1,000억 달러가 넘는데 인덱스펀드에 투자하거나 자사주를 매입하면 어떤가 하는 물음이 각각 제기됐다. 버핏은 인덱스펀드 투자에 일부 동의하면서도, 주식을 매수할 절호의 기회에 대비하려면 바로 동원할 수 있는 현금이 있어야 한다고 설명했다.

주주들은 투자는 물론 인생의 지혜도 구했다. 그들은 만족 지연(delayed gratification) 능력을 키우는 것에 대해, 능력범위(circle of competence)에 대해, 인생에서 가장 중요한 것에 대해 '오마하의 현인'에게 물었다. 버핏과 멍거는 지혜 외에도 특유의 유머를 덤으로 선사했다.

…

버핏 오늘 아침 증권거래위원회(SEC)에 보고하는 분기 실적인 10Q 양식을 우리 웹사이트와 언론에 공개했습니다. 슬라이드를 보시기 바랍니다.

1분기 세후 이익   (단위: 백만 달러)

	2019년	2018년
보험 사업 - 영업손익	389	407
보험 사업 - 투자손익	1,237	1,012
보험 소계	1,626	1,419
철도, 공익사업	1,858	1,730
기타 사업	2,200	2,127
기타	-129	12
영업이익	5,555	5,288
투자 및 파생상품 손익	16,106	-6,426
순이익	21,661	-1,138
3월 31일 플로트(10억 달러)	124	116

연차보고서에서도 언급했지만 여기 실린 숫자에 대해서는 설명이 필요합니다. 새 일반회계원칙(GAAP)에 의하면 우리는 유가증권을 시가로 평가해서 미실현 손익을 당기 이익에 반영해야 합니다. 전에도 새 GAAP에 의한 왜곡 현상을 경고한 바 있지만, 2019년 1분기 상황도 2018년 1분기 상황과 매우 비슷합니다. 작년 말 적자를 기록했던 버크셔가 올해 1분기에 이익 216억 달러를 기록했다고 신문에서 보도하는 일이 없기를 바랍니다. 순이익은 앞으로도 매우 변덕스러울 것입니다. 학교에서 회계를 제대로 공부하지 않았다면, 매우 똑똑한 사람도 신문에서 보도하는 순이익 실적에 현혹되기 쉽습니다. 따라서 앞으로

는 순이익 대신 영업이익에 주목하고, 단기간에 발생한 자본손익은 무시하시기 바랍니다. 분기나 연간 자본손익은 예측력이나 분석 가치가 전혀 없습니다. 우리는 언론이 영업이익의 중요성을 이해하도록 소통에 노력하겠습니다.

추가로 설명할 사항은 우리가 지분 약 27%를 보유한 크래프트 하인즈 관련입니다. 일반적으로 주식에서 발생한 배당은 이익에 반영되지만 미분배 이익은 이익에 반영되지 않으므로 회계 실적에 영향을 미치지 않습니다. 그러나 우리는 크래프트 하인즈의 지배주주여서 이 회사에 대해서는 이른바 지분법(equity method)으로 평가합니다. 따라서 배당 대신 지분 이익을 보고합니다. 그런데 크래프트 하인즈는 2018년 10K 양식을 아직 SEC에 제출하지 않았고 2019년 1분기 실적도 발표하지 않았습니다. 그래서 우리는 올해 1분기에 주당 40센트씩 1억 3,000만 달러를 배당으로 받았지만, 올해 1분기 실적에는 크래프트 하인즈의 실적이 전혀 반영되지 않았습니다.

주가가 내재가치보다 낮을 때 자사주 매입

2018년 3분기 버크셔는 평균 207달러에 자사주를 약 10억 달러 매입했습니다. 그런데 2018년 12월부터 2019년 4월까지 주가가 대폭 하락했습니다. 현금을 약 1,100억 달러나 보유했는데도 자사주를 대량으로 매입하지 않은 이유는 무엇인가요?

버핏 보유 현금이 1,000억 달러든, 2,000억 달러든, 버크셔의 자사주 매입 방식은 크게 달라지지 않습니다. 전에는 자사주 매입 기준이 주

"

이제는 남아 있는 주주들에게
이익이 되는 주가라고 판단될 때만 자사주를 매입합니다.

"

가순자산배수(PBR)였습니다. 그러나 이제는 남아 있는 주주들에게 이익이 되는 주가라고 판단될 때만 자사주를 매입합니다.

　예를 들어 설명하겠습니다. 세 사람이 100만 달러씩 출자해서 300만 달러에 비상장회사를 설립해 함께 경영한다고 가정합시다. 그런데 동업자 한 사람이 자기 지분을 110만 달러에 팔겠다고 제안한다면 두 사람은 즉시 거절할 것입니다. 그러나 90만 달러에 팔겠다고 제안하면 두 사람은 곧바로 수락할 것입니다.

대부분 기업은 자사주 매입에 투입할 금액만 밝힐 뿐, 매입 가격은 언급하지 않습니다. 그러나 우리는 보수적으로 평가한 내재가치보다 주가가 낮다고 생각할 때 자사주를 매입합니다. 나는 내재가치를 특정 가격으로 평가하는 대신, 예컨대 상하 약 10%의 범위로 생각합니다. 찰리 역시 범위로 생각합니다. 두 범위가 일치하지는 않지만 매우 비슷할 것입니다. 우리가 자사주를 매입하면, 계속 남아 있는 주주들의 재산이 반드시 더 증가하길 바랍니다.

올해 1분기에 매입한 자사주는 10억 달러 남짓입니다. 이는 주가가 자사주 매입에 적당했다는 의미일 뿐 우리가 양껏 매입했다는 뜻은 아닙니다. 1분기에 자사주를 매입한 이후 남아 있는 주주들의 재산은 이전보다 증가했다고 생각합니다. 그러나 그 차이가 크지는 않을 것입니다. 버크셔 주가가 내재가치보다 25~30% 낮고 더 나은 투자 대안이 없다면 자사주 매입에 거액을 투입할 수도 있습니다. 그러나 자사주를 매입해도 주주들의 재산이 증가하지 않는다고 판단되면 우리는 단 한 푼도 쓰지 않을 것입니다.

멍거 앞으로는 자사주 매입에 더 너그러워질 듯합니다. (웃음)

지금까지 가장 재미있었던 개인적 투자 사례는 무엇인가요?

버핏 대박을 터뜨릴 때가 항상 즐거운 법이지요. 한번은 아틀레드 (Atled) 주식 1주를 샀습니다. 유통 주식이 98주에 불과했으므로 유동성은 없는 주식이었습니다. 아틀레드는 세인트루이스에 사는 남자 100명이 100달러씩 출자하기로 하고 설립한 회사인데, 루이지애나에서 오리 사냥 클럽을 만들고 그곳 토지를 조금 매입했습니다. 그러나 두 사람이 출자 약속을 지키지 않았으므로 유통 주식이 98주에 불과했습니다. 이들은 루이지애나에 가서 오리 사냥을 했는데, 누군가 쏜 총알이 땅에 박히자 땅에서 석유가 솟구쳤습니다. (웃음) 이 땅에서는 지금도 석유가 나오고 있을 것입니다. 나는 40년 전 이 주식을 2만 9,200달러에 샀습니다. 오리 사냥 클럽이 이 땅을 계속 보유했다면 지금은 주가가 200만~300만 달러가 되었을 것입니다. 그러나 석유회사에 매각했습니다. 나는 당시 주식 살 돈이 없어서 은행에서 대출을 받았는데, 은행 직원이 "엽총 살 돈도 대출해드릴까요?"라고 묻더군요.

멍거 두 가지 사례가 떠오릅니다. 가난했던 젊은 시절, 나는 1,000달러에 유정 사용권을 샀는데, 이후 매우 오랜 기간 사용료로 매년 10만 달러를 받았습니다. 그러나 이런 투자는 평생 한 번뿐이었습니다. 이후 벨리지 오일 주식을 몇 주 샀는데, 단기간에 30배 상승했습니다. 그러나 나는 기회를 잡은 횟수보다 포기한 횟수가 5배나 많습니다. 어리석은 결정 때문에 후회하는 분은 나를 보면서 위안을 얻으시기 바랍니다. (웃음)

"자본주의에는 규제도 필요하다고 생각합니다"

정치 성향을 말씀해주시겠어요?

버핏 나는 열정적인 자본주의자입니다. (박수) 미국에 시장 시스템과 법치주의 등이 구현되지 않았다면 나는 지금 이 자리에 없을 것입니다. 따라서 자본주의에 대한 나의 열정에는 변함이 없을 것입니다. 그러나 자본주의에는 규제도 필요하다고 생각합니다. 특히 나라가 크게 번영할 때 뒤처진 사람들을 돌보는 규제도 필요합니다.

멍거 미국처럼 번영하는 나라에서는 정부가 사회 안전망을 관리해야 한다고 생각합니다. 그러나 사회 안전망 일부는 정부의 관리가 매우 비효율적이어서 마음에 들지 않습니다. 더 효율적으로 관리하면 좋겠습니다. 하지만 더 너그럽게 관리하는 것도 좋을 듯합니다.

버핏 우리는 JP모간(JPMorgan), 아마존과 함께 의료 사업을 시작했습니다. 매년 의료비로 지출하는 금액이 엄청난데도 의료 서비스는 만족스럽지 않다고 보기 때문입니다. 우리는 민간 부문에서 대폭적인 개선이 이루어지길 기대합니다. 대부분 업무에서 민간 부문이 공공 부문보다 효율적이라고 생각하기 때문입니다. 물론 민간 부문이 제대로 해내지 못한다면 다른 방법을 찾아야겠지만, 나는 민간 부문이 공공 부문보다 더 나은 답을 찾아낼 것으로 생각합니다. 나는 미국이 2020년이나 2040년, 2060년에 사회주의 국가가 될 것으로 생각하지 않습니다.

최근 아마존 주식 매수는 버크셔의 가치투자 철학에 변화가 생겼다는 뜻인가요?

버핏 지난 1분기에 토드(Todd Combs)와 테드(Ted Weschler) 중 한 사람이 아마존 주식을 매수했습니다. 장담하건대 둘 다 가치투자자입니다. 사람들은 가치투자가 저PBR, 저PER 등과 관련된다고 생각하지만, 찰리도 말했듯이 장래에 더 많이 얻으려고 하는 투자는 모두 가치투자입니다. 아마존의 PER이 높긴 해도, PBR이 0.7인 은행 주식을 사는 것과 마찬가지로 여전히 가치투자라는 말입니다. 두 사람은 나보다 훨씬 더 넓은 영역에서 수백 개 종목을 조사하면서, 기업이 마지막 날까지 창출하는 현금 등 온갖 변수를 분석해 가치투자 원칙에 따라 투자 종목을 선정합니다. 이 과정에서 두 사람의 의견이 일치할 필요가 없고, 내 의견과 일치할 필요도 없습니다. 두 사람은 매우 똑똑하고 헌신적이며 인품도 훌륭합니다. 지난 60여 년 동안 찰리가 내 결정을 뒤늦게 비판한 적이 없듯이, 나도 두 사람의 결정을 뒤늦게 비판하지 않습니다.

결국 우리는 기원전 600년경 이솝(Easop)이 한 말 "손안의 새 한 마리가 숲 속의 새 두 마리보다 낫다"를 생각해야 합니다. 우리도 아마존을 살 때, 숲 속에 있는 새가 3, 4, 5마리인지, 그 새가 손안에 들어오는 시점은 언제가 될 것인지 등을 생각합니다.

멍거 우리는 나이가 많아서 사고의 유연성이 매우 부족합니다. 아마존을 일찌감치 사지 않은 것은 후회하지 않습니다. 베조스는 경이로운 인물입니다.

버핏 어리석게도 나는 구글을 알아보지 못했습니다. 사실 구글의 위력을 간파할 기회가 있었습니다. 클릭당 10달러를 지불하면서 구글에서 가이코(GEICO) 광고를 한 적이 있습니다. 당시 구글의 한계 비용이 제로였는데도 우리 광고는 효과가 있었습니다.

멍거 광고 효과를 확인하고서도 우리는 손가락만 빨고 있었지요.

버핏 찰리가 더 과격한 표현을 쓰지 않아서 다행입니다.

버크셔 보험 사업의 내재가치를 어떻게 평가하나요?

버핏 우리 보험 사업은 플로트(float)를 창출합니다. 플로트는 결국 돌려줘야 하는 남의 돈이지만 만기가 매우 깁니다. 게다가 우리 플로트

> **"**
>
> 기업이 마지막 날까지 창출하는 현금 등 온갖 변수를
> 분석해 가치투자 원칙에 따라 투자 종목을 선정합니다.
> 이 과정에서 두 사람의 의견이 일치할 필요가 없고,
> 내 의견과 일치할 필요도 없습니다.
>
> **"**

는 앞으로도 계속 증가할 가능성이 높습니다. 사람들은 1,240억 달러에 이르는 플로트를 무이자로 우리에게 맡겼고, 사실상 영원히 찾아가지 않겠다고 약속까지 한 셈입니다.

우리 보험 사업을 이렇게 키우기까지는 매우 오랜 세월이 걸렸습니다. 나는 어떤 변수를 고려하너라도 우리 손해보험 사업이 세계 최고라고 생각합니다. 우리 보험 사업의 가치는 막대하며 특히 버크셔 그룹 안에 있기 때문에 더 높다고 생각합니다. 나는 보험 사업의 가치를 대단히 높게 평가하지만, 나도 정확한 금액을 알지 못하기 때문에 알려드릴 수가 없습니다. 내가 과거에 보험 사업의 가치를 평가한 적이 있다면 그 가치는 과소평가되었다고 보아야 합니다. 우리는 고객들이 무이자로 맡긴 돈을 투자해서 막대한 이익을 냈고 보험영업으로도 이익을 냈습니다. 보험 사업은 버크셔의 핵심입니다.

그러나 보험 사업에는 사람들이 생각하지 못하는 역설적인 측면이 있습니다. 예를 들어 여러 손해보험사들을 거느리고 다양한 보험 사업을 하면서 어떤 상황에서도 보험금을 지급할 수 있으려면 막대한 자본을 보유하고 있어야 합니다. 그러나 막대한 자본을 항상 보유하는

> "
>
> 버크셔는 보험 사업에 이상적인 구조를 갖추고 있습니다.
> 우리가 보유한 막대한 자산들은 자연재해와
> 상관관계가 낮으므로 다른 보험사의 재보험에 가입할
> 필요가 없습니다. 그리고 우리는 대부분 보험사들보다
> 자금을 더 효율적으로 사용할 수 있습니다.
>
> "

것은 수익성에 악영향을 미칩니다. 특히 최악의 상황에서 발생하는 최대 손실까지 대비하려고 재보험에 가입하면 수익성을 확보하기가 어렵습니다. 따라서 최악의 상황에 대비하려면, 수익성 악화에도 불구하고 막대한 자본을 보유해야 합니다.

버크셔는 보험 사업에 이상적인 구조를 갖추고 있습니다. 우리가 보유한 막대한 자산들은 자연재해와 상관관계가 낮으므로 다른 보험사의 재보험에 가입할 필요가 없습니다. 그리고 우리는 대부분 보험사들보다 자금을 더 효율적으로 사용할 수 있습니다.

흥미롭게도, (회사의 형태는 아니지만) 로이즈(lloyd's)까지 포함한 세계 3대 보험사는 지금은 건재하지만 지난 30년 동안 한때 파산 직전까지 몰렸습니다. 그러나 우리는 이례적인 자연재해가 발생했을 때도 위험에 처한 적이 없습니다. 최악의 자연재해는 2005년 발생한 허리케인 카트리나였는데, 우리에게는 최악의 상황도 아니었습니다. 그러나 3대 보험사 중 둘은 우리와 맺은 계약 덕분에 위기에서 벗어날 수

있었고, 지금은 모두 건전하게 운영되고 있습니다.

보험사가 어떤 상황에서도 지불 능력을 유지하려고 막대한 자본을 계속 보유한다면 수익성을 유지하기가 정말 어렵습니다. 그러나 버크셔는 수익성을 유지할 수 있습니다. 자금을 원하는 방식으로 사용할 수 있기 때문입니다. 따라서 보험 사업은 버크셔에 매우 소중한 자산입니다. 우리는 보험 사업을 절대 매각하지 않을 것입니다. 누군가 플로트에 해당하는 금액을 지불하겠다고 제안해도 절대 매각하지 않을 것입니다. 그런데 이렇게 소중한 플로트가 재무상태표상에는 부채로 표시되니 참으로 터무니없는 일입니다. 이 플로트를 창출하기까지 매우 오랜 세월이 걸렸습니다. 어느 보험사든 플로트를 창출하기는 지극히 어렵습니다. 다른 보험사들은 우리처럼 플로트를 창출할 수 없다고 생각합니다. 너무도 오랜 세월이 걸리니까요.

우리는 지금도 새로운 보험 사업을 개발하고 있습니다. 지금부터 10~20년이 흐르면 이 보험 사업도 버크셔에 중요한 자산이 될 것입니다. 20억 달러대였던 수입 보험료를 300억 달러대로 키운 가이코처럼 말이지요. 가이코의 토니 나이슬리(Tony Nicely)는 버크셔에 500억 달러가 넘는 가치를 창출해주었습니다.

멍거 보험은 지금 현금을 받아 활용하고 나중에 그 일부만 돌려주면 되니까 아주 쉬운 사업입니다. 하지만 멍청하게 운영되는 보험사도 많습니다. 운영 실력이 평균을 훨씬 뛰어넘지 못한다면 결국 적자를 피할 수 없습니다. 대부분 보험사의 운영 실력은 그저 그런 수준입니다. 버크셔는 운영 실력이 훨씬 좋아서 높은 수익을 내고 있습니다. 우리가 실력을 유지하지 못한다면 우리도 무사하지 못할 것입니다.

버핏과 멍거가 총회장 단상에서 주주들의 질문에 답하고 있다.

만족 지연 능력을 키우려면 어떻게 해야 하나요?

멍거 내가 만족 지연 전문가입니다. 만족 지연을 실천할 시간이 많았으니까요. (웃음) 만족 지연 능력은 타고나는 것입니다. 이 능력이 부족한 사람을 가르쳐서 고칠 방법은 없습니다.

버핏 찰리는 자녀가 여덟입니다. 세월이 흐를수록 자연의 섭리를 따르게 되었지요. (웃음)

멍거 버크셔 A주를 4,000주 보유하고도 누더기를 걸친 채 죽는 날까지 만족 지연을 실천하는 95세의 멋진 노부인도 있을 것입니다. 보석을 사는 사람들은 모두 이런 사람의 자녀나 손자들이지요.

버핏 어떤 사람이 만족 지연을 하겠다고 지금 30년 만기 국채에 투자한다고 가정합시다. 국채 수익률은 연 3%이고, 이자 소득에 대해서 세금을 내야 하며, 연준이 발표한 인플레이션 목표는 2%이므로 만족 지연을 해도 실질적인 소득은 거의 없습니다. 30년 후에 디즈니랜드에 가면 지금처럼 놀이 기구를 탈 수도 없습니다. 현재의 저금리 환경에서 채권에 투자하면 장래에 먹을 수 있는 햄버거는 지금보다도 줄어들 것입니다. 저축이 모든 환경에서 항상 최선의 방법이 되는 것은 아닙니다. 30년 후에 더 많이 누릴 수 있으니 영화도 보지 말고 디즈니랜드에도 가지 말라고 자녀에게 말하는 것은 논란의 여지가 있습니다. 만족 지연이 항상 옳은 것은 아닙니다. 나는 1달러를 벌 때마다 2~3센트는 소비해야 한다고 생각합니다. 5만 달러나 10만 달러가 있어도 행복하지 않은 사람은 5,000만 달러나 1억 달리기 있어도 행복하지 않을 것입니다. 걱정 없이 살아갈 만큼의 돈은 필요하겠지만 일정 금액을 넘어가면 행복이 돈에 비례하지는 않습니다.

남들이 뭐라 해도 나를 떠나지 않을 사람들

회사를 세워서 다른 사람들의 자금을 운용하려고 하는데 조언을 부탁드립니다.

버핏 나도 똑같은 경험이 있습니다. 1956년 5월 뉴욕에서 오마하로 돌아오자, 증권회사를 운영하던 우리 가족은 내가 주식 중개 업무를 도와주길 원했습니다. 그러나 나는 투자를 하고 싶었으므로 투자조합을 설립하고자 했습니다. 남의 돈을 잃을 위험이 있다고 생각했다면 설립하지 않았을 것입니다. 내가 걱정했던 것은 "다른 사람들도 나처럼 생각하고 행동할 것인가?"였습니다.

1956년 5월 일곱 사람이 함께 저녁을 먹었는데, 대학 시절 룸메이트와 그의 어머니, 나머지는 친척이었습니다. 나는 투자조합 계약서를 보여주면서, 읽어볼 필요도 없고 변호사도 필요 없다고 말했습니다. 대신 이렇게 말했습니다. "나는 여기 이 기본 원칙을 지킬 수 있다고 생각하며, 이 기본 원칙에 따라 평가받고 싶습니다. 내 말에 동의하신다면 펀드를 운용하겠습니다. 주가가 폭락하거나 남들이 무슨 소리를 해도 여러분은 겁에 질려 떠나지 않을 테니까요. 우리 생각이 똑같다면 나는 펀드 운용에 대해 걱정하지 않습니다. 그러나 똑같지 않다면 펀드를 운용하지 않겠습니다. 내가 옳다고 생각하는 투자에 대해서 여러분은 실망할지 모르기 때문입니다."

생각이 일치하지 않는다면 남의 돈을 운용해서는 안 됩니다. 그리고 당신이 지키려는 원칙과 평가받는 기준을 제시하는 기본 원칙도 세워야 합니다. 나는 투자조합에 기관을 단 하나도 받아들이지 않았습니다. 기관은 위원회가 온갖 결정을 내리기 때문입니다. 그리고 기대수준이 감당하기 어려울 정도로 높은 사람은 절대 받아들이면 안 됩니다. 따라서 가입하려는 사람이 많아도 대부분 거절해야 합니다. 이는 매우 작은 규모로 운용을 시작해서 객관적인 실적을 쌓아가야 한다는 뜻입니다.

나중에 당신이 쌓은 실적을 보고 확신한 부모가 전 재산을 맡기겠다고 할 때 "최고의 실적은 어려울지 몰라도 장기적으로 적정 실적은 자신 있습니다"라고 말한다면 자격을 갖춘 셈입니다.

멍거 한 변호사는 나를 자주 찾아와서 이렇게 말합니다. "어떻게 하면 변호사 일 그만두고 억만장자가 될 수 있나요?" 나는 모차르트를 찾아간 청년 이야기가 떠오릅니다. 청년이 "교향곡을 쓰고 싶습니다"라고 말하자, 모차르트는 "자네 몇 살인가?"라고 물었습니다. 그가 "22세입니다"라고 대답하자 모차르트는 "너무 어려"라고 말했습니다. 그가 "하지만 선생님은 10세에 교향곡을 쓰셨잖아요"라고 말하자 모차르트는 "그래. 하지만 나는 아무에게도 조언을 구하지 않았다네"라고 대답했습니다.

나이가 들수록 인간의 본성을 더 잘 이해하게 된다는 말씀을 설명해주세요.

버핏 나는 어떤 척도로 평가해도 내리막길을 걷고 있습니다. 지금 내

"

찰리와 나는 젊은 시절부터 다른 사람들의 인생에
관한 책을 엄청나게 많이 읽었습니다. 그러나 IQ가
아무리 높아도 책만 많이 읽어서는 인간의 행동을 깊이
이해할 수 없습니다. 경험도 많이 필요합니다.

"

가 SAT 시험을 본다면 20대 초에 비해 창피한 점수가 나올 것입니다. 그러나 나이가 들수록 인간의 행동은 더 잘 이해하게 됩니다. 찰리와 나는 젊은 시절부터 다른 사람들의 인생에 관한 책을 엄청나게 많이 읽었습니다. 그러나 IQ가 아무리 높아도 책만 많이 읽어서는 인간의 행동을 깊이 이해할 수 없습니다. 경험도 많이 필요합니다.

멍거 몇 년 전 죽은 세계적인 지도자 리콴유(李光耀: 1923~2015)가 평생 거듭 말한 슬로건이 있습니다. 그는 "효과적인 방법을 찾아내서 사용하라"고 말했습니다. 이 단순한 철학만 잘 따라도 놀라운 성과를 거둘 것입니다.

버핏 효과적인 방법을 찾아내라는 말은 다른 사람들의 행동을 이해하라는 뜻입니다. 찰리와 나는 전혀 예상 못한 방식으로 극단적으로 행동하는 사람들을 많이 보았습니다.

멍거 요즘 우리는 매일 밤 극단적인 행동을 볼 수 있습니다. TV만 켜면 된답니다.

색다른 보험의 가격을 정할 때는 아지트 자인과 협의한다고 했는데 자세히 설명해주시겠어요?

버핏 아지트의 말을 직접 들어보겠습니다.

아지트 자인 믿을 만한 데이터가 부족한 상황에서는 보험료 책정이 과학보다는 예술에 가깝습니다. 우리는 해당 위험과 관련된 과거 데이터를 수집하는 등 먼저 과학적으로 접근합니다. 그러나 과거 데이터가 부족하면 그런 사건이 발생할 확률이 얼마인지 주관적으로 판단해야 합니다. 이런 상황에서는 우리가 떠안는 위험의 상한선을 반드시 설정합니다. 나쁜 일이 발생하거나 우리가 실수하더라도 재무상태표나 손익계산서에 큰 피해를 입지 않고 흡수할 수 있을 정도로 손실 규모를 제한합니다. 평가가 불가능하면 보험 판매를 포기할 수도 있습니다.

하지만 산출한 확률이 주관적이더라도 안전마진이 충분하다고 생각할 때는 위험을 떠안기도 합니다. 이때는 마지막으로 엄밀한 테스트를 합니다. 워런에게 전화해서 "워런, 이런 거래가 있는데 어떻게 생각하세요?"라고 물어봅니다. (웃음)

멍거 쉬운 일이 아닌데, 자네 대신 아무나 그 일을 해도 괜찮겠나?

버핏 나를 대신할 수 있는 사람은 자인뿐입니다. 자인 같은 사람은 어디에도 없으니까요.

자인도 말했듯이, 우리는 최악의 상황을 검토하고 그래도 확률이 마음에 들면 보험을 판매합니다. 지난 100년 동안 알래스카나 캘리포니아 등에서 진도 6.0 이상의 지진이 발생한 횟수는 알 수 있습니다. 이 밖에도 우리가 찾을 수 있는 데이터는 많습니다.

그러나 9·11 테러 직후에는 상황이 전혀 달랐습니다. 그다음 주 월요일, 비행 중이던 캐세이 패시픽 항공기는 거액의 책임보험에 가입하고서야 비로소 홍콩에 착륙할 수 있었습니다. 시어스 타워에 저당권을 설정한 기관들도 갑자기 겁에 질려 보험에 가입하려고 몰려들었습니다. 그러나 이런 보험을 판매할 사람은 세상에 자인과 나 둘뿐이었습니다. 자인이 나보다 100배는 낫지만, 이런 상황에서는 우리 둘의 생각이 대체로 일치했습니다. 나는 거액의 손실도 기꺼이 떠안을 각오였습니다. 게다가 다른 보험사들은 보상 한도를 높이려 하지 않았으므로 온 세상이 마비될 지경이었습니다.

요즘도 판매하려는 보험사가 없는 상품에 대해서는 우리에게 문의가 옵니다. 주식시장이 폭락했을 때 우리에게 지원 요청이 오듯이, 보험시장이 마비되었을 때 요청이 오는 것입니다. 이런 거래가 우리 주력 사업은 아니지만 우리는 언제나 준비되어 있습니다.

아지트는 다른 어느 회사에서도 찾아볼 수 없는 탁월한 인재입니다. 우리는 이런 위험에 대한 이야기를 무척 즐깁니다. 그가 먼저 내게 적정 가격을 생각해보라고 말합니다. 그래서 내가 생각해보고 가격을 말하면 그는 이렇게 대답합니다. "정신 나갔어요, 워런?" (웃음) 이어서 그는 내가 간과한 사항을 지적합니다. 우리는 이렇게 즐거운 대화를 나누면서 많은 돈을 벌었습니다. 버크셔 주주들은 정말 복이 많습니다. 아지트 같은 인재는 평생 한 번 고용하기도 어렵습니다.

돈으로 살 수 없는 두 가지, 시간과 사랑

지금 인생에서 가장 소중하게 여기는 것은 무엇인가요?

멍거 나는 인생을 좀 더 살고 싶소. (웃음)

버핏 돈으로 살 수 없는 두 가지가 시간과 사랑입니다. 나는 지금까지 내 시간을 거의 완벽하게 통제할 수 있어서 정말로 운이 좋았습니다. 찰리도 마찬가지고요. 우리가 지금까지 돈을 원했던 것도 우리가 원하는 대로 살고 싶어서였답니다. 우리 둘의 육체는 늙어가고 있지만 이와 상관없이 우리가 사랑하는 일을 매일 할 수 있어서 기쁩니다. 나는 돈으로 무엇이든 살 수 있지만 그보다도 내가 하는 일이 더 재미있습니다. 찰리는 기숙사 설계도 하고 나보다 독서도 더 많이 하면서 인생을 즐기고 있습니다. 그러나 시간은 한정되어 있습니다. 그래서 인생에서 좋아하는 일을 최대한 많이 하려고 시간을 효율적으로 사용하고 있습니다.

멍거 정말로 좋아하는 일을 하면서 시간을 보내는 사람은 누구든지 행운아이며 축복받은 사람입니다.

버핏 우리가 미국에서 태어난 것부터가 엄청난 행운입니다. 캐나다에서 태어난 질문자도 행운아입니다. 기분 상하지 마세요. (웃음)

버크셔가 보유한 상장 주식 목록을 모두 공개할 생각은 없나요?

버핏 누구나 어렵지 않게 계산할 수 있듯이, 버크셔의 가치 중 약 40%는 상장 주식이고 약 60%는 우리 자회사들입니다. 우리 상장 주식 중 상위 10개 종목을 제외하면, 나머지 종목이 버크셔의 가치에서 차지하는 비중은 십중팔구 10% 미만일 것입니다.

우리는 보유 종목을 공개할 이유가 없습니다. 사람들이 앞다투어 매수하려 들지도 모르니까요. 우리가 보유한 상장 주식 2,000억 달러

어린이들이 버핏에게 질문하는 모습

중 1,500억 달러 이상에 해당하는 기업이 해마다 자사주를 매입해 우리 지분을 높여주고 있습니다. 우리가 보유 종목을 공개하고 사람들이 우리 종목을 매수하면 이들 기업은 자사주를 매입할 때 더 높은 가격을 지불해야 합니다.

　사람들은 보유 종목의 주가가 상승하면 매우 기뻐합니다. 그러나 뱅크 오브 아메리카(Bank of America), 애플 등 주요 종목들의 주가가 예컨대 향후 10년 동안 하락해서 이들 기업이 자사주를 대량으로 매입할 경우 우리의 실적은 훨씬 좋아집니다. 이는 우리가 이들 종목을 추가로 매수하는 것과 똑같습니다. 단지 우리 돈 대신 기업의 돈으로 매수할 뿐입니다. 이치는 아주 단순합니다. 그런데도 보유 종목을 공개하고 싶을까요? 게다가 우리는 수시로 주식을 사고팔기도 어렵습니다.

우리가 보유한 미국 주식 목록은 분기마다 공개됩니다. 그러나 할 수만 있다면 분기 단위로도 공개하고 싶지 않습니다. 넷젯(Netjet)의 전략, 루브리졸(Lubrizol)의 첨가제 개선 계획, 퍼니처 마트(Furniture Mart)의 신규 매장 개설 계획 등을 공개하고 싶지 않듯이 말이지요. 우리는 의무 사항을 넘어서는 종목 정보는 절대 공개하지 않을 것입니다.

"좁은 영역에서 더 많이 파악하고, 기다리라"

지금처럼 경쟁이 치열한 상황에서 능력범위를 관리한다면 더 확대하겠습니까, 아니면 범위는 좁히고 훨씬 더 깊게 파겠습니까?

버핏 질문자 말씀대로 지금은 내가 투자를 시작한 시점보다 경쟁이 훨씬 치열합니다. 당시 나는 〈무디스 제조회사 매뉴얼〉과 〈무디스 금융회사 매뉴얼〉을 첫 페이지부터 마지막 페이지까지 훑어보면서 관심종목을 찾아낼 수 있었습니다.

나는 지금도 최대한 많은 자료를 읽으려고 합니다. 최대한 많은 기업을 최대한 많이 파악하고, 대부분 경쟁자들보다 내가 더 많이 알고 더 정확하게 이해하는 기업이 어디인지 찾아내려고 합니다. 또한 제대로 이해하지 못하는 기업도 파악하려고 노력합니다. 나는 능력범위를 최대한 키우는 일에 집중하며, 내 능력범위의 지름이 얼마나 되는지도 현실적으로 파악하려고 합니다.

1951년 1월 어느 토요일 가이코의 로리머 데이비드슨(Lorimer

Davidson)을 만났을 때, 나는 보험업을 이해할 수 있었습니다. 그가 3~4시간 설명해준 내용이 매우 타당했기 때문입니다. 그래서 보험업을 파고들었고 깊이 이해할 수 있었습니다. 보험에 대해서는 내 머리가 잘 돌아갔습니다.

그러나 소매업은 잘 이해할 수가 없었습니다. 나도 찰리가 일했던 잡화점에서 일했지만, 둘 다 소매업에 대해서 많이 배우지 못했습니다. 고된 일이라서 하기 싫다는 생각만 들었습니다.

마찬가지로 당신도 치열한 경쟁에서 벗어나야 합니다. 그러나 좁은 영역에 대해서나마 남들보다 더 많이 파악하고, 빈번하게 매매하려는 충동을 억제할 수 있다면 승산이 매우 높아질 때까지 기다리세요. 그러면 매우 유리한 게임을 하게 됩니다.

멍거 대다수 사람들에게 훌륭한 전략은 전문화라고 생각합니다. 항문과와 치과를 겸하는 의사에게 치료받으려는 사람은 아무도 없습니다. (웃음) 통상적으로 성공하는 방법은 범위를 좁혀 전문화하는 것입니다. 워런과 나는 원치 않아서 전문화를 선택하지 않았지만, 다른 사람들에게도 우리 방식을 추천할 수는 없군요.

버핏 우리 때는 투자가 일종의 보물찾기였습니다. 보물을 찾기가 어렵지 않았지요.

멍거 당시에는 효과적이었지만 운도 좋았지요. 지금은 올바른 방식이 아닙니다.

버핏 내가 가장 잘 이해하는 사업은 보험이었습니다. 내게는 경쟁자도 거의 없었습니다. 한번은 펜실베이니아 보험사에 대해 확인할 사항이 있어서 해리스버그에 있는 보험과를 찾아갔습니다. 당시에는 인터넷으로 이런 정보를 입수할 수가 없었습니다. 내가 그 회사에 대해 질문하자 담당 공무원이 말했습니다. "그 보험사에 대해 질문한 사람은 당신이 처음입니다." 스탠더드 앤드 푸어스 자료실을 방문했을 때도 온갖 정보를 요청할 수 있었습니다. 자료실에는 탁자가 많았지만 이용하는 사람이 아무도 없어서 자료를 마음대로 펼쳐놓고 조사할 수 있었습니다. 당시에는 경쟁자가 거의 없었습니다.

하지만 단 하나라도 매우 잘 알면 언젠가 우위를 확보할 수 있습니다. IBM의 토머스 왓슨 1세(Thomas J. Watson Sr.)는 말했습니다. "나는 천재가 아닙니다. 그래서 일부에 대해서만 잘 압니다. 그러나 나는 그 일부를 벗어나는 일이 없습니다." 찰리와 나도 그렇게 하려고 노력했습니다. 당신도 십중팔구 그렇게 할 수 있습니다.

멍거 우리는 여러 분야에서 그렇게 했습니다. 쉬운 일이 아니었죠.

버핏 그래서 큰 손실도 몇 번 보았습니다.

버크셔는 초과 현금 중 200억 달러만 현금으로 보유하고 나머지는 인덱스펀드에 투자하는 편이 낫지 않나요?

버핏 지극히 훌륭한 질문입니다. 내 후계자가 채택하고 싶을 법한 대안이군요. 나도 단기 국채보다는 인덱스펀드를 선호합니다.

그러나 우리가 이 전략을 2007~2008년에 실행했다면 2008~2009년 말에 자금을 원하는 대로 사용하기 어려웠을 것입니다. 자금 규모가 10억~20억 달러라면 모르겠지만, 1,000억~2,000억 달러일 때는 단기 국채로 보유하지 않으면 원하는 시점에 사용하기가 어렵습니다. 하지만 지극히 합리적인 의견입니다. 특히 지난 10년 동안 이어진 강세장을 돌아보면 확실히 눈에 띄는 전략입니다.

장래에 버크셔가 거액을 운용할 때는 그 방법도 합리적이라 생각합니다. 그러나 매우 신속하게 1,000억 달러를 지출해야 하는 상황이 올 수도 있으며, 그때는 단기 국채가 인덱스펀드보다 훨씬 낫습니다. 우리는 그런 기회가 올 것이라고 생각합니다. 그때 다른 사람들은 자본을 배분할 형편이 되지 않을 것입니다.

멍거 내가 다른 사람들보다 더 보수적이라는 점은 인정합니다. 하지만 그래도 괜찮다고 생각합니다. 지나고 보면 S&P500보다 더 유리한 투자 기회도 많았습니다. 하지만 당시에는 절호의 기회에 대비해서 현금을 보유해야 했습니다.

우리처럼 거대한 기업이 현금을 다소 넉넉하게 보유하는 것은 잘못이 아니라고 생각합니다. 하버드대는 학부모로부터 선납받은 수업료 등 현금을 모두 털어 사모 펀드에 거액을 투자했으나 시점을 잘못 선택한 탓에 2~3년 큰 고통에 시달렸습니다. 우리는 하버드대처럼 시달리고 싶지 않습니다.

버핏 절호의 기회를 잡으려면 거액을 매우 신속하게 동원할 수 있어야 합니다. 물론 그런 기회가 자주 오는 것은 아닙니다. 그러나 향후 20~30년 동안 하늘에서 금이 비처럼 쏟아지는 기회가 두세 번 올 것입니다. 그때는 빨래통을 들고 밖으로 뛰어나가야 합니다. 하지만 그때가 언제인지 알 수 없으므로 우리는 막대한 자금을 보유하고 있어야 합니다.

만일 단기 국채와 S&P500 인덱스펀드 중 하나만 보유해야 한다면 인덱스펀드를 선택하겠습니다. 그러나 우리에게는 여전히 희망이 있

> **"**
>
> 절호의 기회를 잡으려면 거액을
> 매우 신속하게 동원할 수 있어야 합니다.
> 물론 그런 기회가 자주 오는 것은 아닙니다.
>
> **"**

습니다. 그리고 우리 주주들 중에는 버크셔 주식이 거의 전 재산인 사람도 많다는 사실을 분명히 인식해야 합니다. 나 역시 그런 주주입니다.

우리는 모든 주주에게 돈을 벌어드리고 싶습니다. 그러나 내재가치 근처 가격에 매수한 주주들에게도 영구 손실이 발생하지 않도록 매우 확실한 방법으로 돈을 벌어드리고 싶습니다. 우리는 주주가 100만 ~200만 명까지 증가하고 이들 중 다수가 손실을 보는 상황은 원치 않습니다. 세상이 큰 혼란에 휩싸이면 사람들은 지브롤터 바위산처럼 안심하고 의지할 대상을 원하게 됩니다. 우리는 그런 대상이 되고 싶습니다.

자본주의는 갈수록 많은 사람을 고용할 것

자동화가 확산됨에 따라 정규직은 감소하고 임시직만 증가하는 듯한데 향후 고용 문제를 어떻게 전망하시나요? 실업률이 10% 수준으로 상승했습니다. 그 이유가 무엇이라고 생각하시나요?

버핏 200년 전에는 이런 질문이 나왔겠지요? "트랙터와 콤바인 등 농

기계의 발전 추세 탓에 농민의 90%가 실직 위험에 처했는데 심각한 문제 아닌가요?" 그러나 1776년 이후 수많은 일자리가 사라졌는데도 지금 미국에는 탁월한 경제 시스템이 만들어낸 일자리 1억 6,000만 개가 있습니다. 이것이 바로 자본주의입니다. 이제 1인당 생산량은 갈수록 증가하고 있습니다.

우리는 미래가 어떤 모습이 될지 전혀 알 수 없습니다. 어떤 사업이든 어떤 직업이든, 미래에는 그 모습이 달라질 것입니다. 그러나 자본주의는 갈수록 많은 사람을 고용하게 될 것입니다. 지금 미국은 역사상 가장 많은 사람을 고용하고 있습니다. 중공업회사들은 생산성을 높이기 위해서 생산량은 유지하면서 종업원 수를 줄이거나, 종업원 수는 유지하면서 생산량을 늘리려고 노력하고 있지만요.

이것이 자본주의입니다. 미국인의 창의력이 바닥날까 걱정할 필요 없습니다. 사람들은 온갖 사업에서 돈을 벌고 싶어 하며 기꺼이 창의력을 발휘합니다. 지금 자본주의 경제는 잘 돌아가고 있고 앞으로도 계속 잘 돌아갈 것입니다. 물론 일부 산업은 고전하고 있고 혼란에 휩싸이기도 할 것입니다. 자동차가 등장한 이후 편자의 생산량은 감소할 수밖에 없으니까요.

1776년 미국 인구는 400만 명에 불과했고 80%가 농업에 종사했지만, 지금은 1억 6,000만 일자리가 3억 3,000만 인구를 부양하고 있습니다. 자본주의 경제는 앞으로도 계속 잘 굴러갈 것입니다. 차세대 혁신이 어떤 모습일지는 알 수 없지만 자본주의 경제가 반드시 이루어낼 것입니다.

멍거 우리는 쓸모없는 일은 모조리 로봇에 넘겨주고 싶어 합니다. 워런

도 말했듯이, 이것이 지난 200년 동안 우리가 해온 일입니다. 이제는 다시 대장장이가 되려는 사람도 없고, 길에서 말똥을 수거해서 비료로 쓰려는 사람도 없습니다. 그런 일자리가 사라진 것은 기쁜 일입니다.

그런데 경제 피라미드의 바닥에 있는 사람들은 피라미드의 꼭대기에 있는 사람들의 재산이 빠르게 증가하는 모습을 보면서 미래를 깊이 걱정합니다. 이는 심각한 세계 금융위기 탓에 세상에 막대한 돈이 풀리면서 우연히 나타난 현상입니다. 금리가 제로 수준으로 떨어지자 자산 가격이 상승해서 부자들의 재산이 더 늘어난 것입니다. 누군가 돈을 벌려고 의도적으로 벌인 일이 아니라 우연의 산물이며 곧 지나갈 일입니다. 생산성 향상이 주는 과실은 모든 사람에게 돌아갈 것입니다. 어떤 계층에 조금 더 돌아간다고 걱정할 필요 없습니다.

버핏 옛날 찰리와 나는 잡화점에서 일했습니다. 손님이 완두콩 통조림을 달라고 하면, 우리는 사다리를 타고 올라가 통조림을 꺼내서 상자에 담아 손님의 트럭에 실었습니다. 요즘 생산자로부터 소비자에게 건네지는 식품의 양은 엄청나게 증가했지만, 이 유통 과정에 종사하는 사람의 수는 상대적으로 감소했습니다. 이제 식품 유통의 효율성은 비교가 안 될 정도로 높아졌습니다. 증조부는 이런 잡화점이 사라지게 될지 모른다고 고민했습니다. 그리고 실제로 사라졌습니다. 하지만 더 효율적인 모습으로 유통망이 돌아왔습니다. 우리는 자그마한 창조적 파괴를 눈으로 본 셈입니다. 그리고 솔직하게 말하면 창조적 파괴 덕분에 우리는 잡화점 일에서 벗어나 투자를 하게 되었습니다. 잘된 일이지요.

일론 머스크(Elon Musk)는 테슬라가 자동차에서 온갖 데이터를 수집하므로 일반 자동차 보험사보다 더 유리한 조건으로 보험을 판매할 수 있다고 말하는데, 향후 가이코에 위협이 되지 않을까요?

버핏   실제로 GM 등 여러 자동차회사가 자동차보험 사업을 시도했습니다. 그러나 보험사가 자동차 사업에 진출해서 성공하기 어려운 것처럼, 자동차회사가 보험 사업에 진출해서 성공하기도 어렵습니다. (웃음) 나는 보험 사업에 진출하려는 모든 자동차회사보다도 프로그레시브(Progressive) 보험사에 대해 훨씬 더 걱정합니다. 보험은 절대 쉬운 사업이 아니니까요. 운전자의 행태 정보 등 다양한 데이터가 중요하긴 하겠지만, 자동차회사들이 이런 정보를 이용해서 보험 사업에서 돈을 벌 것으로는 생각하지 않습니다.

당신은 운용 자산이 100만 달러라면 연 50% 수익률도 가능하다고 말했는데, 이 금액이면 담배꽁초 투자나 차익거래 기법을 사용할 생각인가요?

버핏   차익거래를 할 텐데 통상적인 차익거래와는 많이 다를 것입니다. 나는 부채를 사용하지 않을 것이므로 본질적으로 무위험 차익거래가 될 것입니다. 그러나 운용자산 규모가 1억 달러로 늘어나면 연 50%였던 수익률은 수직으로 떨어지겠지요.

멍거 운용자산 규모가 커지면 그 규모가 일종의 닻이 됩니다. 천재적인 펀드매니저가 훌륭한 실적을 세우면서 운용자산을 300억 달러로 키우고 건물의 두 층을 젊은 직원들로 채우면 훌륭한 실적은 사라지고 맙니다.

...

버크셔 주총의 질의응답에서 우리는 '행간'도 읽을 수 있다. 그 행간에는 수십 년 투자의 길을 함께 걸어온 두 거장의 인간미와 우정이 스며들어 있다.

주총 질의응답 다섯 시간은 투자자들이 두 거장의 말에 감탄하기에 충분한 시간이다. 그러나 두 거장의 깊은 통찰력과 넓은 지혜를 배우는 것은 '출발'에 해당하는 시간이다. 출발 이후 실행을 포함한 여정은 투자자 각자의 몫이다.🐾

번역 이건
투자 분야 전문 번역가. 연세대학교 경영학과를 졸업하고 같은 대학원에서 경영학 석사 학위를 받았으며 캘리포니아대학에서 유학했다. 장기신용은행, 삼성증권, 마이다스에셋자산운용 등에서 일했다. 《워런 버핏 바이블》과 《워런 버핏 라이브》, 《증권분석》 등 투자 분야 양서 50여 종을 번역했다.

버크셔의 내재가치는 소중한 자산이 가득한
우리 과수원 네 개의 가치를 더한 다음,
유가증권 매각 시 부과되는 적정 세금을 차감하면
거의 정확하게 추정할 수 있습니다.

I believe Berkshire's intrinsic value can be approximated by
summing the values of our four asset-laden groves and then
subtracting an appropriate amount for taxes eventually payable
on the sale of marketable securities.

버크셔의 주가는 내재가치보다 저렴하다

이은원

2018년도 주주서한은 전체적으로 투자자들이
버크셔 해서웨이의 내재가치를 맛볼 수 있는
레시피 역할을 톡톡히 하고 있다. 버핏의 방식으로 구한
버크셔의 내재가치는 5,449억 달러로 추정되어,
버크셔의 2019년 4월 말 시가총액 5,164억 달러보다
큰 규모다. 이번 주주서한은 버크셔의 희로애락이 담긴
한 편의 드라마라 할 만하다. 버크셔의 성공에
크게 기여한 가이코부터 실패로 이어진
크래프트 하인즈 투자까지 살펴볼 수 있다.

2018년 버크셔 해서웨이는 순이익 40억 달러를 벌어들였다. 영업이익 248억 달러에 비해 매우 작은 액수다. 2018년부터 보유 유가증권의 평가손익을 손익계산서에 반영하게 한 변경 회계원칙에 따라 버크셔 보유 유가증권의 평가손실 206억 달러가 반영되었기 때문이다. 이 밖에 크래프트 하인즈 무형자산 상각 비용 30억 달러와 유가증권 매각에 따른 자본이득 28억 달러가 포함되었다.

워런 버핏과 찰리 멍거는 변경 회계원칙 때문에 버크셔 손익계산서의 손익 변동이 클 거라고 예고한 바 있다. 평가손익을 배제한 수치로 버크셔의 펀더멘털을 바라봐야 한다고 언급해왔다.

2018년 평가손실 206억 달러를 제외하면, 사업 자회사들의 이익은 대부분 2017년 대비 탄탄하게 성장했다. 철도 사업(BNSF)의 이익은 2017년 39억 달러에서 2018년 52억 달러로 증가했고, 에너지 사업은 20억 달러에서 26억 달러로, 나머지 제조와 서비스 사업들은 72억 달러에서 93억 달러로 성장했다. 심지어 2017년 22억 날러 손실을 기록했던 보험영업이익도 15억 달러 흑자로 전환했다. 미국의 전반적인 호경기가 뒷받침된 결과라고 볼 수 있다.

버크셔 해서웨이의 사업부별 세후 이익 (단위: 백만 달러)

	2018년	2017년	2016년
보험 사업 - 영업손익	1,566	-2,219	1,370
보험 사업 - 투자손익	4,554	3,887	3,636
철도 사업	5,219	3,959	3,569
유틸리티와 에너지	2,621	2,033	2,230
제조, 서비스, 소매	9,364	7,282	6,803
투자와 파생상품 손익	-17,737	1,377	6,497
기타	-1,566	-485	-31
법인세 인하 효과		29,106	
계	4,021	44,940	24,074

자료: 2018년 연차보고서

버크셔의 상장 주식 보유 규모가 막대해 2018년 말 기준 약 1,730억 달러에 이르기 때문에, 하루 평가액 변동 규모가 20억 달러를 쉽게 넘긴다. 따라서 순이익보다 영업이익에 주목해달라고 요청한다.

순자산가치를 언급하지 않은 배경은?

한 해 동안의 순자산 증가 규모를 언급하며 주주서한을 시작한 과거와 다르게, 2018년에는 손익계산서의 이익 규모를 언급한다. 순자산가치 추이를 내재가치에 대한 척도로 제시해왔던 관점을 바꾼 것이다.

시장성이 있는 유가증권 보유 비중이 높았던 버크셔는 끊임없는 인수를 통해 사업 자회사들의 비중이 더 커지고 있다. 회계원칙상 버크셔의 순자산 중 시장성 유가증권은 시가로 반영되지만 사업 자회사들은 순자산가치로 반영된다. 버핏은 사업 자회사들의 비중이 커지면서 내재가치 증가 폭이 순자산가치 증가 폭보다 더 커졌고, 최근 들어 이러한 내재가치와 순자산가치의 괴리가 확대되었다고 본다.

또한 대대적인 자사주 매입 계획도 순자산가치의 활용도를 떨어뜨리는 변수다. 내재가치보다 낮은 가격에 자사주를 매입하면 회계상 순자산가치는 줄어들지만 내재가치는 증가하기 때문이다.

버크셔가 대규모 자사주 매입을 심도 있게 고려하는 배경은 1,000억 달러가 넘는 현금성 자산을 적절하게 투자할 곳을 찾지 못하는 상황이 계속되고 있다는 것이다. 자사주를 100억 달러 이상 매입해 소각할 경우, 2018년 말 기준 3,487억 달러 규모인 순자산가치는 의미 있게 줄어들게 된다. 자사주 매입을 내재가치보다 낮은 수준에서 지속적으로 진행하면 내재가치가 증가한다. 이런 부분을 순자산가치는 반영하지 못하지만 장기적인 주가는 반영할 가능성이 높으므로, 버핏은 향후 버크셔 성과의 평가 척도를 주가로 바꾼 것으로 보인다.

버크셔 '숲'의 다섯 개 '과수원'을 보라

버핏은 비크셔의 내재가치를 판단할 때 5개 부문으로 나눠서 봐야 한다고 언급한다. 2018년 말 기준 63개(버크셔 해서웨이 에너지, 마몬 그룹을 각각 1개 회사로 가정) 자회사를 개별적으로 판단하는 것보다 유형별로 나눠서 보는 것이 훨씬 효율적이고 적절하다는 것이다. 버핏의 견해에 따라 버크셔의 내재가치를 평가해보자.

버핏은 기업의 내재가치를 판단할 때 '주주 이익(owner earnings)'을 기반으로 한다고 언급해왔다. 주주 이익은 순이익에 비현금지출 비용을 더하고 고정자산 투자 규모를 뺀 수치로, '주주 입장에서 의미 있는 현금흐름'이라고 볼 수 있다. 이런 기준을 토대로 버핏은 비보험 자회사들의 주주 이익을 구하는 데 필요한 숫자들을 친절하게 알려준다.

먼저 비보험 자회사들을 하나의 '과수원'으로 묶어서 보라고 제안한다. 과수원은 버크셔라는 숲을 구성하는 작은 숲을 가리킨다. 각종 제조 및 서비스 회사들이 여기 속하는데, 2018년 한 해 동안 168억 달러를 벌어들였다. 이 수치는 세금, 지급이자, 경영자 보상, 구조조정 비용, 감가상각비, 상각비, 본사 일반관리비를 차감한 후 기준이다.

버핏은 월가에서 언급되는 '조정 EBITDA'에 회의적인데, 명백한 비용들을 차감하지 않고 이익을 부풀리기 때문이다. 대표적으로 스톡옵션 비용과 구조조정 비용을 들 수 있다. 비일반회계원칙(non-GAAP) 방식으로 추정해 발표된 이익을 보면 위의 비용들이 더해진 것이 심심찮게 확인된다. 구조조정 비용은 국내 기업들에서도 '일시적'인 비용으로 포장되곤 한다.

버핏은 현금지출을 동반하지 않더라도 실제 발생한 비용이라면 빼야 한다고 언급해왔다. 예를 들어 감가상각비는 실제 사업에 활용된 유형자산의 가치가 시간이 흐를수록 감소하기 때문에, 당장 현금이 지출되지 않더라도 실질적인 비용으로 봐야 한다는 것이다. 따라서 유형자산 투자 금액과 함께 이익에 반영해야 한다. 반면 무형자산 상각비는 다르게 봐야 한다고 주장한다. '고객 관계'처럼 시간이 흐를수록 가치가 더 커지거나 실제적인 가치 감소가 일어나지 않는 비용은 회계적인 이유로 상각되지만 이익에 더해서 판단해야 한다는 입장이다.

따라서 유형자산 투자를 고려하지 않고 감가상각비를 무조건 더해 이익의 질을

버크셔 해서웨이의 무형자산 내역　　　　　　　　　　　　　　　　(단위: 백만 달러)

	2018. 12. 31.		2017. 12. 31.	
	총액	누적 상각액	총액	누적 상각액
상표권 및 상표명	5,368	750	5,381	692
특허 및 기술	4,446	2,790	4,341	2,493
고객 관계	28,375	4,573	28,322	3,722
기타	3,315	1,243	3,169	1,124
계	41,504	9,356	41,213	8,031

자료: 2018년 연차보고서

낮추는 EBITDA 수치는 불신한다. 그러나 2018년 버크셔에서 발생한 자회사 인수 관련 상각비 14억 달러는 더해야 한다고 주장한다. 실제 버크셔 사업보고서의 무형자산 내역을 보면 특허권과 고객 관계에 대한 것이 대부분이다.

　버크셔의 감가상각비는 84억 달러지만, 이는 사업 유지에 들어가는 고정자산 투자 비용 145억 달러를 고려하면 과소평가되었다고 본다. 145억 달러의 89%는 미국에 투자되고 있다.

　언급된 숫자들로 비보험 자회사들의 주주 이익을 구하면 121억 달러로 추정된다.

　버크셔의 비보험 자회사들은 대부분 미국에 기반을 두고 있기 때문에, 미국의 대표 지수인 S&P500의 주가수익배수(PER)를 적용해서 가치를 추정할 수 있다. 2019년 4월 기준 S&P500 지수의 실적 기준 PER은 18~20배(Yardeni Research

버크셔 해서웨이의 주주 이익 추정

	억 달러
순이익	168
인수 관련 상각비	14
감가상각비	84
고정자산 투자 비용	-145
주주 이익	121

4/11 리포트 자료)다. 이를 적용하면 버크셔 비보험 자회사들의 가치는 2,178~2,420억 달러로 추정된다.

버핏은 둘째 과수원으로 버크셔가 보유한 상장 주식 포트폴리오를 꼽는다. 2018년 말 기준 1,730억 달러에 달하는 주식 포트폴리오는 거대 기업들의 지분 5~10%로 구성되어 있다. 투자한 회사들에서 받은 배당금은 38억 달러지만, 투자한 회사들의 유보이익 중 보유 지분율에 해당하는 금액은 이보다 훨씬 크다. 버크셔가 투자한 주요 5개사, 즉 아메리칸 익스프레스, 애플, 뱅크 오브 아메리카, 코카콜라, 웰스 파고만 고려해도 68억 달러에 달한다.

버크셔가 투자한 회사들은 유보이익 1달러가 1달러보다 높은 가치를 창출하고 있다. 자기자본수익률(ROE)이 높다는 얘기다. 따라서 버핏은 보유 주식 포트폴리오의 실제 가치는 더 크다고 본다. 특히 자사주 매입은 지분율을 늘리기 때문에 주주가치가 증대되는 좋은 사례로 아메리칸 익스프레스를 들어 설명했다.

버그셔의 주식 포트폴리오의 가치는 1,730억 달러에서 매도 시 부과될 세금 147억 달러를 빼면 1,583억 달러(2018년 말 기준)로 평가된다.

셋째 과수원으로 소개된 부분은 동업자와 함께 경영권을 확보한 4개 기업이다. 지분은 크래프트 하인즈 27%, 버카디아 50%, 일렉트릭 트랜스미션 텍사스 50%, 파일럿플라잉J 39%이다. 이들 4개 기업의 세후 영업이익에 대한 버크셔의 몫은 약 13억 달러다. 지분법 손익은 27억 달러 손실을 기록했는데, 대부분 크래프트 하인즈의 영업권 상각에 따른 것이다.

다음으로 현금성 자산 1,120억 달러와 채권 200억 달러를 넷째 과수원으로 분류하고 있다. 버크셔 재보험 사업이 보장하는 최악의 재난 상황에 대비한 200억 달러를 제외하고, 나머지 920억 달러에 달하는 현금성 자산은 향후 영구 보유 기업들을 인수하거나, 시장성 지분증권에 투자될 것이라고 언급한다. 현재는 장기적인 전망이 좋은 기업들의 인수 가격이 내재가치 대비 너무 높다고 판단하기 때문에, 시장성 지분증권에 투자될 가능성이 높다. 그렇다고 해서 주식시장을 좋게 보고 있다는 말은 아니라고 선을 긋는다.

버크셔 해서웨이의 내재가치 계산　　　　　　　　　　　　　　　　(단위: 억 달러)

	PER 18	PER 20
비보험 자회사들의 가치	2,178	2,420
주식 포트폴리오 가치	1,730	
매도 시 부과 세금	-147	
지분법 적용 기업	234	260
현금성 자산	1,320	
내재가치	5,315	5,583
평균 내재가치	5,449	

　버핏은 버크셔의 내재가치를 구할 때, 위에서 언급한 네 개 과수원의 가치를 더한 뒤, 유가증권 매각 시 부과되는 적정 세금을 차감하면 된다고 친절하게 안내한다. 이 방식으로 내재가치를 구하면 대략 5,449억 달러가 된다.

　다섯째 과수원으로 보험업의 '플로트'를 빼놓을 수 없다. 플로트는 손해보험사의 보험료로 구성되며 향후 보험료를 지급하게 되는 시기까지 차입금처럼 활용할 수 있다. 차입금의 성격이지만, 장기적으로 보험영업이익을 창출하기 때문에 무이자 차입금 이상의 가치가 있다. 플로트를 통해 창출된 자금이 나머지 네 개의 과수원을 일구는 데 크게 기여했다.

과수원의 가치는 결합되어 있을 때 극대화

버크셔는 과수원 다섯 개가 결합되어 있을 때 가치가 극대화된다고 언급한다. 각각의 사업에서 창출되는 자본을 버핏과 멍거는 매끄럽게 배분한다. 또한 관료주의를 배제함으로써 조직 전체의 위험을 제거할 수 있다. 개별 사업들이 고립된 상태에서 겪는 리스크에서 자유로울 수 있고, 낮은 비용으로 자산을 확보할 수도 있다. 세금을 절약하고 간접비도 최소화할 수 있다. 이는 버크셔를 개별 기업으로 쪼개 팔면 가치가 더 커질 수 있다는 일각의 의견에 대한 반박으로도 보인다.

　전체가 부분의 합보다 크다고 보기 때문에, 버핏은 버크셔의 내재가치가 대략적으로 구한 5,449억 달러보다 크다고 판단하는 듯하다. 2019년 4월 말 현재 버크셔의 시가총액은 5,164억 달러 수준인데, 추정한 내재가치 대비 소폭 저평가된 것으로 보인다.

자사주 매입에 대한 버핏의 관점은 확고하다. 내재가치 대비 저평가된 가격에 매입해야 하고, 주주들이 내재가치를 합리적으로 추정할 수 있도록 모든 정보를 공개해야 한다는 것이다. 정보가 투명하게 공개되지 않으면 기존 주주들이 팔고 나가는 주주들의 오해를 이용해 이익을 추구하는 셈이 되기 때문이다. 무분별하게 자사주를 매입하는 데 혈안이 되어 있는 미국 기업들에 대한 경종으로도 비친다.

'막대사탕에서 기관차까지' 비보험 자회사 이익 24% 증가

전체적으로 비보험 자회사들의 2018년 세전 이익은 208억 달러로, 2017년보다 24% 증가했다. 2018년에 인수한 회사에서 추가된 이익은 미미한 수준이었다. 세전 기준으로는 24%지만, 세후 기준으로는 법인세율 인하 덕에 47% 늘어났다.

세금을 정부가 기업에서 받는 거액의 배당에 비유하며, 법인세율 인하로 인한 기업 가치 변화를 설명한다. 2017년까지 법인세율이 35%였으므로 정부는 두둑한 배당을 가져갔다. 그러나 2018년에 법인세율이 21%로 인하되면서 기업에 대한 정부의 보유 지분이 40%나 낮아지는 효과를 낳았다. 따라서 버크셔 주주들의 몫이 증가했다고 볼 수 있다.

이렇게 영구적인 법인세율 인하는 기업의 내재가치 증가에 일조한다. 기업에 대한 투자 매력을 높여주기 때문이다.

비보험 자회사 중에 가장 규모가 큰 BNSF와 버크셔 해서웨이 에너지는 세전 93억 달러를 벌어들였고, 이는 2017년 대비 6% 증가한 규모다. 그다음 5개 회사는 클레이턴 홈즈, IMC, 루브리졸, 마몬, 프리시전 캐스트파츠로, 세전 이익 합계는 2017년 55억 달러에서 2018년 64억 달러로 증가했다. 그다음 5개인 포리스트 리버, 존즈 맨빌, 마이텍, 쇼, TTI의 세전 이익 합계는 2017년 21억 달러에서 2018년 24억 달러로 증가했다. 나머지 자회사 수십 개의 세전 이익 합계는 2017년 33억 달러에서 2018년 36억 달러로 증가했다.

　버크셔 해서웨이 에너지의 실적 정체는 따로 뜯어볼 필요가 있다. BNSF의 세전 이익은 68억 달러로 2017년 63억 달러 대비 약 8% 증가했으나, 버크셔 해서웨이 에너지는 24.9억 달러에서 24.7억 달러로 오히려 감소했다. 이는 유타, 오리건, 와이오밍주의 전력 사업자인 퍼시피코프의 실적 악화 때문인데, 법인세율 감소분을 전력 소비자들에게 환원하게 하는 규제로 타격을 받았다. 법인세율 인하로 환급액이 발생했기 때문에 세후 이익은 23억 달러에서 29억 달러로 증가했다.

'플로트' 키운 아지트 자인, 버핏이 총애

보험업을 통해 조달하는 자금 플로트는 버크셔의 근간을 이루는 중요한 부분이다. 손해보험사의 보험료로 구성되는 플로트는 향후 지급하게 되는 시기까지 차입금처럼 활용할 수 있다. 유입되는 보험료 수입 대비 향후 지출되는 보험금을 최대한 작거나 같게 운용하는 것이 중요하다. 이를 위해서는 보수적인 기준으로 보험을 인수하는 것이 중요한데, 저금리로 유동성이 넘쳐나면 경쟁이 심화되어 쉽지 않은 상황이 된다.

　버크셔의 보험 자회사들은 불리한 요율에서는 한발 물러남으로써, 규모에 집착하기보다 수익성을 확보하고자 노력해왔다. 때문에 최근 16년 중 2017년에만 세전 손실 32억 달러를 기록했을 뿐, 나머지 15년 동안 보험영업이익을 기록할 수 있었다. 먼저 받은 자금을 활용하면서 향후 돌려줄 금액이 이보다 적다면, 자금을 차입하면서 오히려 이자를 받는 것과 같다. 때문에 위험을 엄격하게 평가하는 것은 버크셔에서 구약성서 방식의 신앙으로 받아들인다.

　보수적인 기준으로 보험을 인수하면서도 플로트 규모는 지난 40년 이상 엄청나게 늘어났다. 버크셔의 보험 사업은 양과 질을 모두 잡은 결과라고 볼 수 있다. 플로트의 규모는 1990년대 말 제너럴 리를 인수하면서 한 단계 도약했고 아지트 자인의 재보험 사업이 순풍을 타면서 급격히 증가했다. 버핏이 버크셔 경영의 후계자로 그레그 에이블에 이어 아지트 자인을 각별하게 아끼는 이유이기도 하다.

버크셔 해서웨이 보험 자회사들의 플로트 추이 (단위: 백만 달러)

연도	플로트
1970	39
1980	237
1990	1,632
2000	27,871
2010	65,832
2018	122,732

* 생명보험, 연금보험, 건강보험에서 창출되는 플로트 포함

이렇게 막대한 규모로 창출된 플로트는 자회사 인수뿐만 아니라 시장성 유가증권에도 투자할 수 있기 때문에 버핏과 멍거의 투자 능력과 더불어 시너지를 창출해왔다. 버크셔는 다른 보험사 대비 자금 운용의 대안이 많아서, 같은 규모의 플로트가 창출되더라도 더 높은 실적을 거두는 데 유리하다.

대부분의 기업이 자금을 조달하는 원천은 부채와 자본으로 나뉜다. 버크셔는 여기에 플로트와 이연법인세 두 가지가 추가된다. 버핏은 차입을 통해 자금을 조달하는 것을 싫어하는데, 예측하지 못한 시점에 치명적인 위험에 처할 수 있기 때문이라고 언급한다. 드물지만 특정한 시기에 신용시장의 불안이나 창출되는 현금흐름의 급감 등으로 조달 원천이 막히는 상황에 직면할 수 있기 때문이다. 대개는 승리하지만 가끔 목숨을 잃는 러시안룰렛에 빗대어 설명하고 있다.

물론 BNSF와 버크셔 해서웨이 에너지는 부채를 이용해 자금을 조달하고 있다. 부채를 연장하기 어려운 경기침체기에도 두 회사는 현금을 충분히 창출하기 때문에 부채가 지닌 회수 리스크를 완화할 수 있다. 오히려 부채 사용이 타당하다는 것이 버핏의 견해다.

내로남불격의 설명으로 볼 수 있지만, 부채에 대한 견해는 버핏 투자조합 시절부터 견고하게 유지되어왔다. 투자조합 시절 전체 자산의 25%까지 차입할 수 있다고 파트너들에게 공공연히 언급했고, 실제 차입금을 통해 투자하기도 했다. 다만 시

장 상황에 영향을 덜 받고 확정적인 수익이 기대되는 투자 대상(당시 버핏이 'Work-outs' 유형으로 분류)에 한했다. 창출되는 현금흐름 대비 조달 비용을 안정적으로 매칭해서 갑작스러운 회수 리스크를 최소화했다. 부채를 활용할 때도 합리적인 기준에 따라야 한다는 것이 버핏의 견해라고 볼 수 있다.

플로트 외에 투자자산에서 발생한 이익을 실현하지 않아서 실제 납부하지는 않았지만 부채로 계상되는 이연법인세 또한 중요한 조달 원천으로 언급한다. 버크셔의 이연법인세는 505억 달러 규모인데, 이 중 147억 달러가 보유 주식의 미실현 이익에서 창출된다. 자본이득에 대한 세율은 21%지만, 이는 보유 주식을 매도할 때 적용되기 때문에, 매도 시까지 무이자 대출을 받아 주식을 보유하는 셈이 된다.

장기적으로는 버크셔의 자금 조달 기반은 기존과 같이 주로 유보이익을 통해 증가할 것이라고 본다. 물론 이 유보이익을 잘 활용해서 매력적인 자산을 추가하는 것은 버핏과 멍거의 몫이다.

토니 나이슬리 믿고 인수한 가이코의 도약

2018년 6월 30일 부로 가이코의 CEO에서 물러난 토니 나이슬리에 대한 찬사가 이어진다. 가이코는 1976년 보험료를 잘못 산정하는 바람에 파산 위험에 처한 바 있다. 당시 잭 번(Jack Byrne)이 새로운 CEO로 부임하면서 턴어라운드에 성공하게 되었다. 버핏은 잭 번을 만나보고 전환사채를 포함해서 가이코 주식 3분의 1을 사들였다. 가이코가 자사주를 지속적으로 매입하면서 버크셔의 지분은 절반까지 올라갔다. 지분 매입에 대한 취득 원가는 모두 4,700만 달러에 이르렀다.

그 후 1993년 토니 나이슬리는 CEO로 승진했다. 가이코는 위기 이전의 모습을 거의 회복한 상태였다. 이를 기반으로 나이슬리는 본격적인 성장 전략을 구사한다. 2년 후 버핏은 나머지 50% 지분을 23억 달러에 공개 매수하면서 가이코를 버크셔의 100% 자회사로 만들었다. 처음 지분 50%를 취득한 가격의 50배를 지불하면서 가이코를 인수한 것이다.

나머지 지분을 원래 취득 가격의 50배에 매수한 것은 가이코의 경제적 해자 회

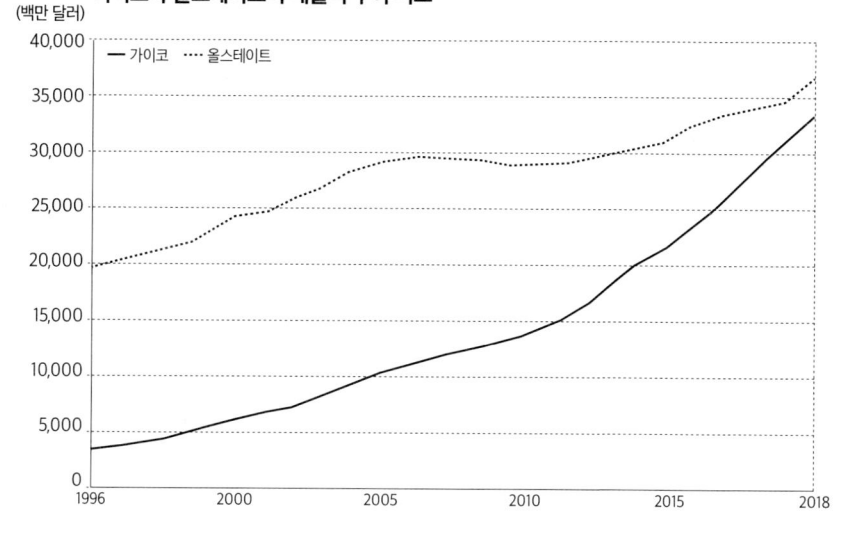

가이코와 올스테이트의 매출액 추이 비교

(백만 달러)

— 가이코 ···· 올스테이트

복이 중요한 이유였을 것이다. 그러나 나이슬리에 대한 신뢰도 무시할 수 없었다. 그의 적극적인 성장 전략에 크게 베팅한 것으로 판단된다. 때문에 향후 성장성을 감안하면 취득가액의 50배도 안전마진이 확보된 가격이라고 판단한 것이다.

1992년 말 계약 190만 건에 매출 기준 업계 7위였던 가이코는 나이슬리 취임 이후 매출이 1,200% 증가해 2018년 업계 2위로 자리 잡았다. 버크셔 인수 이후 보험영업이익의 합계는 세후 155억 달러에 달하고, 창출된 플로트는 25억 달러에서 221억 달러로 증가했다.

버핏은 나이슬리가 경영하는 동안 버크셔에 기여한 가이코의 내재가치 증가분이 500억 달러를 상회한다고 추정한다. 이는 나머지 지분 50%를 인수한 1996년 대비 매출액이 10배 이상 증가한 부분을 반영한 평가로 보인다(당시 인수 가격 46억 달러의 10배 이상).

2018년 말 현재 시장 평가액이 가장 큰 보통주 15종목

주식 수*	회사명	지분율(%)	매입 원가 (백만 달러)**	시가 (백만 달러)
151,610,700	아메리칸 익스프레스	17.9	1,287	14,452
255,300,329	애플	5.4	36,044	40,271
918,919,000	뱅크 오브 아메리카	9.5	11,650	22,642
84,488,751	뱅크 오브 뉴욕 멜론	8.8	3,860	3,977
6,789,054	차터 커뮤니케이션즈	3.0	1,210	1,935
400,000,000	코카콜라	9.4	1,299	18,940
65,535,000	델타항공	9.6	2,860	3,270
18,784,698	골드만삭스	4.9	2,380	3,138
50,661,394	JP모간체이스	1.5	5,605	4,946
24,669,778	무디스	12.9	248	3,455
47,890,899	사우스웨스트항공	8.7	2,005	2,226
21,938,642	유나이티드 컨티넨털	8.1	1,195	1,837
146,346,999	US뱅코프	9.1	5,548	6,688
43,387,980	USG코프	31.0	836	1,851
449,349,102	웰스 파고	9.8	10,639	20,706
	기타		16,201	22,423
	보통주 시장 평가액 합계		102,867	172,757

* 버크셔 자회사 연금기금에서 보유 중인 주식은 제외.
** 실제 매입 가격이며 세무 보고 기준임.

하인즈 같은 기존 브랜드, PB 제품 출시로 잠식

2018년 투자 부문에서 가장 큰 이슈는 지분법 적용을 받는 크래프트 하인즈일 것이다. 영업권을 포함해서 무형자산 159억 달러를 상각하면서 크래프트 하인즈는 대규모 적자를 기록했다. 버크셔 또한 지분율만큼 상각해 2018년 말 기준 크래프트 하인즈 지분 가치는 138억 달러로 평가되어 있다. 2017년 말 기준은 176억 달러였다. 취득 원가는 98억 달러여서 2018년 말 기준으로 아직 평가이익 상태다.

크래프트 하인즈를 경영하고 있는 3G 캐피털은 크래프트와 오스카마이어 브랜드에 대한 가치 평가 절하를 단행했다. 버핏은 CNBC와의 인터뷰에서, 코스트코의 커클랜드 같은 유통회사 PB 제품이 급부상했기 때문이라고 설명한 바 있다. 즉, 유통회사가 PB 제품을 출시해 기존 업체와 경쟁하면서 기존 브랜드의 가치를 잠식했다는 것이다. 그러나 시장 일각에서 제기되는, 밀레니얼 고객이 선호하지 않기 때문에 매출액 성장률이 예전 같지 않다는 논리는 인정하지 않았다. 3G 캐피털이 급격한 비용 절감에만 집중한 나머지 향후 성장동력에 대한 투자를 게을리했기 때문이라는 월가 일부의 견해에도 동조하지 않았다.

버핏은 PB 제품에 의한 브랜드 평가 절하에도 불구하고 보유 지분을 매각하지 않겠다는 의지를 드러냈다. 이로써 3G 캐피털의 비용 효율화 전략에 무언의 지지를 보내고 있는 양상이다.

버핏은 애플도 브랜드 파워에 기반한 소비재 기업으로 정의했다. 그는 강력한 브랜드에 의해 소비자들의 반복 구매가 창출되고 그에 따라 매출이 성장하는 과정을 주요 투자 아이디어로 삼아왔다. 크래프트 하인즈 투자 실패가 향후 이런 투자 형태에 어떤 영향을 미칠지 지켜볼 만하다.

크래프트 하인즈 주가 추이

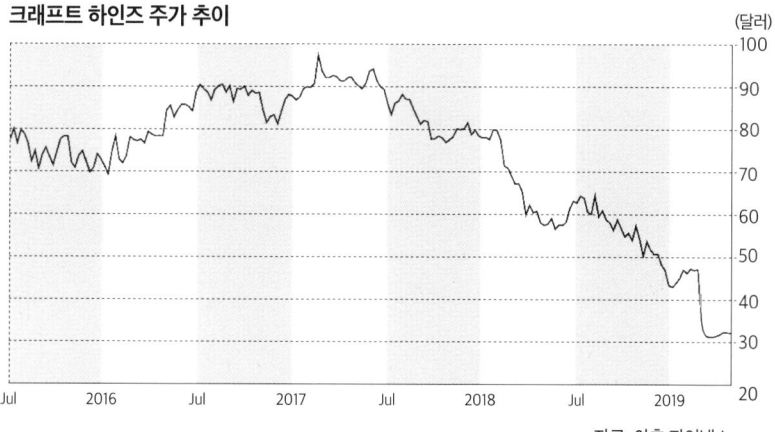

자료: 야후 파이낸스

"순풍을 타고 가는 미국에 올라탄 덕분에 성공"

미국에 대한 버핏의 애정은 남다르다. 버핏이 처음 투자를 시작한 1942년 이후 77년 동안 S&P500 지수는 53배의 수익률을 거뒀다. 버핏이 6세부터 11세까지 모은 전 재산 114.75달러를 S&P500 지수에 투자했다면, 2019년 1월 31일 세전으로 60만 6,811달러가 되었을 것이다. 연기금 등 비과세 기관이 100만 달러를 투자했다면 53억 달러로 늘어났을 것이다.

매년 자산의 1%를 수수료로 공제했다면 원리금은 그 절반인 26억 5,000만 달러로 줄어들었을 것이다. 지난 77년 동안 S&P500 지수의 수익률은 연평균 11.8%였지만, 기관 수익률은 보수 탓에 10.8%로 줄어들기 때문이다.

재정적자 탓에 나라가 망한다고 했던 사람들은 금을 보유했다. 그러나 금은 지난 77년 동안 S&P500 지수 수익률의 1%에도 미치지 못한 결과를 냈다.

지난 77년 동안 미국은 공화당 출신 대통령 7명과 민주당 출신 대통령 7명이 집권했다. 금리가 21%까지 치솟는 장기 인플레이션을 겪었고, 논란 많고 값비싼 전쟁도 여러 차례 치렀으며, 대통령이 사임하기도 했고, 주택 가격이 전국적으로 폭락하기도 했으며, 금융위기 등 수많은 문제에 시달리기도 했다. 그럼에도 불구하고 미국은 번영을 이어왔다.

1788년 미국은 열정 넘치는 사람들과 이들의 꿈을 실현하고자 하는 미숙한 통치 체계로 시작했다. 그러나 현재 연준이 추산한 미국의 가계자산은 108조 달러 수준으로, 가늠하기도 쉽지 않은 규모가 되었다.

미국에 대한 버핏의 찬사는 버크셔의 성공이 순풍을 타고 가는 미국에 올라탄 덕분이라는 겸손함으로 끝을 맺는다.

'확실성에 대한 큰 베팅' 철학 제시

2018년도 주주서한에서 가장 의미 있게 봐야 할 부분은 크래프트 하인즈 투자 실패에 대한 설명이 아닐까 싶다. 시즈캔디 이후 소비재의 브랜드 가치는 버핏 투자의 근간을 이루어왔다. 그러나 크래프트 하인즈 투자 실패를 계기로 투자 업계에서 브랜드 가치 재조명이 활발해지고 있다.

전통적인 소비재 브랜드 강자들은 과거와 다른 경쟁 환경에 놓여 있다. 우선 버핏이 크래프트 하인즈의 가치를 직접적으로 끌어내렸다고 판단한 유통회사의 PB 제품이 있다. 또한 모바일과 인터넷으로 대표되는 온라인 쇼핑을 통해, 그동안 전통적인 유통망을 활용하기 어려웠던 군소 브랜드들이 난립하고 있다. 소비자 입장에서는 가격과 품질 면에서 선택지가 다양해진 상황이다. 게다가 새로운 소비 주체로 떠오르는 밀레니얼들의 기호 변화도 중요한 부분이다.

3G 캐피털과 버핏은 소비재 브랜드가 강력한 기업들에서 극도의 비용 절감을 통해 최고의 효율을 이끌어내는 경영 전략이 더 이상 유효하지 않은 상황을 맞고 있다. 절감된 비용이 기존 브랜드나 신규 브랜드로 재투자되어야 하는 상황에서, 투자자들은 향후 경영 전략이 어떻게 변하는지 지켜볼 필요가 있다.

'미국의 번영에 대한 확신'은 버크셔의 성공에 대한 겸손함의 표현 외에도 버핏 투자철학을 살펴보는 데 중요한 포인트를 제공한다.

버핏의 투자는 스승 벤저민 그레이엄의 투자철학을 넘어 '확실성에 대한 큰 베팅'으로 진화해왔다. 능력범위 내에서 실현 가능성이 아주 높은 아이디어에 크게 투자하는 것을 말하는데, 파트너인 찰리 멍거의 영향을 많이 받았다.

2009년 주주서한에서 버핏은 이런 멍거의 투자철학을 'Invert, always invert', 즉 항상 뒤집어서 생각하라는 말로 표현했다. 뒤집어 생각하는 대표적인 예로, 멍거의 유명한 말 "내가 죽을 장소를 알고 싶다. 왜냐면 거기 절대 가지 않을 테니까"를 들고 있다.

어떤 산업이 유망하다는 전망만으로는 투자에 나서지 않는 모습도 이런 투자철학으로 설명된다. 바보라도 1910년대에는 자동차 산업이, 1930년대에는 항공 산업이, 1950년대에는 TV 산업이 유망하다는 것을 알 수 있었지만, 누가 승자가 될지는 알기 어려웠다. 일반적으로 투자자들은 현시점에서 유망한 산업을 찾아다니지만, 버핏은 거꾸로 그 산업의 향후 승자(최후의 승자는 아니다)를 찾는 것이 다르다. 누가 승자가 될지, 그 기업이 향후 수십 년간 이익을 얼마나 거둘지 확실하지 않다면 버

일반적인 가치투자와 버핏의 투자 프로세스

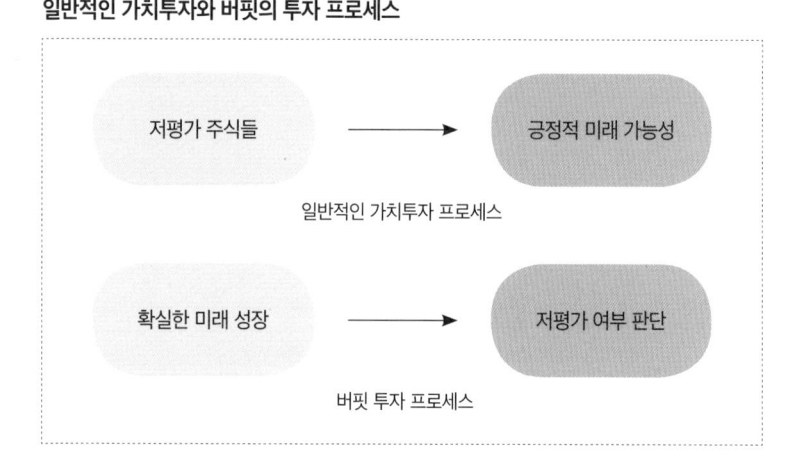

핏은 투자에 나서지 않는다.

가치투자자들의 일반적인 투자 프로세스, 즉 저평가된 주식 중에 긍정적인 미래를 그릴 수 있는 기업으로 압축하는 과정과는 다르다는 데 주목할 필요가 있다. 이는 긍정적인 미래를 확신할 수 있는 기업들에 대해 현재 주가가 고평가되어 있지 않은지 점검하는, '뒤집어' 생각하는 과정을 말한다. 현시점에서 가치 대비 싸게 사는 '안전마진'을 확보해야 함은 물론이다.

버핏이 2008년 금융위기 때 어려움에 처한 금융회사들에 자금을 쏟아부으면서 '미국에 대한 확신'을 강조한 것은 단지 애국심의 표현만은 아니었다. 미국의 번영이 전제된 상황에서 훌륭하게 운영되는 금융회사들의 미래에 대한 확신이 깔려 있었다.

2009년 철도회사 BNSF 투자도 마찬가지다. 버핏은 이를 '전적으로 미국에 대한 투자'라고 강조한 바 있다. 과점화되어 있고 타 운송 수단 대비 비용 효율성 측면에서 우위가 있기 때문에, 향후 미국 번영의 혜택을 온전히 누릴 것이 확실한 상황에서 적절한 가격에 인수할 수 있었던 것이다. 골드만삭스와 뱅크 오브 아메리카 투자 역시 미국의 번영이 전제된 상황에서 훌륭하게 운영되는 기업들의 미래에 대한 확신이 깔려 있었다.

이처럼 확실성에 대한 버핏의 견해는 버크셔 곳곳에 스며들어 있다. 대형 재난이 언제 발생할지는 모르지만 '확실히' 발생하기 때문에 그런 결과를 상정하고 최대 보상 추정 금액(200억 달러)을 항상 '현금'으로 보유하고 있는 것도 좋은 예다. 훌륭한 사람들에게 재량권을 충분히 부여하는 것이 생산성 향상의 확실한 방향이라 믿기 때문에, 여러 문제들에도 불구하고 버크셔는 분권화되어 경영되고 있다.

투자조합 시절부터 확실한 기회에 크게 베팅해온 멍거는 버크셔의 투자가 수많은 가능성에 조금씩 투자하는 벤처캐피털과는 다르다고 말해왔다.

2018년도 버크셔 주주서한은 전체적으로 투자자들이 버크셔의 내재가치를 맛볼 수 있는 레시피 역할을 톡톡히 하고 있다. 버크셔의 성공에 크게 기여한 가이코부터 실패로 이어진 크래프트 하인즈 투자까지 살펴보면 버크셔의 희로애락이 느껴지는 한 편의 드라마라 할 만하다. 🐝

글 이은원

연세대학교 수학과를 졸업하고, 2006년 VIP투자자문(현 VIP자산운용)을 시작으로 유리자산운용 등에서 수년간 펀드매니저로 일했다. 버크셔 해서웨이 주주서한을 분석해 워런 버핏의 가치 평가 방법론을 정리한 《워런 버핏처럼 적정주가 구하는 법》을 썼다. 현재 SK증권 서초 PIB센터에서 '밸류 1호' 랩 상품을 운용하고 있다.

박성진 이언투자 대표

'적당한 기업'을
'탁월한 가격'에 사라

강영연

박성진 대표는 벤저민 그레이엄의 투자철학을 따르는, 보기 드문 투자자다.

'싼 기업'을 찾는 데 투자의 핵심이 있다고 강조한다. 그는 "사람을

처음 봤을 때 몸무게가 몇 킬로그램인지 정확히는 알 수 없지만 뚱뚱한지

날씬한지는 판단할 수 있다는 그레이엄의 말처럼, 1시간만 보면 이 회사가

싼지 비싼지 알 수 있다"고 설명했다. 그는 버핏의 말을 뒤집어

'적당한 기업'을 '탁월한(저렴한) 가격'에 산다고 표현했다.

생명이 없는 행성에서 아주 우연히 생명이 생겨날 확률은 10억 년에 한 번 정도라고 한다. 긴 시간이 흐르면 절대 불가능할 것 같던 일도 발생할 수 있다. 생명체가 우연히 탄생할 정도로 긴 시간, 불교에서 영겁(永劫)의 시간이라고 부르는 영어 단어가 있다. '이언(aeon)'이다.

이언투자는 여기서 출발했다. 긴 시간이 흐르면 생명이 탄생하듯, 오래 투자하면 가치가 커진다는 생각에서 시작했다. 박성진 이언투자 대표는 "생명체가 탄생하는 데는 10억 년이 걸리지만 복리의 마법은 10년 정도면 효과를 낸다"며 "10년 이상 가치투자를 하면 마법처럼 놀라운 일이 생길 것"이라고 설명했다.

투자자문사 CIO에서 독립하게 된 까닭은

지난 5월 4일 서울 영등포구에 있는 이언투자 사무실에서 박 대표를 만났다. 2014년부터 투핸즈투자자문 최고투자책임자(CIO)로 일하던 그는 올해 3월 독립해 이언투자자문을 설립하고 금융감독원에 관련 절차를 밟고 있다. 새로운 사무실은 당산역 근처에 있는 오피스 건물이었다. 그는 집이 있는 목동 근처에 사무실을 얻으려 했는데 비싸서 당산까지 오게 됐다고 말했다. "당산은 여의도도 가깝고 2·5·9호선이 모두 지나는 교통의 요지"라며 "저평가된 가치주처럼 잘 알려지지 않은 것 같다"며 웃었다.

독립을 선언하게 된 이유가 있나요?

"자산운용사는 최고경영자(CEO)와 CIO가 동일한 구조를 갖는 게 좋

이언투자 로고

다고 생각했습니다. 일관된 투자철학을 구현하기 위해서입니다. 워런 버핏이 버크셔 해서웨이의 CEO이자 동시에 CIO인 것도 같은 맥락입니다. 자산운용사는 고객의 돈을 받아 자신의 투자철학에 맞게 운용하는 일을 합니다. 하지만 CIO 혼자서는 투자철학을 유지하기 어려운 면이 있습니다. 예를 들어 지난해 10월처럼 시장이 공포로 급락했을 때는 주식을 사야 할 시점입니다. 워런 버핏의 말처럼 '남들이 두려워할 때 욕심을 내야 하는' 시점인 거죠. 하지만 주식을 팔아달라는 고객의 요청이 들어오면 투자철학을 따르지 못합니다. 매도하는 수밖에 없죠. 저는 이럴 때 주식을 더 사라고 말해주는 고객을 원합니다. 고객을 끌어오는 단계에서부터 나의 투자철학과 일치하는 사람들을 택해야 하는 겁니다. 투자하는 것은 CIO의 일이지만 고객을 끌어오는 것은 CEO의 일입니다. 이 때문에 투자철학을 마음껏 구현하기 위해서는 CIO와 CEO가 같아야 한다고 생각했습니다."

두 가지 일을 하기에 힘들 것 같습니다.

"혼자선 할 수 없죠. 그래서 투자철학을 공유할 수 있는 사람들을 모았습니다. 한 명은 10년 이상 투자철학을 공유한 사람입니다. 직장을 다니며 파트타임으로 투자하다가 5~6년 전에 전업투자자가 됐습니다. 나머지 한 명은 대학을 갓 졸업한 새내기입니다. 고려대 주식 투자 동아리인 큐빅(KUVIC) 출신입니다. 다른 운용사들은 금융 투자 업계 경력을 중요하게 생각하지만 저는 다릅니다. 투자철학을 공유하는 것이 훨씬 중요하다고 생각합니다. 저 역시 개인 투자자로 일하다 자산운용 업계로 들어왔고요."

"철학을 파는 자문사가 되고 싶다"

새로운 도전입니다. 목표는 무엇인가요.

"철학을 파는 자문사가 되고 싶습니다. 시장에는 소위 가치투자자라고 자칭하는 사람들이 많습니다. 저마다 워런 버핏과 가치투자의 아버지로 불리는 벤저민 그레이엄에 대한 얘기를 하죠. 하지만 그런 사람들 중에 정말 그레이엄의 철학을 연구하고 투자하는 사람은 많지 않습니다. 진정한 가치투자로 성과를 내고, 그 철학을 투자자들에게 전파하고 싶습니다."

가치투자란 무엇입니까.

"많은 사람들이 가치투자는 좋은 기업을 싸게 사는 것이라고 합니다. 그럼 좋은 기업은 무엇일까요. '마법공식'을 만든 조엘 그린블라트 (Joel Greenblatt)는 적은 자본으로 많은 돈을 버는 기업이 좋은 기업 이라고 합니다. 즉 자본수익률(return on capital)이 높은 기업이죠. 또 그린블라트에 따르면 싼 기업은 시가총액 대비 이익이 많은 곳, 즉 투자수익률(earnings yield)이 높은 곳입니다. 이는 주가수익배수(PER=주가/주당순이익)의 역수인데, 결국 저PER 종목인 셈이죠. 그는 이 두 지표를 이용하면 시장 수익률을 웃도는 성과를 낼 수 있다고 했습니다."

대표님의 생각은 다른가요.

"미국 투자자 토비아스 칼라일(Tobias Carlisle)은 《Deep Value(딥 밸류)》라는 책에서 마법공식을 재검토했습니다. 놀랍게도 '좋은 기업을

> "워런 버핏의 말처럼
> '남들이 두려워할 때 욕심을 내야 하는' 시점인 거죠.
> 하지만 주식을 팔아달라는 고객의 요청이 들어오면
> 투자철학을 따르지 못합니다."

싸게 사라'는 명제에서 '좋은 기업'이라는 조건을 없앴더니 수익이 더 좋아졌습니다. '좋은 기업을 사는 것'이 아니라 '싸게 사는 것'이 가치 투자의 핵심이라는 뜻입니다. 저는 좋은 기업을 찾기 위해서 노력하기보다는 싸게 사기 위해 노력해야 한다고 봅니다."

그렇게 투자하는 벤저민 그레이엄의 방식은 담배꽁초 전략이라고도 불렸습니다. 버핏은 나중에 그 전략에서 벗어났죠.

"버핏이 그레이엄의 방식에서 벗어난 이유 중 하나는 운용 자금 규모가 굉장히 커졌다는 점입니다. 결코 그레이엄 방식의 수익률이 나빠서가 아닙니다. 칼라일 얘기를 좀 더 해보죠. 칼라일은 루저(loser) 포트폴리오와 위너(winner) 포트폴리오로 나눠 수익률을 검토했습니다. 루저 포트폴리오에는 실적이 악화되거나 미래 전망이 불확실한 기업들이 포함됐죠. 위너는 향후 전망이 밝고 반짝이는 기업이었고요. 결과는 어땠을까요. 놀랍게도 루저의 승리였습니다."

그런 결과가 나온 이유가 무엇이라고 생각하십니까.

"바로 평균 회귀(reversion to the mean) 때문입니다. 많은 사람들이 '안전마진'과 '미스터 마켓' 두 가지만을 그레이엄의 핵심 메시지로 기억합니다. 하지만 그레이엄의 명저《증권분석》의 또 다른 핵심은 '평균 회귀'입니다."

평균 회귀는 어떤 의미입니까.

"그레이엄은《증권분석》의 맨 앞장에 로마 시인 호라티우스의 말을 실

**"가치투자에 처음 입문하면서
버핏을 따라 뛰어난 기업을 사려고 하는 것은
물리학을 처음 공부하면서 아인슈타인의 상대성 이론을
이해하려는 것과 마찬가지라고 생각합니다.
기초를 쌓지 않고는 도달할 수 없는 경지입니다."**

었습니다. '지금은 실패했지만 회복하는 사람도 많을 것이고, 지금은 축하받지만 실패하는 사람도 많을 것이다(Many shall be restored that now are fallen and many shall fall that now are in honor).' 그레이엄은 비정상적으로 좋거나 나쁜 상황은 영원히 이어지지 않는다고 생각했습니다. 너무 좋은 실적도, 너무 나쁜 실적도 지속될 수 없고, 결국 모든 것은 평균으로 돌아간다는 뜻입니다. 영원한 위너나 루저보다는 일시적 위너나 루저가 대부분이고, 그래서 지금 루저처럼 보이는 주식을 사는 것이 수익을 얻는 가장 좋은 방법인 셈이지요.

버핏은 탁월한 기업(wonderful company)을 적당한 가격(fair price)에 사라고 했습니다. 하지만 탁월한 기업을 고르는 것은 너무 어렵습니다. 평균 회귀의 힘이 너무도 강력하기 때문에 오랫동안 저항할 수 있는 기업은 극히 적습니다. 버핏과 멍거 같은 천재에게나 가능한 일입니다. 버핏의 말을 달리 풀어보자면 인생에서 이런 기업을 살 수 있는 기회는 10번 정도나 올까 말까 합니다. 적당한 기업을 탁월한 가격에 사는 것이 훨씬 쉽습니다."

> *"Many shall be restored that now are fallen*
> *and many shall fall that now are in honor."*
>
> HORACE-Ars Poet ca.

> "지금은 실패했지만 회복하는 사람도 많을 것이고,
> 지금은 축하받지만 실패하는 사람도 많을 것이다"
>
> – 로마 시인 호라티우스

박성진 대표 약력
· 고려대학교 경영학과 졸업
· KAIST 경영공학 박사 수료
· 전 투핸즈투자자문 CIO
· 독서 모임 '거인의 어깨', '사피엔스', 'EDGE' 운영

박 대표는 버핏보다는 그레이엄의 투자 방식을 따른다고 했다. '싼 기업'을 찾기 위해 노력한다. 투자 기업도 철저하게 바텀업(bottom-up) 방식으로 발굴한다. 1주일에 2~3번은 기업 탐방을 다닌다. 그는 "사람을 처음 봤을 때 정확한 체중은 몰라도 체중이 꽤 나간다는 것은 충분히 판단할 수 있다는 그레이엄의 얘기처럼, 1시간 정도 살펴보면 어떤 회사가 싼지 비싼지는 대략 알 수 있다"며 "싸다고 판단되면 그때부터 투자할 만한 곳인지 깊이 검토한다"고 말했다.

싼 기업을 사기 위해 안전마진 중시

투자에서 가장 중요하게 생각하는 것은 무엇인가요.

"그레이엄이 강조한 안전마진, 평균 회귀를 중요하게 생각합니다. 먼저 안전마진은 우리의 한계를 인정하는 것입니다. 사실 기업 가치를 판단하는 것은 쉽지 않습니다. 내가 생각한 기업의 가치는 언제든 틀릴 수 있습니다. 이 때문에 가격과 가치의 차이가 큰, 안전마진이 큰 기업에 투자하는 것입니다."

동원산업, 미국 자회사 실적 더하면…

어떤 지표를 보고 투자를 결정하나요.

"기초 체력을 보고 결정합니다. 기업의 가치를 판단할 때 일시적인 수익을 보면 안 됩니다. 2~3년 정도의 실적을 보는 것으로는 충분하지 않습니다. 저는 보통 10~20년 정도의 실적을 검토합니다. 이 회사가 돈을 많이 벌 때는 얼마나 벌었고, 못 벌 때는 얼마나 망가졌는지 보면 체력이 보입니다. 이 기초 체력과 현재의 시가총액을 비교해서 기업이 싼지 비싼지를 판단합니다. 예를 들어 참치 원양어업 회사인 동원산업은 참치 어가에 따라 수익의 진폭이 다소 큽니다. 많이 벌면 1,000억 원 이상 벌다가도 안 좋을 때는 수십억 원에서 수백억 원의 적자를 내기도 합니다. 하지만 10년 정도 순이익 추이를 보면 연간 500억 원 정도의 이익을 꾸준히 내왔습니다. 100% 자회사인 미국 스타키스트와 동부익스프레스 실적을 더하면 1,000억 원 이상의 수익을 올릴 수 있는 체력을 가지고 있다고 생각합니다. 지난해 10월 급락장에서 동원산업은 시가총액 6,000억 원 초반까지 하락했는데, 이 가격은 기초 체력에 비해 매우 싸다고 판단했습니다."

그는 구체적인 투자 방식은 바뀔 수 있다고 강조했다. 가치투자와 안전마진의 철학을 구현하는 방법은 얼마든지 달라질 수 있기 때문이다. 그리고 《블랙 스완》의 저자 나심 탈레브가 만든 '바벨 기법'으로 설명을 이어갔다. 탈레브는 전체 자산의 90%는 미국 국채처럼 굉장히 안전한 곳에 투자한다. 나머지 10%는 망할 수도 있지만 수익이 나면 수십, 수백 배가 될 수 있는 위험 자산에 분산해서 투자한다. 박 대표는 "탈레브는 가치투자자가 아니고 투자처 하나하나는 안전마진이 크다고 볼 수 없지만, 그의 투자 전체를 보면 안전마진 철학을 구현하고 있다"며 "그레이엄의 철학을 받아들이되 구체적인 수단은 얼마든지 변형하고 발전시킬 수 있다"고 조언했다.

매도 시점은 어떻게 잡는지 궁금합니다.
"기업의 기초 체력을 보고 매수 여부를 결정했듯이 매도도 같은 기준

> **"기초 체력을 보고 결정합니다.**
> **기업의 가치를 판단할 때 일시적인 수익을 보면**
> **안 됩니다. 2~3년 정도의 실적을**
> **보는 것으로는 충분하지 않습니다."**

을 따릅니다. 주가가 기업의 기초 체력에 접근하면 팝니다. 그러다 보니 제가 팔고 나서 더 오르는 주식도 많습니다. 주위에서는 제가 팔 때 사면 30%는 벌 수 있다는 농담을 하기도 합니다."

팔고 나서 오르면 아깝지 않은가요.

"처음에는 아쉬웠습니다. 하지만 생각해보면 늘 꼭지에서 팔 수는 없습니다. 저희가 신은 아니니까요. 기초 체력보다 더 오르는 것은 오버슈팅인데 이것은 예측할 수 없습니다. 언제 시장이 변덕을 부릴지도 모르고요. 야구 같다고 할까요. 야구에서 만루홈런을 치면 멋져 보이죠. 하지만 저는 홈런을 노리다가 삼진아웃을 당하기보다는 매 타석 안타를 쳐서 점수를 내는 타율 높은 타자가 되고 싶습니다."

목표 수익률은 3년에 2배

목표 수익률이 있나요.

"3년에 2배로 오를 만한 종목에 투자한다는 원칙이 있습니다. 한 종목에 '몰빵' 하는 식은 아닙니다. 어떤 종목이 오른다고 확신할 수 없으므로 분산 투자가 필수죠. 보통 20~30종목 정도에 나눠서 투자하고 있습니다. 적정한 분산 투자 비중 역시 사람에 따라 다를 것입니다. 집중하고 싶다면 5~10종목 정도로 좁혀도 가능하지 않을까 싶습니다."

2008년을 제외하고는 한 번도 손해를 본 적이 없습니다.

"2003년부터 개인 투자를 하면서 2008년을 제외하고는 연평균 30~40% 이상의 수익을 내왔습니다. 2014년 투자자문회사를 차린 후에도 계속 이익을 냈습니다. 지난해 장이 좋지 않았지만 저희는 5% 이상의 수익을 냈습니다."

시장이 떨어진 것을 고려하면 20% 이상의 수익을 낸 셈이네요.

"작년에는 3년에 2배 오를 만한 기업이 보이지 않아 보유 현금을 늘린 것이 효과를 봤습니다. 투자할 기업을 찾기 힘들다고 투자 기준을 낮추지는 않습니다. 또 저평가됐다고 생각한 사료주와 건설주 등에 투자했는데 이것이 남북 경제 협력주로 분류되면서 급등했습니다. 운도 좋았던 셈입니다."

바이오나 IT 같은 '핫한 종목'에도 투자하나요?

"제가 알지 못하는 분야에는 투자하지 않습니다. 1시간 정도 살펴보면 기업이 싼지 비싼지 대략 판단할 수 있다고 했는데, 바이오 기업의 가격을 결정한다고 할 수 있는 신약 등의 가치를 판단하려면 1년도 부족할 겁니다. 버핏도 능력범위를 인정하고 아는 기업에만 투자하라고 조언했습니다. 저는 4차 산업이 아닌 1차 산업에 관심이 많습니다. 제가 잘 아는 분야이기 때문입니다. 특히 음식료 업종을 좋아합니다. 지금도 포트폴리오의 30~40%는 관련 종목을 담고 있습니다."

장기 투자는 어느 정도의 투자 기간을 의미하는 건가요.

"사람마다 다를 것 같습니다. 기업 가치가 가격에 반영될 수 있는 투자 기간이라고 하면 저는 최소 3년이라고 봅니다. 이 때문에 3년에 2배는 갈 수 있는 기업을 찾는 것이고요. 물론 운이 좋아서 6개월~1년에 2배 수익을 내는 경우도 있습니다. 어떤 주식은 3년을 기다려도 오르지 않을 때가 있고요. 그럴 때는 처음 매수했을 때의 아이디어를 점검합니다. 아이디어가 틀린 것이면 아쉬워도 매도합니다. 하지만 여전히 제 판단이 맞는다고 생각되면 3년 이상도 보유하고 기다립니다."

주식 투자에 입문하게 된 계기가 궁금합니다.

"저는 매우 평범한 직장인이었습니다. 사회생활을 IT 기업의 소프트웨어 엔지니어로 시작했죠. 직장 생활을 5년 해보니 여기에는 미래가 없겠다는 생각이 들었습니다. 성공하기 위해서 매일 야근하고, 술 마시는 임원들을 보면서 저렇게 살고 싶지 않다는 생각을 했습니다. 처음부터 투자를 생각한 건 아니었습니다. 교수가 되고 싶다는 생각에 KAIST에서 경영공학 학위를 땄습니다. 실제로 광운대에서 겸임교수로 일하기도 했습니다. 그러다 우연히 가치투자를 알게 됐습니다. 그 방식이 마음에 들었고, 실제 투자를 해보니 잘 맞더군요. 성과도 좋았고요. 5년 정도 투자와 직장 생활을 병행하다 이 정도면 되겠다는 확신이 든 2007년 말에 전업투자자로 나왔습니다."

2008년에 전업투자 시작해 겸손을 배우다

타이밍이 좋진 않았네요.

"2008년 금융위기를 바로 맞았죠. 어려웠습니다. 유일하게 손해를 본 해이기도 하고요. 하지만 지금 생각해보면 그 경험이 도움이 됐습니다. 항상 겸손하게 투자해야 한다는 깨달음을 얻게 됐다고 할까요. 항상 주의하고 보수적인 자세를 견지할 수 있도록 해준 귀중한 경험이었습니다."

개인 투자자로 잘나갔는데 굳이 회사를 차린 이유가 있나요.

"저는 책을 읽는 걸 굉장히 좋아합니다. 독서 모임도 3개나 하고 있죠. 혼자서 책을 읽고 그 내용을 음미할 수도 있지만 다른 사람들과 함께 읽으며 다른 관점, 생각을 접하는 것이 좋기 때문입니다. 투자도 마찬가지입니다. 개인 투자자는 제한 없이 투자할 수 있고 시간도 자유롭고 좋은 점이 많죠. 하지만 돈을 버는 것이 삶의 목적은 아닙니다. 돈을 벌어서 인생을 풍요롭게 사는 것이 목적이죠. 자문사를 하면 제 투자철학에 공감하는 고객, 동료 등 많은 사람을 만날 수 있습니다. 자문

> "처음 매수했을 때의 아이디어를 점검합니다.
> 아이디어가 틀린 것이면 아쉬워도 매도합니다.
> 하지만 여전히 제 판단이 맞는다고 생각되면
> 3년 이상도 보유하고 기다립니다."

사는 철학이 비슷한 사람들을 모아주는 자석 같은 역할을 해줍니다. 그 자체로 저의 삶을 풍요롭게 해주는 셈입니다."

한국에서도 존경하는 투자자가 있나요.

"2003년 처음 가치투자를 접했습니다. VIP투자자문 공동 대표인 최준철, 김민국 대표가 쓴 《한국형 가치투자 전략》이라는 책을 보고 입문했죠. 그 책을 통해 가치투자자로 성장하는 첫 번째 디딤돌을 놓을 수 있었습니다. 그분들에게 굉장히 빚을 진 셈입니다."

올해 주식시장에 대한 전망을 듣고 싶습니다.

"가치투자자들은 시장 전망이 무의미하다고 봅니다. 불가능하기 때문입니다. 저는 언제나 3년에 2배 될 기업을 찾을 뿐입니다. 최근 주가가 올라서 그런 기업이 많이 줄었습니다. 그럼에도 불구하고 여전히 기회는 남아 있다고 봅니다. 예를 들어 지난해 10월 폭락한 주가에서 회복하지 못한 기업이 꽤 있습니다. 지금 새롭게 투자하고자 한다면 이런 기업 중 기초 체력이 튼튼한 기업에 충분한 기회가 있을 것이라고 봅니다."

개인 투자자들에게 조언해준다면.

"보수적인 개인 투자자 중에는 예·적금에만 '올인' 하는 사람들이 많습니다. 투자의 제1 원칙이 '잃지 않는 투자를 하라'인 것은 맞습니다. 하지만 예·적금은 인플레이션을 고려하면 사실상 잃는 투자입니다. 수익을 낼 수 있는 투자처를 찾아야 합니다. 반대로 주식에 투자하며

박 대표는 인터뷰가 늘 부담이 된다고 한다. 가치투자자로서 내세울 수 있는 새로운 얘기가 없기 때문이라고.

허황된 수익률을 기대하는 사람들도 많습니다. 1년에 몇 배 오르기를 기대하거나 매일 1%씩 수익을 내겠다는 식이죠. 하지만 소림사에 들어갔다고 당장 무술 고수가 되는 건 아닙니다. 마당도 쓸고 물도 길어 와야죠. 제대로 된 책을 읽고 작은 돈으로 투자하면서 내공을 키워야 합니다. 절대 조급하게 생각하지 마세요."

"수익을 낼 수 있는 투자처를 찾아야 합니다.
반대로 주식에 투자하며 허황된 수익률을 기대하는
사람들도 많습니다. 1년에 몇 배 오르기를 기대하거나
매일 1%씩 수익을 내겠다는 식이죠. 하지만 소림사에
들어갔다고 당장 무술 고수가 되는 건 아닙니다.
절대 조급하게 생각하지 마세요."

《증권분석》과 《데이비드 드레먼의 역발상 투자》 추천

이들에게 추천하실 만한 책이 있나요.

"그레이엄의 《증권분석》을 추천합니다. 이 책이 어렵다고들 하는데 1부
는 꼭 읽으시길 추천합니다. 그레이엄 철학의 핵심이기 때문입니다.
뒷부분에 비해 그리 어렵지도 않습니다. 이 책을 보고 가치투자의 철
학에 공감했다면 실전 투자에 도움을 받을 수 있는 《데이비드 드레먼
의 역발상 투자》를 읽어보세요. 드레먼은 '인기 없는 소외주에 투자하
라'고 조언하는데 어떤 기업을 골라야 하는지 구체적으로 제시해주기
때문에 유용할 겁니다."

박 대표는 인터뷰가 늘 부담이 된다고 했다. 해줄 수 있는 새로운 얘기가 없기 때
문이다. 그의 목표는 언제나 그레이엄이 1937년에 말한 원칙을 지키는 것이다.
"투자 분야에서 새로운 것은 없습니다. 기본에 충실하고 세상이 바뀌는 것에 따라

약간의 변주만 하면 되죠. 저평가된 기업을 찾아 투자하고 제 아이디어가 맞는 것을 보면 재미있고 보람을 느낍니다. 기본에 충실하게 투자를 이어가는 것. 그것이 앞으로의 제 목표입니다." ⓛ

글 **강영연**

한국경제신문 증권부 재테크팀에서 일하고 있다. '변동성의 시대: 대가에게 길을 묻다'라는 시리즈를 연재하며 가치투자에 관심을 갖게 됐다. 읽으면 돈을 벌 수 있는 기사를 쓰기 위해 노력한다.

사진 **오환**

가치투자 '현안'에 대한 거의 모든 '대안'

강영연

가치투자자 3인이 최근 투자 현안과 향후 전망에 대해 견해를 펼쳐 보였다. 탄탄한 공부를 바탕으로 뛰어난 투자 성과를 올려온 고수들다웠다. 견해가 예리하고 깊이가 있으며 남달랐다. 이들은 자산주부터 바이오주 같은 섹터, 4차 산업혁명 같은 테마 등도 심도 있게 논의했다. 이 과정에서 네오위즈홀딩스, 대웅제약, 에코마케팅, JB금융지주 등 종목이 거론됐다.

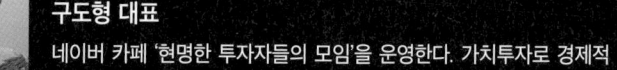

김태석 대표

네이버 카페 '가치투자연구소'의 운영자로, 평범한 샐러리맨에서 전업 투자자로 변신해 성공한 대표적인 인물이다. 최근에는 투자 문화를 개선하기 위한 활동에 힘을 기울이고 있다.

김철광 대표

네이버 카페 '보수적인 투자자는 마음이 편하다'를 운영하는 직장인 부업투자자다. 유튜브 채널 '김철광'과 'vlog 김철광'을 운영하고 있다.

구도형 대표

네이버 카페 '현명한 투자자들의 모임'을 운영한다. 가치투자로 경제적 자유를 얻은 후 자유로운 삶을 살면서 투자를 계속하고 있다.

"하지만 저는 성향상 아마존 매수를 주저하게 되네요."(남산주성)

"미국의 버핏지수(시가총액/GDP)도 148%까지 올라왔습니다. 지금은 급락해도 이상할 게 없는 시장이라고 생각합니다."(바람의숲)

"저는 베트남, 인도네시아 등을 좋게 봅니다. 인구 구조가 매우 좋고 발전 욕구가 강해서입니다."(좋은습관)

혼자 가는 길은 어렵다. 처음 가는 길이라면 더 그렇다. 투자자들이 투자 대가들의 방법론을 배우고 모임을 통해 다른 동료들과 토론하는 것도 그 때문이다. 하지만 세계적 투자 대가들의 전략을 적용하는 것은 쉽지 않다. 그들이 활동한 시기와 무대, 환경이 지금의 우리와 너무 다르기 때문이다. 비슷하게 시작한 국내 투자자들의 성공 스토리를 듣는 것은 그래서 의미가 있다. 시행착오를 줄이고 한국에 적합한 투자법을 배우는 기회가 될 것이다.

5월 10일, 서울 당산동에 있는 이언투자자문 회의실에서 김태석 가치투자연구소 대표(필명 남산주성), 김철광 보수적인 투자자는 마음이 편하다 대표(바람의숲), 구도형 현명한 투자자들의 모임 대표(좋은습관) 3인의 좌담회가 열렸다.

이날 좌담회에서 이들은 카페 회원들의 다양한 질문을 놓고 깊이 있게 토론했다. 이들은 투자자들이 자산을 증식하는 데 도움이 되고자 한다며 조언을 이어갔다. 사회는 가치투자로 유명한 신진오 밸류리더스 회장이 맡았다.

버핏에게 현금 조절 기준을 묻고 싶다

신진오 밸류리더스 회장(이하 신 회장) 지난 주말에 버크셔 해서웨이 주주총회가 열렸습니다. 만약 이번 주총에 참석했다면 워런 버핏과 찰리 멍거에게 무엇을 묻고 싶은가요? 지난해 버크셔 주총에 참석한 경험을 곁들여 남산주성 님부터 답변해주시죠.

김태석 가치투자연구소 대표(이하 남산주성) 주총장에 10시간 넘게 있으니 힘들더군요. 버핏은 1930년생이니 한국 나이로 구순이고, 멍거는 버핏보다 6살이 많죠. 저는 요

신진오 밸류리더스 회장(신 회장)

즘 매너리즘과 슬럼프에 빠져 투자에 대한 열정이 식어서 고민입니다. 두 대가는 그 연세에도 열정적으로 일하는 비결이 무엇인지, 어떻게 하면 오랜 기간 유지할 수 있는지 알고 싶습니다.

구도형 현명한 투자자들의 모임 대표(이하 좋은습관) 한국은 주주 문화가 없습니다. 기업의 주인이 주주가 아니라 오너 한 사람이라고 여기는 사람들이 대부분이죠. 또 신자유주의를 비판하는 쪽에서는 주주 자본주의를 비판합니다. 한국은 주주 문화가 싹도 틔우지 못한 재벌 자본주의 사회잖아요. 주식을 보유한 주주가 주주총회에 참석하는 비율이 0.01%도 안 됩니다. 미국의 초기와도 다르죠. 버핏이라면 이런 환경에서 어떻게 투자할 것인지 묻고 싶습니다.

김철광 보수적인 투자자는 마음이 편하다 대표(이하 바람의숲) 버크셔는 지난해 현금 비중이 30%를 넘었습니다. 그간 현금 비중에 대해 자세히 설명한 적이 없습니다. 살 주식이 없으면 현금 비중을 높이고, 있으면 줄인다는 정도였습니다. 어떤 기준으로 현금을 보유하고 비중을 조절하는지 알고 싶습니다.

"아마존 매수, 나는 성향상 주저하고 있다"

신 회장 최근 버핏이 아마존 주식을 샀습니다. 못 사서 아쉽다는 말을 계속하다가 얼마 전에 샀죠. 버핏은 최근 뉴스에서 "아마존 주식 매입은 가치투자 원칙에 따른 것"이라고 말했습니다. 이에 대한 의견을 듣고 싶습니다.

바람의숲 버핏은 아마존의 해자를 본 것 같습니다. 미국에서는 아마존을 통해야만 살 수 있는 것이 많습니다. 버핏은 질적인 투자를 하는데 그간 아마존의 해자가 얼마나 두터운지 파악 못해서 사지 않다가 이번에 산 게 아닌가 싶습니다.

좋은습관 버크셔의 투자금은 약 800조 원에 이릅니다. 시가총액 수천억 원 수준의 기업은 가치가 높아도 (투자금 대비 규모가 작아서) 살 수 없고, 조 단위 기업 중에서 상대적 가치를 보고 투자해야 하는 상황입니다. 아마존은 매출이 꾸준히 증가했지만 수익성 밸류가 너무 높아 보입니다. 미래를 위해 수익을 쓰는 면이 있죠. 큰 비전을 제시하고, 연구개발(R&D) 비용도 세계 1위일 정도로 많이 쓰고 있고요. 전자상거래 1위 기업으로서 판매 수수료 등을 지속적으로 인하하는 것을 보면 삼성전자가 치킨게임으로 경쟁자들을 물리쳤을 때와 같다는 생각도 듭니다. 그런 것을 감안하면 버핏이 살 수 있는 조 단위 회사 중 상대적 가치가 있는 기업이었기에 아마존을 샀을 거라고 봅니다. 하지만 버핏의 자금이 800조 원이 아니라 800억 원이라면 아마존보다 더 싼 기업을 샀을 거라고 봅니다.

남산주성 버핏이 직접 아마존을 선택한 것은 아닌 것 같아요. 버핏의 후계자로 거론되는 토드 콤즈(1971년생)가 산 것 같다는 말이 있습니다. 제가 보기엔 버핏은 애플 주식을 산 후 IT 종목에 대한 관심이 좀 생긴 것 같습니다. 아마존 시가총액은 1,000조 원입니다. 우리나라 코스피 전체 시가총액이 1,400조 원인 것과 비교하면 엄청나죠. 앞서 두 분이 말씀하신 대로 아마존의 해자는 어마어마합니다. 세계 전자상거래시장에서 규모가 가장 큰 미국 시장의 50% 가까이를 차지하고 있습니다. 클라우드 사업도 잘하고 광고시장도 상당 부분 차지했습니다. 앞으로 전자상거래는 계속 늘어날 것이고 아마존이 더 많은 시장을 차지할 것이라고 보는 게 합리적입니다. 그럴 때 투자자로서 아마존을 가지고 있지 않다면 마음이 불편하지 않을까요.

아마존은 1995년 상장해 올해로 24년이 됐습니다. 그간 주가는 연평균 33% 올랐습니다. 상장 때 주식을 100만 원어치 샀다면 지금 10억 원이 되는 셈입니다. 충분히 살 만하다고 생각하지만 비싼 것 역시 사실입니다. 부연하면 가치투자를 논할 때 싼 것과 좋은 것으로 나눕니다. 싸고 좋은 기업을 사는 거죠. 사실 좋고 싼 기업이 제일 좋은데 찾기가 어렵습니다. 그런 면에서 좋고 비싼 기업도 나중에 보면 싸질 수 있습니다. 아마존이 그런 표본이 되는 회사라고 버핏은 판단한 것 같습니다. 하지만 저는 성향상 아마존 매수를 주저하게 되네요. 사실 해외 계좌부터 개설해야 하는데 미루다가 아직 하지 못했습니다.

"미국 주가 높아… 급락해도 이상하지 않은 수준"

신 회장 최근 버크셔가 또 자사주를 매입했습니다. 그간 주당순자산가치(BPS) 1.2배를 기준으로 매입한다고 했는데, 요즘 기준을 완화한 것 같습니다. 어떤 인터뷰에서는 BPS가 의미 없다고 했고, 투자할 대상이 없어서 자사주를 매입할 수도 있다는 얘기도 나오네요. 이런 자사주 매입에 대해서 어떻게 생각하시나요.

남산주성 미국 시장에서 더 이상 싸고 좋은 기업을 찾기 어려워졌다는 것을 의미하는 행동이라고 생각합니다. 자기 회사 주식이 시장에 있는 다른 회사 주식보다 싸고 좋다면 자사주 매입은 당연한 일이라고 봅니다. 미국 기업들은 자사주를 매입하면 당연히 소각하는데 우리 기업들도 이런 문화를 배울 필요가 있습니다. 저평가되고

김태석 가치투자연구소 대표(남산주성)

현금이 많은 기업도 많은데 자사주를 안 사잖아요. 사도 소각하지 않는 경우가 태반이고요.

좋은습관 미국 시장에서 더 이상 싸고 좋은 기업을 찾기 어려워졌다는 남산주성 님 의견에 동의합니다. 미국 국내총생산(GDP)은 10년 전 약 14조 달러에서 현재 약 19조 달러로 대략 35% 증가했습니다. 반면 같은 기간 다우지수는 약 8,000에서 약 26,000으로 3배 이상 올랐습니다.

바람의숲 미국 시장을 보면 지난 1년간 월봉 기준으로 양봉 12개가 나왔습니다. 이런 일이 지난 100년간 두 번 있었다고 합니다. 한 번은 대공황 직전이었습니다. 시장은 과열되었습니다. 지금은 미국 주식에 투자한 사람들이 모두 돈을 벌어서 투자 고수인 것처럼 거론됩니다. 하지만 버핏은 현금 비중을 높이고 있고 자사주를 사겠다고 합니다. 미국 시장에서 보수적인 가치투자자로 꼽히는 사람들이 시장 하락에 베팅하고 있습니다. 제가 보기엔 버핏도 숏을 치고 싶지만 자신의 명예가 있으니 현금 비중을 높이고 자사주를 사는 듯합니다. 버핏지수(시가총액/GDP)도 148%까지 올라왔습니다(버핏지수 100 이하는 저평가, 120 이상이면 과열, 200 이상이면 거품으로 본다 - 편집자 주). 최근 30년 동안 이 정도 수치를 기록한 것은 2008년과 지금뿐입니다. 지금은 급락해도 이상할 게 없는 시장이라고 생각합니다.

남산주성 하지만 버핏은 시장을 부정적으로 보는 것 같진 않습니다.

신 회장 버핏은 시장 전망을 하지 않았을 것 같습니다.

좋은습관 시장을 전망하지는 않아도 시장 평균이 싼지 비싼지는 계속 판단해왔다고 봅니다. 버핏을 알려면 언론이 전하는 단편적인 부분보다 그의 행동을 보아야 합니다. 버크셔는 현금 비중이 30%나 되고 작년에도 자사주를 매수했으며 앞으로도 계속 매수할 수 있다고 합니다. 싼 게 별로 없다는 것을 행동으로 보여주고 있네요.

한국에서도 버핏식 장기 투자가 가능할까?

신 회장 다음 질문으로 넘어가죠. '한국에서 버핏식 장기 투자가 가능할까요'라는 질문입니다. 여기 있는 분들도 장기 투자 종목이 있으십니까? 장기 투자가 국내에서도 가능할지 의견 주시죠.

바람의숲 제가 10년 이상 보유 중인 것은 두 가지뿐입니다. 하나는 맥쿼리인프라인데 초장기 투자 종목이라고 생각합니다. 다른 하나는 상장 인덱스펀드인 KODEX 200 ETF이고요.

신 회장 개별 종목으로는 그렇게 장기 보유할 만한 것이 없었다는 뜻인가요?

바람의숲 개별 기업으로는 비상장 기업을 사서 오래 갖고 있었습니다. 이건 좀 비자발적인 장기 보유네요. 사실 대부분의 종목을 살 때 장기 보유를 꿈꾸지만 실제로 그렇게 보유하는 경우는 별로 없습니다. 한국 시장에는 경기순환을 타는 기업이 너무 많습니다. 소위 '2호선 종목'이라고 하는데, 오래 보유하고 있으면 결국 원위치죠. 버핏도 우리나라에서 태어났다면 장기 투자가 쉽지 않을 겁니다.

좋은습관 미국과 다르게 한국은 경기순환 종목이 대부분입니다. 대외 변수의 영향도 크게 받고요. 주주 자본주의가 정착되지 않아서 회사를 마냥 신뢰하기도 어려운 상황입니다. 저는 보유한 기업보다 확실히 더 싸고 좋은 기업이 있으면 교체 매매를 했습니다. 제일 길게 보유한 건 4~5년 정도입니다.

남산주성 버핏의 장기 투자는 '복리 수익이 가능하고 끊임없이 성장한다'라는 기준에 부합하는 기업에 투자하는 것입니다. 한마디로 높은 자기자본수익률(ROE)이 꾸준히 유지되는 회사가 되겠죠. 국내에서 꼽자면 삼성전자가 대표적이겠네요. 하지만 삼성전자는 버핏이 좋아하는 종류의 회사는 아닙니다. 버핏은 코카콜라 같은 소비재 기업을 좋아하죠. 미국 내의 압도적 소비력을 바탕으로 성장하면서 세계 시장을 석권할 수 있는 기업이 되니까요. 우리나라는 경기순환 종목이 많고 시장이 작아서 큰 성장이 제한됩니다.

하지만 국내에서도 쉽진 않지만 버핏식 투자가 충분히 가능하다고 생각합니다. 싸다고 생각하고 10년 넘게 들고 있는 종목도 있습니다. 시장에서는 참 인정해주지 않지만요. 최근 3~4년은 모 제약회사에도 투자하고 있습니다. 당장은 밸류에이션이 높아도 장기적으로 크게 성장 가능한 회사라고 판단하기 때문입니다. 사실 버핏이 제일 많이 들고 있는 업종은 은행, 보험사 등입니다. 우리나라도 은행, 증권 등 금융주가 진짜 쌉니다. 경쟁력이 없거나 밸류에이션 매력이 떨어지는 것도 아닌데 너무 외면받고 있는 건 아닌가 하는 생각이 듭니다.

"네오위즈홀딩스 현금이 시가총액의 2배"

신 회장 좋은습관 님은 자산주에 초점을 맞추고 있습니다. 그레이엄과 버핏의 투자 관점 차이는 무엇인가요?

좋은습관 그레이엄은 증권 분석과 가치투자의 기본 틀을 제시했지만 시대가 달랐다고 봅니다. 심리학에서 프로이트의 이론을 바탕으로 후학들이 더 의미 있는 이론을 제시했다고 해서 프로이트가 그들보다 못하다고 할 수는 없죠. 그레이엄도 그렇다고 봅니다.

남산주성 초점을 맞추는 부분이 다르다고 생각합니다. 그레이엄은 싼 것에 집중했고 버핏은 좋은 것을 강조했죠. 이때 좋은 것은 해자 등을 갖춰 계속 성장할 수 있는 것을 의미합니다.

신 회장 현재 우리나라에 그레이엄식 투자가 가능한 종목이 있다면 투자하실 건가요?

좋은습관 이분법적으로 생각하면 안 된다고 봅니다. 처음 투자 종목을 고를 때 그레이엄 식으로 안전마진을 확보한 후 다른 현인들의 방식을 적용할 수 있습니다.

신 회장 종목을 스크리닝할 때 어떤 사람은 좋은 기업 중에서 싼 것을 고르고 또 어떤 사람은 싼 기업 중에서 좋은 것을 고르는데, 좋은습관 님은 후자라는 뜻인가요?

좋은습관 둘 다 하지만 대체로 후자입니다.

남산주성 저 역시 그렇게 해왔지만 조금 바꾸고 있습니다. 좋은 기업 중에서 싼 것을 고르고, 좀 비싼 기업이라도 성장하면 사고 싶습니다. 그런데 실수가 자꾸 나옵니다. 성장할 줄 알았는데 안 하는 경우도 많고요.

바람의숲 보유 자산의 가치가 중요하다고 생각합니다. 예를 들어 선박 펀드인 하이골드 8호는 배를 팔아서 자산 전체를 나눠주기 때문에 시가총액이 자산가치보다 낮으면 무조건 벌 수 있는 종목입니다. 배가 얼마에 팔리는지가 중요하니 그에 대한 연구가 선행되어야겠죠. 부동산 개발 펀드인 에이리츠도 비슷합니다.

남산주성 저도 선박 펀드를 가지고 있습니다. 하지만 지금 주가가 많이 내려서 매력이 있는 거지, 처음에 들어간 사람들은 손해도 많이 봤습니다. 현재 하이골드 12호는 매월 배당이 1.1% 정도 나와서 배당수익률이 연 13~14%에 달합니다. 배당 투자로 굉장히 좋지만 지속 가능성을 계속 살펴야 할 것 같습니다.

신 회장 주의 깊게 보고 있는 자산주가 있나요?

좋은습관 네오위즈홀딩스라는 종목이 있습니다. 회사가 가진 현금이 시가총액(5월

10일 종가 기준 1,169억 원)의 2배가 넘습니다. 부채도 거의 없고요. IT 기업에서 이 정도 현금이 많은 곳은 흔치 않습니다. 계열사인 네오플라이를 통해 블록체인 기술을 선도적으로 키우고 있습니다. 현재 가치와 향후 성장성이 기대할 만한데 이에 대해 공부하는 투자자들이 거의 없네요. 네오위즈홀딩스 현 대표도 대학생 때 창업한 한국 IT 1세대 선구자입니다. IT 역사를 알면 원클릭, 세이클럽 등은 알 겁니다. 공부하고 추적해볼 만한 종목이라고 생각합니다.

저평가된 은행주에 대한 생각들

신 회장 버핏 초기의 '담배꽁초 투자 기법'이 국내 시장에서 비교적 소액으로 투자하기에 적절하냐는 질문이 있습니다.

남산주성 형편없거나 망해가는 회사인데 자산이 시가총액보다 많아서 인수하면 한 모금 빨고 버릴 수 있다는 점에서 담배꽁초라고 표현한 것입니다.

좋은습관 대한방직 같은 기업이죠.

남산주성 돈 못 버는 자산주를 담배꽁초라고 부릅니다. 그런데 복리 효과가 나올 정도는 아니어도 돈을 어느 정도 벌고 있으며 자산도 많은 기업을 담배꽁초라고 하면 폄하하는 표현입니다. 예를 들어 은행주는 PBR 0.5배 이하, PER 3~5배 정도입니다. 이런 기업을 담배꽁초라고 하면 안 될 것 같습니다.

좋은습관 은행주들이 왜 저평가되었다고 보시나요?

남산주성 시장에서 저평가되는 이유를 굳이 달자면 관치와 가계부채에 대한 우려 정도가 아닐까 싶습니다. 그러나 정부의 간섭이 일부 있지만 예전처럼 부실기업에 대한 대출 압력 같은 건 거의 없어 보이고, 부동산 담보 대출의 위험 부담도 실제로는 거의 없습니다. 총부채상환비율(DTI)이 40%밖에 안 되는 상황이잖아요.

좋은습관 담배꽁초 투자 기법이라는 말은 벤저민 그레이엄을 폄하하려고 쓰는 경우가 많습니다.

남산주성 용어 그대로만 보면 담배꽁초 투자는 권할 만하지 않습니다. 단지 자산만

김철광 보수적인 투자자는 마음이 편하다 대표(바람의숲)

많은 기업들은 적대적 인수 또는 회사와 싸울 생각이 없다면 투자하기가 망설여지
네요. 비자발적인 장기 투자가 될 가능성이 높죠.

신 회장 좋은습관 님은 은행주에 대해 어떻게 생각하나요.

좋은습관 자산 세부 내역을 알 수 없어서 디테일하게 분석하기가 어려운 기업들이
라고 봅니다. 해외 금융 기관에 비해 금융 노하우가 적습니다. 차별성도 없고 천수
답 경영을 하는 것 같습니다. 거의 다 외국인이 최대 주주라는 점은 변동성이 커질
수 있는 요인입니다. 정부가 계속 관리하는 것도 한계인 것 같습니다. 그래도 상당
히 싸기 때문에 저도 관심이 있습니다.

남산주성 은행주의 평균 배당률이 4~5%에 달합니다. 안정적이고, 망할 가능성도 별로 없죠. 우리나라 퇴직연금은 수익률이 지난해 1%대입니다. 실제로는 마이너스 수익률이라고 보면 맞습니다. 퇴직연금 같은 자금들이 왜 은행주처럼 안정적인 배당주를 사지 않는지 모르겠습니다. 예를 들어 JB금융지주는 올해 배당도 상당히 늘어날 듯한데, 이해하기 어려울 정도로 심하게 저평가되어 있습니다.

좋은습관 은행주보다 더 싼 증권주도 많습니다. 배당도 많이 줍니다.

신 회장 많이 저평가된 종목을 보유할 경우, 목표 가격에 도달하기 전이라도 과열 정도에 따라 일부 매도 후 재매수 전략을 쓰시나요? 보유 종목의 등락 폭이 클 때 중도에 매도해 현금을 확보하고 가격이 떨어지면 재매수하는 마켓 타이밍과 밸류 타이밍 전략을 사용하는지요?

바람의숲 당연히 그렇게 해야 합니다. 예를 들어 리츠와 선박 펀드의 청산이 확정될 경우, 청산가치 대비 주가가 높다면 무조건 팔아야 합니다. 매출이 늘어나는 기업은 좀 더 복잡합니다. 생각했던 주가까지 올랐을 때 일부를 팔 수도 있고 지켜볼 수도 있습니다.

좋은습관 초기에 투자하게 된 아이디어가 아니라 이상한 테마로 주가가 올라가는 경우가 있습니다. 그럴 경우 다시 내려올 것이라고 보고 일부를 팝니다. 물론 다시 내려오지 않고 주가가 날아가는 경우도 나오죠.

남산주성 저도 비슷합니다. 기업 가치와 상관없는 테마로 오르는 상황에서는 차익을 일부 실현하는 것이 낫다고 생각합니다. 물론 이후 주가가 더 오를 때도 있습니다. 이때는 마음가짐이 중요합니다. 더 오르면 일부라도 남아 있어서 다행이라고 생각하고, 떨어지면 그래도 조금이라도 팔아서 좋다고 생각해야 합니다. (웃음) 꾸준히 성장하는 기업은 장기 보유하면서 끝까지 과실을 따먹는 게 좋다고 봅니다.

신 회장 트레이딩 기법도 사용하는지 궁금합니다.

남산주성 한국에는 경기순환을 타는 회사가 많습니다. 대외 변수에 취약하기도 하고요. 일정 부분 매매하는 것이 수익에 도움이 된다고 생각합니다.

신 회장 앞의 진단과 일부 중복됩니다. 장기 투자하기에는 우리나라 여건이 좋지 않기 때문에 트레이딩을 겸해야 한다는 의견이시군요. 사실 세 분은 고수이고 전업으로 투자하는 분들도 있으니 가능한데, 일반적인 직장인은 트레이딩이 쉽지 않습니다.

남산주성 본업이 있으면서 투자할 때는 목표 수익률을 낮추고 배당을 우선시하고 안전마진을 확보하는 것이 좋습니다.

신 회장 트레이딩 중심보다는 배당주, 저평가주에 투자해야 한다는 조언인가요?

좋은습관 직장인은 경쟁우위가 약해서 타이밍 전략이 적합하지 않습니다.

확신이 드는 종목에 대한 투자 비중은?

신 회장 확신이 드는 종목을 발견했을 때 최대 몇 퍼센트까지 투자하나요?

남산주성 확신의 정도에 따라 다릅니다. 어마어마한 확신이면 100% 넣겠지만 투자 초창기에 배당수익률이 20%였던 회사에 '올인' 했던 것을 제외하면 그렇게 베팅한 경우는 없습니다. 전업 투자자로 생활하면서는 한 종목에 투자한 최대 비중이 20~30% 정도였습니다.

신 회장 집중의 정도는 확신도와 비례한다는 뜻이군요.

남산주성 그렇습니다. 2011년에 지난 10년간 없어진 회사의 리스트를 만들어봤는데 정말 많았습니다. 코스닥 시장에서는 1,000여 개 중 400개가 넘었습니다. 코스피 시장에서도 200개 가까운 종목이 사라졌습니다. 대부분 돈을 벌지 못해 자본이 잠식되어 상장 폐지됐습니다. 처음부터 망할 회사라고 여겨지지는 않았습니다. 시가총액이 조 단위로 올랐던 회사도 있습니다.

좋은습관 기업을 가장 잘 아는 CEO도 잘될 거라고 봤지만 안 되는 경우도 많습니다. 그런데 어떻게 투자자가 회사의 미래를 확실하게 안다고 할 수 있겠습니까. 변수가 많습니다. 집중 투자는 수익률을 높일 수도 있지만 수렁에 빠뜨릴 수도 있습니다. 저는 한 종목에 최대 50%까지 투자해본 적이 있습니다만 평균적으로 5~10개 정도에서 집중과 분산을 하는 게 맞는 것 같습니다.

구도형 현명한 투자자들의 모임 대표(좋은습관)

신 회장 세 분의 계좌를 퀀텀 점프하게 한 '인생 종목'과 투자 아이디어 발굴 사례를 듣고 싶습니다.

남산주성 2008년 금융위기 때 같이 투자 모임을 하던 이들이 아트라스BX, 세방전지 등 축전지 주식을 가진 사람과 아닌 사람으로 구분되기도 했습니다. 이들 기업은 2007년 4분기부터 실적이 개선되었습니다. 당시 일회성인지 아닌지 논란도 있었죠. 2008년 10월에는 시가총액이 500억 원대까지 떨어졌습니다. 그해 영업이익, 순이익보다도 시가총액이 낮았습니다. 예상 배당수익률은 20%까지 올라갔고요. 이때 이 종목들을 팔지 않고 최대한 더 샀습니다. 그래서 2008년 수익률을 방어할 수 있었습니다. 사실 제 수익률이 다른 고수들과 비교해 높은 편은 아닙니다. 하지만 저는 2008년에도 잃지 않았습니다. 투자에서 자산을 모으는 가장 빠른 방법은 '후진 기어'를 넣지 않는 것입니다.

좋은습관 맞습니다. 손해 보지 않는 것이 복리 효과의 핵심이죠. 저도 크게 이익을 본 종목도 있었지만 그보다는 손실을 본 적이 거의 없는 것이 자산 형성에 가장 도움이 되었습니다. 그중 퀀텀 점프 종목을 뽑는다면 스마트폰 부품주였습니다. 제가 얼리어답터이기도 하고 초기에 베트남에 가서 관련 공장들까지 돌아봤기 때문에 남들보다 더 확신을 가지고 투자했습니다. IT 기업들은 변화가 빠르고 흥망성쇠가 많다는 점에 주의해야 합니다. 그래도 이미 IT 세상에 살고 있으니 관심을 계속 이어가야 한다고 봅니다.

바람의숲 2008년 당시 동북아 27, 28, 29호에 투자했습니다. 이때도 리츠 펀드와 마찬가지로 선박 매각 가격과 시가총액을 비교해 투자를 결정했습니다. 해상신문을 보면 중고 선박 매각 가격이 나오는데 다른 배들의 매각 내용을 보고 가늠했습니다. 늘 성공한 것은 아닙니다. 맥쿼리 센트럴로는 크게 실패했습니다.

이어진 레버리지 관련 토론에서는 고수들의 의견이 갈렸다. 좋은습관은 "일반 투자자들은 레버리지를 사용해선 안 된다"며 "좋을 때는 기쁨이 두 배겠지만 실수하면 복리 효과가 물거품이 되고 나락으로 내몰릴 수 있다"고 강조했다. 그는 "레버리지는 전문 투자자가 아니면 쓰지 말아야 한다"며 "지금까지 단 한 번도 레버리지를 사용하지 않았다"고 했다.

반면 바람의숲은 레버리지가 필요한 때가 있다고 했다. 예를 들어 매년 배당하던 기업이 작년과 재작년에 갑자기 배당을 중단했는데 올해 재개할 가능성이 크다면 잠깐 레버리지를 활용해 배당 수익을 챙길 수 있다는 설명이다.

남산주성도 안전마진을 확보하면 사용해도 된다고 조언했다. 그는 "무위험 차익거래가 시장에 종종 있다"며 "우선주 배당수익률이 8%인데 조달할 수 있는 금리가 4%라면 충분히 도전해볼 만하다"고 했다.

현금 비중은? "15~20%", "10~30%"

신 회장 평소 현금 비중은 얼마나 되고 1년에 몇 종목 정도를 매매하는지 궁금합니다. 개인 투자자에게 자금 규모에 따른 현금 비중, 매매 횟수, 종목 수 등에 대한 조언을 부탁합니다.

남산주성 금융위기 전과 후로 나뉩니다. 위기 전에는 항상 100% 주식을 보유했습니다. 그래서 참 힘들었는데, 다시 기회를 주시면 무리하지 않겠다고 기도했습니다. 이후 30% 정도는 현금으로 보유했는데 바보 같은 짓이었습니다. 수익이 많이 났는데도 늘어나는 규모가 작았습니다. 겁이 나서 나쁜 선택을 했던 것입니다. 지금은 15~20%를 현금으로 보유합니다. 다만 그때는 공부를 열심히 하고 투자에 대한 열정도 있었지만 겁이 나서 현금을 늘린 것이고, 지금은 공부를 안 해서 현금을 보유하고 있다는 점이 다릅니다.

좋은습관 저도 비슷합니다. 금융위기 전에는 주식 100%였는데 이후엔 현금 보유 습관을 들였습니다. 평소에는 현금 비중이 10~30%이고, 일부 종목을 매도하면 일시적으로 40%까지 올라가기도 합니다. 그래서 지난해 10월 급락장에서 주식을 많이 살 수 있었습니다. 그때 산 주식은 수익도 좋고요.

바람의숲 현금 비중이 의미하는 바가 중요하다고 생각하는데, 계좌에 있는 예수금 잔고라면 0%입니다. 예수금에 적용되는 금리가 0.1%이니 당연히 모두 사야 한다고 봅니다. 다만 현금 유동성 자산을 현금으로 보면 비중이 엄청 높습니다. 해외 주식은 안 갖고 있습니다.

신 회장 몇 종목이나 보유하고 계시나요? 해외 투자도 하십니까?

남산주성 총 40개 정도 종목을 가지고 있는데 전체 자산의 80~90%는 10개 종목에 몰려 있습니다. 비자발적 장기 투자가 많습니다. (웃음) 해외 투자는 아직 하지 않지만 관심은 많습니다.

좋은습관 저는 현재 1,800여 개 종목을 다 가지고 있어요. 모든 주식을 1~10주씩 보유하고 있습니다. 혹시라도 임시 주총 등이 열릴 때 초대장을 받기 위해서입니다.

임시 주총이 자주 열리진 않지만 소외된 회사에 생기는 변화를 체크하는 것을 좋아합니다. 주력 종목은 5~10개 정도입니다.

신 회장 해외 투자도 하십니까.

좋은습관 미래에는 해외 주식으로 갈 수밖에 없다고 생각합니다. 한국의 인구 구조, 생산 가능 인구가 급격히 악화되고 있기 때문입니다. 사실 그간 한국의 발전은 미국처럼 몇몇 천재가 이끌었다기보다는 국민 다수가 평균적으로 좋은 학력에 매우 성실하게 일한 덕분에 이루어냈습니다. 그런 생산 가능 인구가 급격히 줄고 있으니 기업도 투자 환경도 힘들어질 수밖에 없어 보입니다.

해외 투자가 필수지만 쉽지 않습니다. 언어도 문화도 모르는 나라의 기업을 어떻게 디테일하게 분석할 수 있겠습니까. 그 나라에서 오래 지내보면서 반은 그 나라 사람이 되어야 가치투자가 가능하다고 생각합니다. 아니면 외환위기 당시 존 템플턴이 우리나라에 투자한 방식처럼 경제위기가 닥친 나라에서 시장 1등주들을 바스켓에 담을 수 있겠죠. 위기 뒤에는 살아남은 1등의 영향력이 더 커지는 경향이 있으니까요. 저는 베트남, 인도네시아 등을 좋게 봅니다. 인구 구조가 매우 좋고 발전 욕구가 강해서입니다.

신 회장 미국 등 선진국보다는 신흥국에 관심이 있는 건가요?

좋은습관 선진국에서는 똑똑한 투자자들이 많아서 저평가 기업들을 놔두질 않습니다. 하지만 신흥국에는 아직 가능성이 남아 있죠.

남산주성 미국 증시에 투자하는 사람도 많습니다. 위대한 기업에 투자하고 싶은 투자자들이 미국 시장으로 가는 거죠. 앞으로 대주주 양도소득세 등의 세제가 개편되면 미국 증시에 투자하는 사람들이 더 많이 늘어날 것 같습니다.

좌담회에서 의견이 가장 엇갈린 부분은 제약·바이오 기업에 대한 관점이었다. 고평가라는 데는 생각이 일치했지만 투자해야 하는지를 놓고는 생각이 갈렸다.

제약·바이오주 "고평가"… 투자 여부는 엇갈려

남산주성 제약·바이오 종목은 10~20년 들고 가야 합니다. 물론 현금흐름이 나오지 않는 회사는 투자하기가 어렵습니다. 저는 대웅제약을 많이 갖고 있는데 기존 사업에서 돈이 나와서 신규 투자가 가능한 구조입니다. 회사들 대부분이 영업현금흐름은 없고 투자현금흐름은 있습니다. 투자를 못 받는 순간 망하는 겁니다.

좋은습관 연구개발보다 IR 활동에 더 공을 들이는 바이오회사들도 있습니다. 사람들을 혹하게 해서 투자를 받아야 지속 가능한 회사는 폰지 사기나 마찬가지입니다. IT 거품 때보다 더 질이 나쁘다고 생각합니다. 미래에 파국이 올 것이 뻔한데 달려드는 개미들과 손 놓고 있는 정부의 행태가 안타깝습니다.

바람의숲 제약·바이오 사업은 연구개발비가 중요합니다. 연구개발에 100억 원도 투입하지 않는데 어떻게 몇조 원짜리 신약을 개발하겠습니까.

신 회장 IMF 지나면서 말도 안 되는 IT 버블이 있었습니다. 하지만 그때 나왔던 기업들 중 일부가 크게 성장해 우리가 지금처럼 IT 강국이 됐습니다. 이게 정부의 입장인 것 같습니다.

좋은습관 그때는 공대 졸업생 수가 독일과 프랑스의 졸업생 수를 합친 것보다 많았을 정도로 IT 인력의 질과 양 둘 다 괜찮았습니다. 현재 바이오 인력은 어떻습니까? 투자 금액 이전에 수 자체도 턱없이 부족합니다.

남산주성 1980년대 중후반에 대학에 갈 때는 전자공학과가 제일 좋은 과로 꼽혔습니다. 그때 공부한 사람들이 나와서 1990년대 IT 버블을 만들었죠. 제약·바이오 산업도 그런 측면에서 보면 비슷합니다. 지금 대학은 의대, 약대에 최고 인재가 가고 있습니다. 돈도 몰리고 있죠. 자금과 인재가 몰리면 해당 산업은 발전하기 마련이죠.

신 회장 제약·바이오 분야에 대한 일반 투자자들의 관심도 매우 높습니다.

남산주성 저는 신흥 바이오회사보다는 기존 전통 제약주를 더 선호하는 편이고 대웅제약 외에 한올바이오파마도 갖고 있습니다.

좋은습관 잘 성장했으면 하는 회사들도 있습니다. 다만 개인 투자자들은 바이오회사의 장밋빛 미래를 비판 없이 받아들이는 경우가 많아서 걱정입니다. 말리고 싶습니다.

각각의 영역에서 뛰어난 회사를 사는 셈이죠.

대개 이런 가치들을 복합적으로 생각해서 투자하게 되죠.

다만 미래에 벌어들일 돈이나 성장 스토리는 실제로

어떻게 될지 모르기 때문에 '몰빵'하는 것은

위험 부담이 너무 크죠.

안전마진을 어떻게 계산하나

신 회장 안전마진 산출 도구가 궁금하다는 질문이 나왔습니다. 향후 10년간의 현금 흐름을 토대로 내재가치와 안전마진을 산출하는지, 단순히 PER·PBR 멀티플을 토대로 목표 주가를 설정하고 현재 주가와의 괴리를 토대로 산출하는지, 목표 주가 없이 위대한 기업은 영원히 보유한다는 생각으로 투자하는지 등등. 어떤 방식을 사용하나요?

좋은습관 자산가치, 성장가치, 수익가치 이 세 가지를 종합해서 판단합니다.

신 회장 성장가치는 계량 분석이 아니라 질적 분석으로 파악해야 한다는 건가요?

좋은습관 그렇습니다.

바람의숲 기업별로 나눠 봐야 합니다. 예를 들어 유틸리티주로 발전소를 만든다고 하면 PBR, PER로 평가할 수 없습니다. EV/EBITDA로 봐야겠죠. 아프리카TV 같은 기업이라면 가입자가 몇 명인지, 늘어나고 있는지 파악해야 합니다. 일반화할 수 없는 것을 일반화해서 싼 기업, 비싼 기업으로 판단하면 안 됩니다. 예를 들어 PBR도 장부가치가 현금성 자산, 부동산 자산, 개발비 중 어떤 것이냐에 따라 다릅니다.

신 회장 비즈니스 모델이 다르기 때문에 판단 척도가 달라야 한다는 말은 회사마다 다른 잣대를 들이댄다는 뜻으로도 들립니다. 어떻게 보면 공평하진 않다는 생각이 드는데요.

남산주성 이 질문을 한 회원이 저보다 뛰어난 투자자입니다. 단순한 장부가치는 대주주의 도덕성에 너무 많이 좌우됩니다. 안전마진은 가치투자자가 제일 중요하게 생각하는 것으로 기업 가치와 가격의 괴리입니다. 여기서 가치를 어떻게 평가할 것인가. 자산 가치를 의미하는 PBR, 버는 돈의 가치를 의미하는 PER이 대표적이죠. 여기에 배당, 브랜드, CEO, 성장성 등 정성적인 것도 포함해야 합니다. 어떤 회사는 PBR과 PER에 더 비중을 두고, 어떤 회사는 배당수익률이 너무 높아서 사고, 또 향후 비전이나 성장에 큰 비중을 두고 사는 회사도 있습니다. 각각의 영역에서 뛰어난 회사를 사는 셈이죠. 대개 이런 가치들을 복합적으로 생각해서 투자하게 되죠. 다만 미래에 벌어들일 돈이나 성장 스토리는 실제로 어떻게 될지 모르기 때문에 '몰빵'하는 것은 위험 부담이 너무 크죠.

좋은습관 일반 투자자들은 성장가치를 제일 많이 보는데, 사실 그건 웬만큼 공부해서 알기 어렵습니다. 전문 투자자에게도 어려운 일이고 CEO조차 잘 모르는 경우가 많습니다. 예상은 예상일 뿐, 너무 많이 틀립니다. 따라서 초보 투자자는 가장 확실하게 드러나는 자산가치를 먼저 봐야 합니다. 그다음에 수익가치를 잘 따져봐야 하고, 회사와 산업에 대한 이해를 쌓은 다음 성장가치를 봐야 합니다.

바람의숲 게임회사가 벌어들이는 돈의 질과 반도체회사가 벌어들이는 돈의 질, 건설회사가 벌어들이는 돈의 질은 다르다고 생각합니다. 건설회사가 3년간 1,000억 원을 벌 수 있는 계약을 수주했다고 해서 앞으로 이 회사가 10년 넘게 성장한다고 보긴 어렵습니다. 반대로 게임회사가 만든 모바일 게임이 글로벌 매출 나오고 5년 이상 흥행할 거라고 본다면 PER을 15~20배 줄 수도 있을 겁니다.

신 회장 그렇게 하면 멀티플보다는 현금흐름할인법(DCF)에 가까운 거 아닌가요.

바람의숲 그렇게 볼 수도 있습니다. 은행주가 저평가될 수밖에 없는 것도 이 때문이라고 생각합니다. 시장 참여자들은 은행주의 실적이 지속 가능하지 않다고 보는 거죠.

남산주성 안전마진은 이렇게 생각하면 어떨까 싶습니다. 내가 향후 10년간의 현금흐름을 예상했을 때, 예상이 빗나가도 회사가 망하거나 해서 크게 잃지는 않을 것 같고, 예상대로 가면 큰 이익을 얻을 수 있을 것 같다 정도로요.

기업 탐방에서 무엇을 얻을 것인가

신 회장 '기업 탐방은 여전히 유의미할까요?'라는 질문이 왔습니다. 보완해서 말하면 기업 탐방을 가기 전에 무엇을 어떻게 준비하는지 말해주면 좋겠습니다.

바람의숲 예를 들어 5G 이동통신에 대해 알아보려고 하면 관련 사업을 하는 업체 100개를 한 번에 살펴볼 수 있습니다. 케이스 제조사에 가서 발주가 나왔는지 확인해보고, 안테나 제조사에 가서 들은 얘기가 맞는지 점검해보는 식입니다.

신 회장 필립 피셔의 사실 수집 방식과 비슷한 것 같습니다.

바람의숲 그냥 가는 것이 아니라 테마를 정해서 가는 것이 좋습니다. 비슷한 업종을 한 번에 가서 밸류체인 전반을 돌아보는 거죠.

좋은습관 기업 탐방은 매우 중요합니다. 경쟁 기업과 전후방 기업들을 같이 살펴보는 것도 의미가 있습니다. 기업과 소통하며 좋은 질문을 할수록 그 기업을 더 알 수 있습니다. 팩트 체크와 분석을 반복하는 과정이 투자 공부의 레벨을 올려줍니다. 주주의 탐방을 받지 않는 기업은 의미 있게 투자하기 힘듭니다.

남산주성 2000년대 초반만 해도 개인 투자자들은 탐방을 거의 가지 않았습니다. 당시 개인 투자자들의 기업 탐방 문화를 만드는 데 저도 한몫했다고 생각합니다. 저는 직장 다닐 때 영업을 한 덕에 기업에 전화해서 약속을 잡는 것이 그리 어렵지 않았습니다. IR에 가면 기업이 전하는 것을 수동적으로 받아들이지만 기업 탐방은 능동적으로 행동하게 됩니다. 적어도 탐방 전에 공부하고 궁금한 것들을 뽑아서 가게되죠. 투자 금액을 정할 때도 가본 기업은 확신을 가지는 데 도움을 줍니다. 주식 담당자 등 내부자 네트워크가 생기는 것도 장점입니다. 어떤 상황이 생겼을 때 가장 먼저 물어볼 수 있죠.

바람의숲 직장 때문에 자주 가지는 못하지만 주요 보유 종목은 휴가를 내서라도 탐방합니다. 1년에 4번, 분기 실적 발표 때만 가면 된다고 봅니다. 주총장에서 탐방 효과를 높일 팁을 하나 드리지요. 저는 주총에 가면 관계 직원과 인사를 나누면서 대표이사에게 질문할 게 있다고 말합니다. 그러면 대부분 (주총 현장에서 곤란한 질문을 막기 위해) 따로 티타임을 갖자며 명함을 내줍니다. 실제로 총회 후에 만나 정보를 세계적 투자 대가들의 전략을 적용하는 것은 쉽지 않다. 그들이 활동한 시기와 무대, 환경이 지금의 우리와 너무 다르기 때문이다. 비슷하게 시작한 국내 투자자들의 성공 스토리를 듣는 것은 그래서 의미가 있다. 시행착오를 줄이고 한국에 적합한 투자법을 배우는 기회가 될 것이다.

문제는 현재 매출로 보여주는 기업이 없다는 것입니다.

성장성은 꿈이 아닌 현실입니다.

매출로 보여줘야 하는데 실력을 보여주는 기업이 없어서

큰 그림을 그리기가 어렵습니다.

얻기도 하고, 대표를 소개받은 적도 있습니다. 나중에 그 직원에게 연락해 궁금한 점을 물어보기도 좋습니다. 또 주총에 오는 개인 투자자들은 주식 지분율이 높거나 오래 보유한 사람이 많습니다. 임직원의 친인척 등 유력 인사와 얘기를 나누기도 합니다. 예를 들어 주가가 급등락할 때 그들에게 전화해보면 더 많이 알고 있는 경우가 많습니다. 탐방 못지않게 도움이 됩니다.

신 회장 최근 주주 행동주의에 관심 갖는 가치투자자가 늘고 있습니다. 남산주성 님은 주총에 가서 반대 의견을 발표하는 등 경험이 많은데 이런 추세를 어떻게 생각합니까.

남산주성 운이 좋아서 주식 투자로 돈을 꽤 벌었습니다. 그런데 시장을 보면 잘못된 게 너무 많습니다. 그것에 대해 누가 목소리를 내야 고쳐질 텐데 그러는 사람이 별로 없죠. 다만 한 번 해보니 두 번 다시 하고 싶지는 않습니다. 직접 해보면 분통 터지는 일이 한두 가지가 아닙니다.

좋은습관 주주들이 자신의 권리를 찾을 줄 모르는 것 같습니다. 저도 과거에 주주 행동주의 관련 활동을 해봤지만 공감해주는 사람도 거의 없고 이길 가능성이 너무 낮습니다. 그러다 보니 요즘은 회사에 주주 담당자를 두라고 하거나 IR 자료를 내라고 요구하는 정도에 그칩니다.

남산주성 더 적극적으로 나서야 합니다. 이기든 지든 계속 부딪쳐야 조금씩이라도 바뀔 것입니다. 사소한 타협으로 문제를 해결하려고 하거나 반대급부를 요구하는데, 그래서는 기업의 불법적이고 잘못된 행동이 고쳐지지 않습니다. 제일 큰 문제는 명확한 불법 행위가 처벌되지 않거나 경미한 처분만 받는다는 점입니다. 법을 다루는 사람들이 기업에는 아주 관대합니다. 반면 투자자에게는 그렇지 않죠. 투자자가 불로소득을 얻는다고 보면서 싫어하는 게 아닐까 하는 생각이 들 정도입니다.

좌담회가 무르익으며 4차 산업혁명 등 구체적인 테마와 그에 대한 가치투자 전략을 묻는 질문이 이어졌다.

신 회장 자율주행차 등 4차 산업혁명 관련주에도 관심 있나요? 관심이 있다면 가치투자자로서 중요하게 보는 점은 어떤 것인지요?

좋은습관 아직은 근거가 약한 테마지만 미래를 바꿀 산업이 될 수 있으니 계속 공부해야 한다고 생각합니다. 저는 바이오산업보다 파이가 더 큰 세계적인 트렌드라고 봅니다.

남산주성 관심이 아주 많습니다. 테슬라와 자율주행 같은 분야도 주의 깊게 보고 있습니다. 가장 큰 고민은 누가 최후의 승자가 될 것인가입니다.

바람의숲 우리나라에선 자율주행차에 들어가는 부품을 생산하는 업체가 괜찮을 것 같습니다. 문제는 현재 매출로 보여주는 기업이 없다는 것입니다. 성장성은 꿈이 아닌 현실입니다. 매출로 보여줘야 하는데 실력을 보여주는 기업이 없어서 큰 그림을 그리기가 어렵습니다.

좋은습관 4차 산업혁명 중 자율주행은 국내 도로 상태도 적합하지 않고 우리에게 딱 맞는 분야인지 모르겠습니다. 다양한 4차 산업혁명군 중 한국이 잘할 수 있는 분야가 있을 겁니다.

남산주성 자율주행은 도로 상태보다는 딥러닝과 데이터 저장·활용의 문제가 더 큽니다. 한국은 지도도 정밀하게 잘 만들어져 있어서 가능성이 있다고 봅니다.

현시점에서 가치투자가 여전히 유용한가에 대해서는 설전이 이어졌다. 바람의숲은 국내에서 가치투자가 점점 어려워지는 이유로 패시브 투자가 늘어나는 것을 꼽았다. 그는 "우리나라 자산운용 업계에서 액티브 펀드가 씨가 말랐다"며 "가치투자는 저평가된 주식을 사서 다른 사람이 비싸게 사면 돈을 버는 건데 패시브가 확산되면서 똘똘한 저평가 종목에 대한 큰손의 수요가 없다"고 분석했다. 좋은습관은 바이오 등 투기적인 투자처로 돈이 몰리는 것이 문제라고 했다. 그러나 "과거 환경이 가치투자에 너무 좋았던 거지, 지금도 나쁜 것은 아니다"라며 "해외보다 여전히 한국 시장의 가능성이 크다"고 주장했다.

아직 가치투자 문화가 성숙하지 않았다는 분석도 나왔다. 남산주성은 "기업이 주주와 동업자라는 생각이 있으면 자산이 늘었을 때 나누고 배당도 많이 줘야 한다"며 "그렇지 않아서 계속 회의가 든다"고 설명했다. 신 회장은 "가치투자가 어려워진다기보다는 성숙이 안 된 것"이라며 "벤저민 그레이엄도 당시 불합리와 싸웠고 거기서 성숙해왔듯이 우리도 주주 자본주의가 정착되는 과정"이라고 정리했다.

신 회장 세 분은 이미 경제적 자유를 이루셨지만 지금 5,000만 원으로 투자한다면 국내선 어느 산업에 투자할 건가요? 투자 스타일은 과거 성공했던 방식을 고수할 건가요?

남산주성 일단 배당이 5% 이상 되는 은행주에 50% 정도 넣어놓고 배당을 받으면서 기회를 찾겠습니다.

좋은습관 저평가 산업 중에 제일 좋은 기업을 찾는 방법이 그 반대보다 제 적성에 맞습니다.

바람의숲 매출액이 나오고 증가할 수 있는 온라인 사업에 투자할 것 같습니다. 예를 들어 에코마케팅 같은 회사입니다. 온라인 기반의 광고회사, 상품 판매 회사 등 온라인으로 매출을 내는 기업입니다.

돈은 자유를 줄 뿐이다. 자유를 행복으로 채우는 것은 각자의 몫이다. 버핏과 멍거는 일에서 행복도 누린다고 말한다. 버핏은 올해 주총에서 "나는 돈으로 무엇이든 살 수 있지만 그보다도 내가 하는 일이 더 재미있습니다"라고 말했다. 멍거는 "정말로 좋아하는 일을 하면서 시간을 보내는 사람은 누구든지 행운아이며 축복받은 사람"이라고 말했다.

행복에 대해 좋은습관은 "자기 성향을 잘 알아야 한다"면서 "행복을 느끼는 것이 사람마다 다르기 때문"이라고 말했다. 남산주성은 "무엇보다 남과 비교하면 안 된다"고 말했다. 이어 "남이든 시장이든 비교하면 불행해진다"고 설명했다.

바람의숲은 "행복의 강도보다는 빈도를 늘려가는 게 좋다"며 이렇게 말했다.

"우리가 생각하는 행복과 삶은 부를 얻은 후 누리지 못할 수도 있습니다. 오늘 할 수 있는 일은 오늘 하고 행복을 느끼세요." 🐸

정리 **강영연**
사진 **오환**

버핏보다
더 버핏다운
나의 두 번째 스승

✦

최준철

워런 버핏이 자신의 투자조합을 해산하면서 투자자들에게

추천한 친구가 있다. 자신처럼 벤저민 그레이엄의

제자였던 빌 루안이었다. 그가 주도해 설립한 회사가

바로 루안커니프다. 최준철 VIP자산운용 대표는

2004년 루안커니프를 알게 되었다. 이후 지난 15년 동안

이 회사 애널리스트들로부터 많은 것을 배우고 자극을 받았다.

경쟁우위 개념을 제대로 갖추게 되었고, 경영진의 자본 배분 능력에

눈을 떴으며, 인터넷 기업에도 관심을 갖게 되었다.

최 대표는 "나의 50%는 버핏이고, 50%는 루안커니프"라고 말한다.

"당신들이 태평양 지분을 5% 이상 보유한 그곳이라고?"

"그렇다. 서경배 사장은 대한민국 최고의 경영자라고 생각한다."

2004년 서울 시내 한 호텔 레스토랑에서 뉴욕의 루안커니프앤골드파브(Ruane Cunniff & Goldfarb, 이하 루안커니프)에서 온 애널리스트 기리시 바쿠(Girish Bhakoo)와 내가 처음 만나 나눈 대화의 일부다. 내가 워런 버핏에 이어 두 번째 스승을 받아들이게 되는 순간이었다. 이후 15년간 이어진 이들과의 교류는 가치투자를 보는 나의 관점을 완전히 바꿔놓았다.

버핏의 '적통'으로 1970년 출범

1969년 버핏은 경이로운 운용 성과를 올린 버핏 투자조합을 해산하기로 결정한다. 버핏 투자조합은 1956년 결성 이래 13년 동안 연평균 30%의 수익률을 기록했다. 투자조합 해산을 앞두고 그는 투자자들에게 두 가지 선택지를 제시했다. 첫째는 버크셔 해서웨이의 주주가 되는 것, 둘째는 자신의 믿을 만한 친구에게 펀드 설립을 독려할 테니 그쪽에 맡기는 것이었다. 그 친구는 버핏과 더불어 벤저민 그레이엄의 제자인 빌 루안(Bill Ruane)이었고, 그가 친구인 릭 커니프(Rick Cunniff)를 끌어들여 그해 설립한 회사가 바로 루안커니프다.

루안커니프는 1970년에 버핏의 고객들을 기반으로 세쿼이아 펀드(Sequoia Fund)를 출범한다. 이 펀드는 2019년 3월 말 기준으로 49년간 48,332%의 누적 수익률을 기록했다. 연평균 수익률은 14%다. 버핏의 기록에는 못 미치지만 탁월한 성적임은 분명하다(버크셔 해서웨이는 장부가 기준인 반면 세쿼이아 펀드는 말 그대로 펀드 수익률이다).

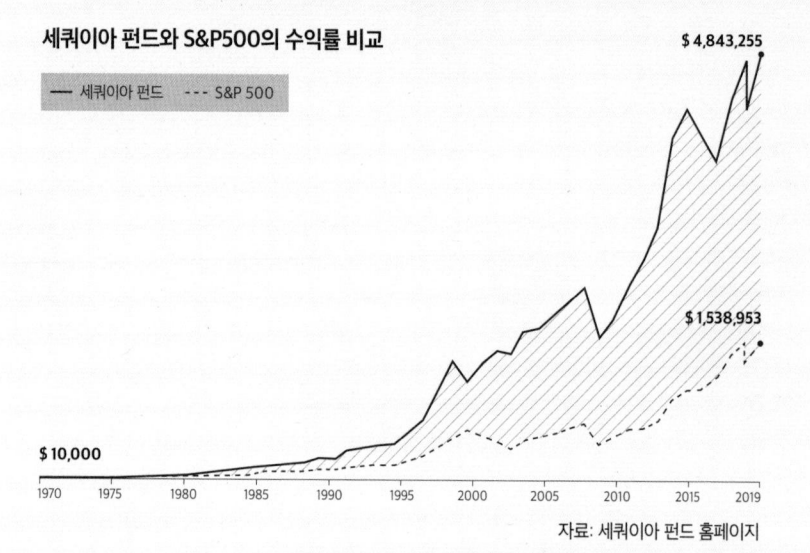

세쿼이아 펀드와 S&P500의 수익률 비교

—— 세쿼이아 펀드   --- S&P 500

$ 4,843,255

$ 1,538,953

$ 10,000

1970 1975 1980 1985 1990 1995 2000 2005 2010 2015 2019

자료: 세쿼이아 펀드 홈페이지

태생부터 버핏의 적통인 세쿼이아 펀드는 버크셔 해서웨이의 덕을 톡톡히 봤다. 이 펀드가 언제 버크셔 해서웨이에 투자하기 시작했는지 정확히 알 수는 없지만, 내가 이 펀드를 지켜본 이후로 버크셔 해서웨이는 늘 포트폴리오에서 비중 1위 아니면 2위였다. 버핏의 마법으로 창출된 그 어마어마한 장기 수익률을 다 향유했다는 의미다. 심지어 버핏은 버크셔 해서웨이 주주총회 때마다 루안커니프의 애널리스트인 조너선 브랜트(Jonathan Brandt)를 단상에 앉히고 자신에게 질문하게 한다. 버핏은 루안커니프가 자기 회사를 가장 잘 이해하는 운용사라 생각하는 것이다.

세쿼이아 펀드가 버핏에게서 일방적으로 도움을 받은 것은 아니다. 세쿼이아 펀드가 버핏을 돕기도 했다. 버핏이 그토록 자랑하는 캐피털시티(CEO 톰 버피) 투자 건도 빌 루안이 소개한 것이다. 또한 2015년 버크셔 해서웨이가 인수한 프리시전 캐스트파츠도 그전부터 세쿼이아 펀드 포트폴리오에 편입되어 있었다.

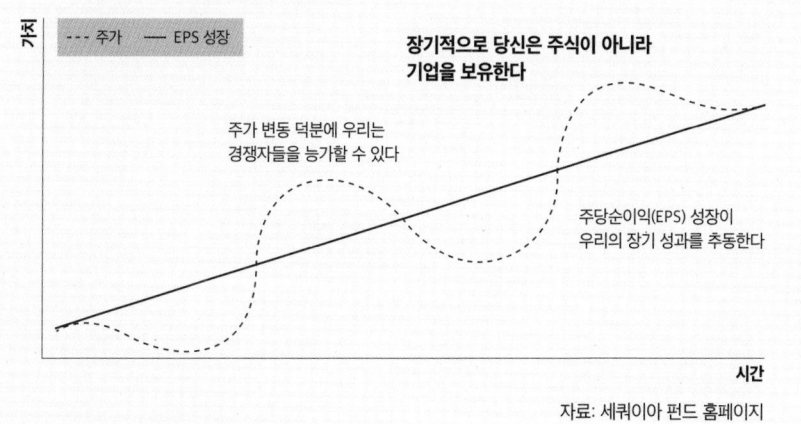

루안커니프의 가치투자 철학과 전략

가치

--- 주가　── EPS 성장

장기적으로 당신은 주식이 아니라 기업을 보유한다

주가 변동 덕분에 우리는 경쟁자들을 능가할 수 있다

주당순이익(EPS) 성장이 우리의 장기 성과를 추동한다

시간

자료: 세쿼이아 펀드 홈페이지

탁월한 기업에 집중 투자한다

루안커니프의 스타일은 버핏의 초기가 아니라 찰리 멍거의 영향을 받은 후기 가치투자 철학에 가깝다. 홈페이지(Sequoiafund.com)를 방문해보면 자사의 투자철학과 방법론을 아래와 같이 설명하고 있다.

"훌륭한 기업에 합리적인 가격을 지불하고 투자 대상이 매력도를 유지하는 한 지속 보유함으로써 시장수익률을 초과할 수 있다고 믿는다."

"이익이 복리로 빠르게 증가하는 퀄리티 높은 비즈니스인 데다 퀄리티 높은 경영진이 운영하고 있는 기업을 투자 대상으로 삼는다."

"충분히 긴 투자 기간을 상정해야 예측 가능한 요소들을 이용해 투자할 수 있고, 투자 대상이 퀄리티를 갖추고 있어야 예측 가능성이 높아진다."

이 외 많은 문장에서 가장 많이 언급되는 단어가 바로 퀄리티(quality)다. 루안커니프는 퀄리티가 높은 기업은 'S&P500 평균보다 훨씬 높은 자기자본수익률(ROE)을 창출하는 기업'으로 정의한다. 버핏이 반복적으로 얘기하는 탁월한 기업과 본질이 다르지 않다. 가치투자에서 리스크를 제어하는 방법은 크게 보아 두 가지다. 하나는 할인된 가격으로 주식을 사는 것, 다른 하나는 퀄리티가 높은 기업의 주식을 사는 것이다. 루안커니프는 퀄리티가 높으면 지속적인 경쟁우위 덕분에 투자자 입장에서 이해 가능성과 예측 가능성이 높아져 투자가 안전해진다고 주장한다. 현재 세쿼이아 펀드 포트폴리오의 상위 비중 종목들만 봐도 루안커니프가 퀄리티를 얼마나 중시하는지 알 수 있다. 모두 압도적인 경쟁우위를 바탕으로 높은 성장세와 ROE를 보이는 기업들이기 때문이다.

세쿼이아 펀드 보유 비중 상위 10종목 — 2019. 3. 31. 현재

종목	비중
알파벳(구글의 지주회사)	11.4%
버크셔 해서웨이	8.6%
카맥스	7.4%
마스터카드	6.6%
컨스털레이션 소프트웨어	6.3%
크레딧억셉턴스	4.8%
아마존	4.2%
리버티미디어	4.2%
제이콥스엔지니어링	4.2%
롤스로이스홀딩스	3.8%

자료: 세쿼이아 펀드 1분기 레터

그다음으로 많이 언급되는 단어는 장기(long-term)다. 실제로 10년 이상 투자 중인 종목이 상당수이고 작년 회전율은 20% 수준에 불과하다. 버크셔 해서웨이는 사실상 지주회사이니 초장기 투자가 가능하지만 펀드는 여건상 그럴 수 없다는 세간의 주장을 정면으로 반박하는 사례라 하기에 충분하다.

세쿼이아 펀드 홈페이지에서 큼지막하게 강조하고 있는 전략

상위 10개 종목이 포트폴리오의 62% 차지

이들의 종목은 성격에 따라 크게 세 가지 범주로 나뉜다. 첫째, 평균을
훨씬 뛰어넘는 아웃라이어 기업이다. 글로벌 결제 네트워크라는 환상
적인 사업을 보유한 마스터카드가 이에 해당한다. 둘째, 시장을 정의
하는 기업이다. 검색과 동영상 서비스로 온라인 광고 시장을 지배하고
있는 구글이 이에 해당한다. 셋째, 틈새를 지배하는 기업이다. 많이 알
려져 있지 않지만 미국 서브프라임 오토론 시장의 절대 강자인 크레
딧억셉턴스(Credit Acceptance)가 이에 해당한다.

탁월한 기업에 집중 투자한다는 점도 버핏의 전략과 일맥상통하는
부분이다. 상위 10개 종목의 비중을 합치면 전체 포트폴리오의 62%
를 차지한다. 40억 달러를 운용하는 펀드인데도 보유 종목이 23개에
불과하다.

매수 타이밍 또한 절묘하다. 루안커니프는 퀄리티가 높은 종목을
찾고자 노력하므로, 반대로 이런 종목이 늘 저평가 상태가 아니라는
현실 또한 이해한다. 그래서 보수적인 사업가가 지불할 가격보다 낮게
매수한다는 기준을 바탕으로 내재가치보다 낮은 가격이 형성되는 드
문 순간들을 찾는 데 엄청난 노력을 들인다.

예컨대 1980년대 일본산 오토바이의 공격을 받아 휘청거리던 할리
데이비슨에서 커뮤니티에 기반한 고객 충성도라는 요소를 발견하고
저점에서 투자해 대박을 냈다. 또 나이키가 간접 유통망을 직접 유통

망으로 전환하면서 일시적으로 매출이 떨어져 주가가 급락하자 긴 안목으로 투자해 큰 성공을 거두었다. 요컨대 최고의 기업이 슬럼프에 빠졌을 때 투자한다는 전략을 지속적으로 실천해왔다.

외환위기 때 저평가된 태평양 등 매수해 '대박'

세쿼이아 펀드는 미국 중심으로 투자하는, 소위 국내 펀드다. 이 한계를 극복하고자 1997년 해외 주식을 담는 또 하나의 펀드를 출범한다. 그렉 알렉산더(Greg Alexander)가 운용하는 아카시아 펀드(Acacia Fund)가 그것이다. 버핏이 만약 은퇴한다면 개인 재산을 맡기고 싶은 운용자로 세 명을 거론한 적이 있는데 그중 한 명이 그렉 알렉산더였다(나머지 두 명은 히말라야캐피털의 리루(Li Lou), 바우포스트그룹의 세스 클라만(Seth Klarman)이다).

펀드 설정 직후 한국에서 외환위기가 터지자 그렉 알렉산더는 한국에 가치투자의 기회가 있음을 감지하고 애널리스트 기리시 바쿠를 파견해 리서치를 시작한다. 이들이 골라낸 종목은 태평양(현 아모레퍼시픽), 롯데제과, 롯데삼강, 삼천리, 신영증권, 매일유업 등이었다. 외환위기 시절이었으니 A급 회사들을 헐값에 사들인 셈이었다. 이 중 태평양은 20년간 초장기 보유를 통해 그야말로 대박을 냈다. 가치투자의 진수가 아닐 수 없다.

2004년 어느 날 어떤 외국인 투자자에게서 전화 한 통이 왔다. 〈코리아헤럴드〉에 한국의 워런 버핏을 꿈꾸는 젊은이로 소개된 나에 관한 기사를 읽었고 한번 만나보고 싶다는 요청이었다. 루안커니프라니 처음 듣는 회사였지만 호기심이 워낙 왕성하던 시절이라 속는 셈 치고 초대하는 자리에 나갔다. 그때 처음 만난 기리시가 한국의 가치주들에 대해 질문을 던지는데 정말 큰 충격을 받았다. 우리와 관심 종목

18 | _CORPORATE WORLD_

Dreaming of becoming Korea's Warren Buffet

VIP Investment Advisory chief believes value investment will prevail in stocks

By Lee Kyoung-ah

In a nation where saving is often considered a virtue and stock investing a speculative activity, a 27-year-old young man has set out to prove that the stock market is the most efficient means to distribute capital if investors stick to the rules of value investing.

"Many perceive the stock market as a playground for speculators, but if investors practice value investing, the stock market will work as a medium to channel funds to companies with competence, and it will surely pay investors a fair price for their investment," said Choi Joon-chul, CEO of VIP (Value Investment Pioneer) Investment Advisory, who manages a total of

solve the problems, their stocks usually bounce back.

Warren Buffet is perhaps the most famous value investor. Just one share of his holding company, Berkshire Hathaway Inc., costs more than $94,000.

"I want to prove the fact that value investment is the right way to invest in stocks and can work in Korea, where many say the stock market is often dominated by speculators," said Choi.

In an effort to prove the worth of value investing, Choi established the VIP Fund in June 2001

value and hold them until they are fairly valued by the market.

"We started with 20 million won and ended up with 200 million won," Choi said. "Prices of the stocks we selected were also stable even when the stock market fell sharply in 2002."

"It is not easy to hold onto stocks for a long time with a belief that stocks undervalued compared with their intrinsic worth will get someday recognized. We need to have strong confidence in our investment not to be swayed by rumors and temptations to follow others to earn short-term gains," Choi explained.

"But eight years of trading put me through quite a lot of experiences to confirm my belief in value investment," Choi said.

When the technology bubble burst in 2000 he became even more confident about value investment. And in 2001, his belief was reinforced when stocks such as Lotte Chilsung Beverage Co. and Amore Pacific Co., which he thought had been undervalued rose sharply.

Choi shared his experiences in value investment with others through his book called "Korea style value investment," his journal titled "College Investment Journal" and his Internet site.

But he found out that it was late to convert some investors with other investment approaches.

"The solution was to educate children," suggested Choi, who recently published a book for c...

필자를 소개한 영자 신문 기사

이 많이 겹치는 것도 신기했지만, 미국인이고 1년에 일주일 정도 한국에 머문다는데 그렇게 한 종목을 깊이 이해하고 있다는 사실을 믿을 수가 없었다. 도시가스 투자보수율을 논하는데 기가 막힐 정도였다.

대화 도중 이들이 태평양, 삼천리, 신영증권 등에 지분 신고를 한 그곳이라는 사실을 알게 되었다. 사무실로 돌아와 루안커니프를 찾아보니 전설적인 세쿼이아 펀드의 운용사였다. 내가 영자지에 잠깐 나온 덕에 엄청난 가치투자 팀을 만나는 행운을 얻었구나 생각했던 기억이 새록새록 떠오른다.

여담을 하나 전한다. 2000년대 초 버핏이 저평가된 한국 시장에 흥미를 가졌을 때, 1997년부터 한국에서 쌓은 경험을 높게 산 그렉을 불러 이런저런 질문을 던졌다. 그런데 버핏의 질문이 어찌나 날카롭던지, 답변하는 도중 등이 땀으로 흠뻑 젖었다고 한다. 한국에 앞서 투자한 루안커니프도 대단하지만, 상장기업 분석 책자 한 번 읽은 후 가본 적도 없는 나라의 기업들의 본질 요소를 대번에 간파한 버핏도 대단하다 싶다.

지주회사 가치 평가에 대해 '한 수' 배워

내가 기리시를 만났을 때 그의 관심사는 온통 한국의 우선주에 있었다. 대주주 지분율이 절대적으로 높은 한국 상황에서 의결권이 없다는 이유로 우선주가 보통주보다 크게 저렴한 것을 이해할 수 없다는 논리였다. 나 또한 당시 보통주 대비 주가가 낮아 배당수익률이 높은 우선주에 관심이 많았기 때문에(같은 기업에서 발행한 보통주와 우선주가 있으면 늘 우선주를 먼저 샀다), 이에 대해 많은 토론을 할 수 있었다.

당시 기업 분할이 흔치 않던 시절이라 한국 투자자들은 사업회사와 분리된 지주회사를 어떻게 봐야 하는지 갈피를 잡지 못했다. 그러다 보니 지주회사가 굳이 살 필요가 없는 종목으로 분류되어 저평가 정도가 심했다. 그 상황에서 이들이 주목한 종목은 농심홀딩스였다. 라면 시장 1등 기업을 자회사로 갖고 있는데 그 가치만큼도 반영이 안 된 헐값이라는 논리였다. 이때 토론은 이후 지주회사의 가치를 평가하는 데 큰 도움이 되었다.

내가 특히 자극받은 대목은 종목 발굴이 아니라 리서치 깊이였다. 한 종목을 찍으면 관련된 모든 정보를 파악해야만 직성이 풀리는 것 같았다. 경쟁사, 공급자, 수요자, 경영자 등 모든 이해관계자를 만나 인터뷰를 수행했고, 심지어 할인점 라면 매대 앞에 서서 진짜 한국 소비자들이 농심 라면을 사 가는지 지켜보기까지 했다. 필립 피셔가 얘기한 수소문(Scuttlebutt)이 이런 거구나 싶었다. 실제로 루안커니프는 자신들의 분석 수준을 '강도 높게 독자적으로 수행한 리서치(exhaustive primary research)'라 평한다. 이때부터 나는 우리 리서치를 늘 이들의 수준과 비교한다.

나는 지난 15년간 루안커니프와 다양한 방식으로 교류해왔다. 그렉과 기리시를 직접 만나기도 하고 이메일을 주고받기도 했다. (기리시는 지난해 텐코어(TenCore)라는 회사를 차렸다.) 특히 세쿼이아 펀드와 아카시아 펀드의 레터를 빠짐없이 읽었다. 배움의 연속이었다. 이 과정에서 가치투자에 대한 나의 시야를 넓혀준 사건이 크게 세 번 있었다. 이 깨달음을 얘기해보고자 한다.

경쟁우위 개념을 제대로 갖추게 되다

솔직히 돌이켜보건대 루안커니프를 만나기 전에 나의 가치투자 철학은 너무나 초보적이었다. 버핏이 투자한 종목과 비슷한 종류를 한국에서 찾겠다는 의지는 강했지만 단면만을 봐서인지 비즈니스 모델이 좋은 기업만 찾으면 된다고 안이하게 생각했다. 게다가 당시 밸류에이션이 낮은 종목이 워낙 많았던 터라 부여하는 멀티플(PER)에도 분명히 한계를 그었다. 솔직히 한국의 가치투자 대가들의 영향을 받아 단순히 싸기만 한 종목들도 포트폴리오에 많았다. 기준이 어정쩡한 상태였다고 보는 게 맞겠다.

경쟁우위 개념을 제대로 갖추게 된 건 루안커니프를 만나고 나서였다. 그렉이나 기리시가 가끔 한국에 살 만한 종목들을 물어보면 관심 종목을 몇 개 추천해주었는데 경쟁우위에 대한 날카로운 질문이 가차없이 날아들어 '뭐 이렇게 기준이 높아?' 하는 생각이 들었다. 특히 그들은 장기적으로 중국과 부딪힐 운명을 가진 산업에 대해선 매우 부정적인 입장을 취했다. 당시에는 너무 먼 우려를 일찌감치 하는 '걱정병'인가 싶었는데 시간이 흘러 경쟁의 구도가 바뀌는 걸 보니 결국 그들이 맞고 나는 틀렸음을 깨닫기도 했다. 버핏이 말하는 경쟁우위는 낮은 수준도, 짧은 기간을 가정한 것도 아니었다. 압도적 경쟁우위를

가진 종목으로 가득 찬 루안커니프의 포
트폴리오는 대충 나온 결과물이 아니다.

책 《아웃사이더》의 영어판 표지

경영진의 자본 배분 능력에 대해 눈을
뜬 것도 루안커니프 덕분이었다. 한국의
투자자들은 산업의 성장이 곧 거기 속한
기업의 성장이라는 연관성에 많은 가중
치를 두는 경향이 있다. 그래서 성장 산업
에 돈이 몰려 프리미엄을 만들어낸다. 물
론 나는 성장의 원천이 이것만은 아니라
고 생각했다. 제품 가격 인상, 시장점유율 뺏기, 시장 확장 등 다양한
각도로 성장의 원천을 평가한다는 자부심이 있었다. 그러나 자본 배분
을 통해 성장하거나 기업 가치를 제고할 수 있다는 생각에까지 미치
진 못했다. 즉, 기업이 돈 버는 능력에만 중점을 두었을 뿐, 번 돈을 다
시 배분해 가치를 창출하는 능력을 평가하는 데 소홀했다.

2014년 뉴욕에 위치한 루안커니프 사무실을 방문했을 때 그렉은
나에게《아웃사이더(Outsiders)》라는 책을 선물했다. 여기 소개된 텔
레다인, 캐피털시티 등의 사례를 읽으며 비로소 왜 그들이 경영진의
M&A 이력과 자사주 매입 정책 도입 여부 등을 그토록 따졌는지, 그
리고 초창기부터 버크셔 해서웨이에 투자할 수 있었던 판단은 어디에
근거하는지 이해할 수 있었다. 이후 경영진의 자본 배분 능력은 우리
의 주요 체크포인트가 되었다.

세쿼이아 펀드와 아카시아 펀드는 이미 전설이다(아카시아 펀드의
1996년부터 지금까지 누적 수익률은 1,989%다). 하지만 이들은 겸손하게
새로운 분야가 나오면 편견 없이 학습한다. 두 가지 이유에서다. 하나
는 새로 등장한 기술이 기존에 보유한 기업들의 사업 영역을 크게 침

해하는지 가늠하기 위해서이고, 다른 하나는 새로운 영역에서 기존에 보지 못했던 A급 기업을 찾기 위해서다. 물론 후자를 발굴하는 데 엄격한 잣대를 들이대기 때문에 대부분은 기준을 통과하지 못한다. 그래도 포기하지 않고 보고 또 본다.

글로벌 금융위기 이후 루안커니프의 포트폴리오에 인터넷 기업의 비중이 크게 늘었다. 이들은 심도 깊은 리서치 끝에 인터넷 기업을 '새로운 병에 담긴 오래된 와인(old wine in a new bottle)'으로 이해했다. 인터넷이라는 인프라만 바뀌었을 뿐, 본인들이 과거 투자해본 신문사 혹은 광고대행사와 본질적으로 다르지 않다는 결론이다. 이 주장을 듣고 와서 나도 편견을 버리고 한국과 중국의 인터넷 기업에 대해 분석을 진행했고, 전기차든 뭐든 새로운 산업에 대해 의도적으로 관심을 기울이기 위해 노력하는 중이다.

루안커니프 덕분에 하게 된 일들

VIP자산운용은 2008년부터 해외 투자를 해오고 있다. 여러 시행착오를 거쳐 지금은 홍콩과 선전에 사무소를 두고 중국 투자에 집중하고 있다. 나도 언젠가 해외 투자를 하고 싶다는 꿈의 씨앗이 뿌려진 건 2004년 기리시를 만나고부터였다. 그는 나에게 종목 선정의 기준이 분명하다면, 리서치를 깊게 한다면 다른 나라 주식도 충분히 잘 고를 수 있다는 희망을 주었다. 아니, 희망이라기보다는 자극에 가까웠다. 나도 이들이 한국에서 그랬던 것처럼 다른 나라에 가서 그 동네 A급 주식을 헐값에 사는 모습을 꿈꾸게 만들었으니까.

기리시 덕분에 버크셔 해서웨이의 주총에 가보는 호사도 누렸다. 루안커니프 사람들은 버핏을 영웅으로 삼고 있어 지혜를 얻고자 매년 주총에 참석한다. 기리시가 2014년에 나에게 함께 가자고 제안했

2014년 버크셔 해서웨이 주총에 참석한 필자

다. 버크셔 해서웨이 주식이 없어도 입장 가능한 티켓은 물론 그 시기 가장 구하기 어렵다는 오마하의 호텔까지 예약해주며 말이다. 버핏의 친구들과 함께 하루 종일 주총장에서 학습하며 토론한 일은 아직까지 잊지 못할 추억으로 남아 있다.

세쿼이아 펀드는 운용상의 어려움을 크게 겪어본 적이 없었다. 심지어 글로벌 금융위기 때도 불길한 조짐을 감지하고 사전에 금융주를 모두 처분함으로써 위기에 휘말리지 않을 수 있었다.

그러다 2015년에 위기를 맞았다. 2010년 투자를 시작한 밸리언트 (Valeant Pharmaceuticals) 때문이었다. CEO 마이클 피어슨(Michael Pearson) 주도로 기업을 계속 인수하면서 밸리언트의 가치가 빠르게 제고된 것에 매료되었다. 밸리언트의 회계 부정이 알려지면서 주가가

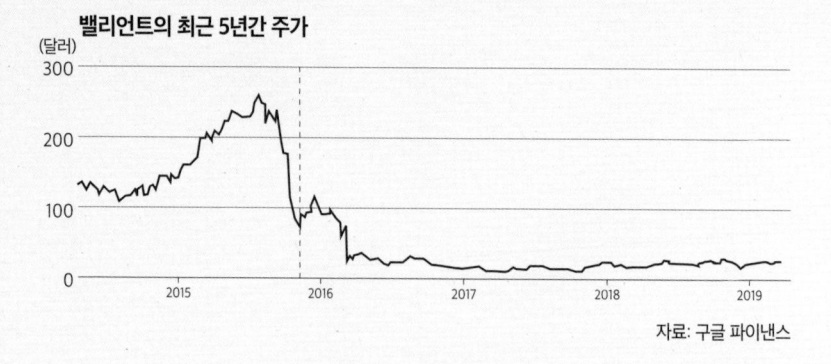

밸리언트의 최근 5년간 주가

자료: 구글 파이낸스

급락했을 때 세쿼이아 펀드는 추가 매수해서 비중을 32%까지 늘렸다. 그러나 8개월 후 주식을 모두 처분하면서 처음으로 큰 손실을 겪었다. 투자자들의 비난이 쏟아졌다. 40년간 재직한 파트너 골드파브가 책임을 지고 사임할 만큼 상황이 악화일로였다. 이후 투자자들의 신뢰를 회복하는 데 많은 시간이 필요했다. 전설적인 펀드가 어려움을 겪는 모습을 보면서 안타깝다는 생각이 드는 것과 동시에 운용은 정말 한시도 긴장을 늦출 수 없는 일임을 실감할 수 있었다.

돌아보면 루안커니프는 나의 꿈, 투자관, 경험에 지대한 영향을 미쳤다. 지금 내가 운용을 담당하고 있는 상품의 이름은 'VIP 그로스 일임형'이다. 많은 사람들은 밸류와 그로스가 병립할 수 없다고 믿는다. 하지만 그런 편견에 맞서 가치투자 상품에 과감하게 그로스라는 단어를 쓸 수 있는 자신감은 그동안 루안커니프로부터 배운 것들에서 기인한다.

루안커니프를 만난 후 가치투자자로서 한 단계 더 성장할 수 있었다. 나는 창업자인 빌 루안이 2005년 사망했을 때 진심으로 애도했다. 당시 루안커니프 사람들에게 심심한 위로를 전했을 때 창업자에 대한 그들의 존경심을 알 수 있었다. '나는 사후에 어떤 평가를 받게 될까?'

당시에는 너무 먼 우려를
일찌감치 하는 '걱정병'인가 싶었는데
시간이 흘러 경쟁의 구도가 바뀌는 걸 보니
결국 그들이 맞고 나는 틀렸음을
깨닫기도 했다.

버핏이 말하는 경쟁우위는 낮은 수준도,
짧은 기간을 가정한 것도 아니었다.
압도적 경쟁우위를 가진 종목으로
가득 찬 루안커니프의 포트폴리오는
대충 나온 결과물이 아니다.

하는 생각이 들기도 했다.

버핏은 "나의 15%는 필립 피셔, 85%는 벤저민 그레이엄이다"라고 말한 적이 있다. 같은 어법을 쓴다면 나의 50%는 버핏, 50%는 루안커니프다.

버핏의 대안적 롤모델로 추천

버핏은 여전히 가치투자자들의 지향점이자 롤모델이다. 그가 장기간에 걸쳐 거둔 성과는 우리 믿음의 근원이며 그의 말과 행동은 우리가 따라야 할 금과옥조다. 역사상 최고의 투자자와 동시대를 산다는 건 축복이 아닐 수 없다.

하지만 기업 인수가 아니라 상장 주식 투자를 업으로 삼는 입장에서 펀드가 아니라 보험회사 · 지주회사를 통해 투자를 전개해나가는 버핏이 갈수록 멀게 느껴지는 건 어쩔 수 없다. 버크셔 해서웨이 연차보고서에서 상장기업 투자 관련 분량은 갈수록 줄고 있다. 게다가 토드 콤즈와 테드 웨슐러가 운용을 분담하니 모두 버핏의 결정이라 볼수도 없다. 일부 가치투자자들이 버핏이 투자조합을 운용할 때 쓴 레터를 찾아보는 것도 이 때문이리라.

버핏의 대안적 롤모델로 버핏의 혈통을 물려받은 루안커니프를 자신 있게 추천한다. 그들은 전설적 존재지만 여전히 펀드를 운용하고 있는 팀이자 사람으로서 우리와 같은 고민을 한다. 어떤 주식을 살지, 주가가 저평가되어 있는지, 그 경영자는 잘 해나갈지, 비중은 얼마나 실어야 할지, 언제 사고팔아야 할지 등 말이다.

게다가 세쿼이아 펀드는 뮤추얼펀드이다 보니 홈페이지를 운영하며 고민의 결과를 모두에게 공개한다(아쉽게도 아카시아 펀드는 공개되지 않는다). 앞서 기술한 투자철학은 물론 분기와 연간 보고서까지 모두 읽을 수 있다. 1년에 한 번 투자자의 날(Investor Day)이라고 해서 세쿼이아 펀드 운용자와 투자자들이 만나는 자리가 있다. 버크셔 해서웨이의 주총과 비슷한 성격이라고 보면 되겠다. 여기서 많은 Q&A가 오가는데 행사가 끝나면 스크립트 형태로 홈페이지에 올라온다. 이것 또한 레터만큼이나 백미다. 과거 자료들도 올라와 있으니 영어에 특별히 거부감이 없다면 한번 읽어보시길 강력히 권한다. ⚫

글 최준철

VIP자산운용 대표. 가치투자 철학에 입각해 1조 7,000억 원을 운용하고 있으며, 국내에서 유일하게 노르웨이 국부 펀드를 수탁했다. 서울대 경영학과에 입학한 1996년에 주식 투자를 시작했다. 책을 통해 그레이엄과 버핏에 꽂혀서 가치투자자로 살기로 결심했다. 우연히 동기 김민국을 만나 주식 투자 동아리(SMIC)에서 활동하며 가치투자를 널리 알리고 싶어 《한국형 가치투자 전략》을 출간했다. 대학 4학년 때인 2003년 현 회사의 전신 VIP투자자문을 설립했다.

채권형 주식
230여 개 엄선해
유니버스 구성

✦

서준식

한국 상장 주식 중에서 워런 버핏이 말한 채권형 주식은 몇이나 될까?
사업 안정성, 수익성, 배당수익률 등을 기준으로 선별한 결과
코스피 약 800개와 코스닥 약 1,300개를 합한 총 2,100여 개 종목
가운데 230여 개가 남았다. 신한BNP파리바자산운용은 이들 종목으로
유니버스를 구성한 다음 신용등급, 주가와 가치의 괴리 등을 고려해
등급을 나누고 등급별로 목표 기대수익률을 설정했다.
서준식 부사장은 이 투자법을 적용해 삼성전자를 매수한
의사 결정 과정도 공유한다.

필자의 책《채권쟁이 서준식의 다시 쓰는 주식 투자 교과서》(이후《주식 투자 교과서》)가 투자자들의 큰 관심과 호응을 받았다. 2018년 12월 출간 이후 5개월 만에 2만 부가 판매되었고, 많은 분들이 블로그에 리뷰를 올렸으며, 강연회에서는 참석자들의 질문이 끝없이 이어졌다. 다음 개정판을 낸다면 이런저런 내용을 많이 보강해야겠다고 생각하게 되었다.

책을 발간하고 약 한 달 뒤 '스노우볼인컴펀드'를 출시했다. 최초로 채권형 주식의 개념을 적용한 채권 혼합형 펀드다. 펀드의 35% 정도를 채권형 주식에, 나머지는 채권에 투자한다. 최초의 펀드인 만큼 운용하는 룰과 프로세스를 디자인해야 했다. 더 복잡한 프로세스, 더 구체적인 세부 운영 원칙이 필요했다. 작업하는 과정에서 '이런 부분은 독자분들이 많이 궁금해하시겠구나'라는 생각이 뒤늦게 들었다.

이런 두 갈래의 궁리를 이 글에 담았다. 그동안 받은 질문에 답변하면서 미처 얘기하지 못했던 채권형 주식 투자법을 더 상세하게 서술하고자 한다.

질문 1. 워런 버핏은 자신의 주식 가치 평가법을 공개하지 않았다. 저자는 버핏의 이야기들을 참조해 '채권형 주식 평가 방식'을 추정했다는데, 어떤 이야기를 가장 많이 참고했는가?

오랫동안 몇몇 저서를 통해 버핏의 '채권형 주식'이 아마 이런 것이고 이런 방식으로 투자할 것이라고 주장해왔다. 버핏이 투자에 사용하는 '공식(our formula)'을 밝히지 않으니 그동안의 이야기를 종합해 추정할 수밖에 없었는데, 다음 세 어구를 가장 중요한 단서로 삼았다.

"채권을 살 때는 미래의 수익을 정확히 예상할 수 있다. 만약 9% 이자율의

10년 만기 채권에 투자한다면 10년간의 이자표에 9%에 해당하는 금액이 분명히 인쇄되어 있는 셈이다. 주식을 사도 역시 이자표가 붙어 있는 무언가를 사들이는 셈이다. 단 한 가지 문제는 이 이자표에는 이자율이 인쇄되어 있지 않다는 것이다. 금액을 인쇄해 넣는 것이 내 일이다."

필자는 채권형 주식이 단순히 배당을 많이 주는 안정된 주식이라고 생각했었다. 그러나 이 말을 단서로 "채권이 미래의 수익(현금흐름)을 지금 가격과 비교해 5%짜리 채권, 6%짜리 채권 등으로 평가하듯이 10%짜리 주식, 15%짜리 주식 등 수익률로 평가할 수 있는 주식이 바로 채권형 주식이구나"라고 생각하게 되었다.

"자기자본수익률(ROE)이 가장 중요하다."

이 말에서 이자표에 어떤 수치를 넣어야 하는지 힌트를 얻었다. 어느 주식의 미래 ROE를 예측하는 일은 곧 이자표에 금액을 인쇄해 넣는 일과 같은 일이고 ROE와 이자의 공통점은 복리 효과를 가지고 있다는 점이다. 미래 10년 동안 평균 10% ROE가 예상된다고 분석했다면 이는 10%의 이자표를 가진 채권과 유사하게 10% 복리 효과를 가지게 되는 것이다.

"지불하는 것은 가격이고, 얻는 것은 가치다."

이 말은 채권형 주식의 기대수익률을 계산하는 열쇠가 되었다. 채권은 가격에 따라 수익률이 달라진다. 예를 들어 10년 뒤 이자와 원금을 합해 20,000원을 지급하는 복리 채권의 가격이 현재 10,000원일 때 연복리 수익률은 약 7.2%로 계산된다. 그런데 만약 이 채권의 가격이 5,000원으로 떨어진다면 수익률은 어떻게 변할까? 10년 뒤 20,000원이 지급되는 복리 채권을 5,000원에 매입한다면 투자자는 약 15%의 연복리 수익률을 얻을 것이다.

채권이 가격과 미래의 원리금(원금+이자)의 관계로 수익률을 산정하는 것이라면, 가격과 미래의 가치(ROE 추정치로 계산된)의 관계로 수익률을 산정하는 것이 '채권형 주식 기대수익률 산정 방식'의 개요다. 10년 뒤 순자산가치가 20,000원으로 추정되는 주식의 주가가 10,000원일 때 기대수익률은 약 7.2%지만 주가가 5,000원으로 하락한다면 기대수익률은 약 15%로 상승할 것이다.

이때 채권은 미래 이자가 확정되어 있어서 가격 변동만이 수익률에 영향을 끼치는 반면, 채권형 주식은 미래 ROE 예측치, 즉 미래의 수익이 수시로 바뀌어 기대수익률을 변화시킬 수 있다는 점을 명심해야 한다. 따라서 주식 투자자는 기업의 상황이 장기 수익에 영향을 끼칠 정도로 크게 바뀌지 않았는지 수시로 점검하고 기대수익률을 재산정해야 한다.

분기마다 공시되는 재무 자료에서 기업의 순자산가치가 바뀌는 부분도 놓치지 않고 계산에 반영하는 것이 필요하다. 기업의 순자산가치는 의외로 빠르게 바뀔 수 있다. 시간이 지나 순자산가치가 증가하는데도 주가가 정체된다면 기대수익률이 상승하는 것이다.

질문 2. 저자 추정 방식과 버핏의 방식에 가장 큰 차이가 있다면 무엇이라고 생각하나?

채권형 주식을 몇 년짜리 채권으로 생각하고 계산하느냐는 것이다. 버핏은 10년 국채 수익률을 기준으로 삼는다고 이야기한 적이 많고 실제 10년 미국 국채가 전 세계 투자자들의 벤치마크 역할을 하는 경우도 많아서 필자도 10년짜리 채권으로 가정하고 계산하는 방식을 택했다.

하지만 버핏은 주식을 100년짜리 채권, 또는 영원히 만기가 돌아오지 않는 영구채로 비유한 일도 많았다. 때문에 몇 년짜리 채권으로 가정하는지에 대한 확신은 크지 않다. 필자도 채권형 주식은 만기가 없는 영구채와 유사하다는 말에 100% 동의한다. 그러나 기대수익률을 계산할 때는 10년짜리 채권으로 가정하는 것이 가장 현실적이라고 생각한다. 10년 뒤의 기업 가치는 어느 정도 예측 가능하지만 100년 뒤 가치는 막연하기 때문이다.

중요한 것은 확실한 원칙을 만들어 실천하는 일이다. 채권형 주식을 30년 채권, 100년 채권 또는 영구채로 가정하고 계산하는 방식도 크게 나쁘지 않다. 다만 이 경우, 순자산가치가 낮아서 기대수익률이 높아지는 '벤저민 그레이엄형 채권형 주식'은 가치를 적절하게 산정하기가 어렵다는 약점이 있었다. 10년은 충분히 길다는 점, 우리나라 주식시장에는 벤저민 그레이엄형 채권형 주식이 많다는 점(좋은 기업들이 이익 배당 대신 사내 유보를 해서 이 유형이 많아진 듯하다), 계량적으로 명확하다는 점 등의 이유로 필자는 채권형 주식을 10년 채권으로 가정하는 방식을 권유한다.

질문 3. 우리나라에 채권형 주식으로 볼 수 있는 주식은 몇 개나 될까? 경기에 민감하고 설비 투자가 많은 업종이면 무조건 투자 대상에서 배제하는가?

우리나라에 채권형 주식이 몇 개나 될지 궁금했다. 하지만 코스피와 코스닥을 합쳐 2,100여 개 종목을 모두 검토해봐야 알 수 있기에 엄두조차 내지 못했다. 마침 펀드를 출시하며 이 모든 종목을 점검해야 할 상황이 생겨 대략적이나마 답을 얻을 수 있었다.

먼저 채권형 주식은 미래 가치 예측이 어느 정도 가능해 기대수익률을 계산할 수 있는, 가치 평가가 가능한 주식임을 명심하자. 스노우볼인컴펀드에서는 다음 과정을 거쳐 채권형 주식 유니버스(투자 가능군)를 구성했다.

1. 평소 강조하는 것처럼 경기에 민감하거나 설비 투자나 연구개발비 투자가 많은 종목들은 아무리 탐나는 종목들이라도 눈 딱 감고 제외했다. 주의할 것은 단순히 업종 분류만으로 판단하면 안 된다는 것이다. 경기에 민감하거나 설비 투자가 많이 필요한 업종 중에서도 채권형 주식을 찾을 수 있다. 예를 들어 철강과 화학처럼 설비 투자가 많아야 하는 업종이라도 기업이 이미 성숙해서 추가 설비 투자가 크게 필요하지 않다면 채권형 주식에 포함할 수 있다.

경기민감주인 건설 업종에 속하지만 오랜 기간 놀라울 정도로 꾸준한 ROE를 보여서 깊게 분석한 종목도 꽤 있었다. 예를 들어 세보엠이씨와 우진아이엔에스는 건설 업종으로 분류되지만 정밀하게 검토해 보니 자본재 성격이 강했다. 두 종목 모두 12년 이상 ROE가 7% 이하로 내려간 적이 없어서, 이 종목들이 어떤 업종으로 분류되든 상관하지 않았다.

2. 과거 10년간 한 번이라도 적자를 보았거나 과거 6년간 ROE가 한 번이라도 3% 미만이 된 기업은 제외했다. 가치투자에는 화려한 미래보다는 믿을 수 있는 과거가 중요하다. 과거를 믿을 수 있는 기업에도 투자할 종목이 많은데, 굳이 과거가 잘못된 기업에 시간과 노력을 투입할 이유가 없다. 다만 한 번 정도 불가피한 일이 있었던 종목 중에서 운용역이나 분석역이 특별히 요청할 경우, 그런 일이 또 일어날지 협의회에서 심도 있게 분석한 후 구제하는 패자부활전(?) 같은 프로세스를 갖추었다.

3. 인컴펀드(수익의 상당 부분을 투자자산의 배당이나 이자로 얻으려는 펀드)의 목적을 위해, 최근 6년간 평균 배당수익률이 예금 금리 수준인

2% 이하이면 대상에서 제외했다. 다만 미래 ROE 추정치가 등급의 매수 가능 기대수익률(12~14%)을 초과할 경우 배당수익률이 다소 낮아도 유니버스에 포함했다. 높은 ROE 수준을 유지하며 스스로 높은 복리 효과를 생성하는 주식은 배당을 주지 않아도 무방하지만, ROE가 일정 수준 이하인 주식은 배당을 통한 재투자로 복리 효과를 높이는 일이 필요하다. 참고로 인컴펀드인 해당 펀드의 주식 부문 평균 배당수익률은 4% 수준을 목표로 한다.

1~3의 과정으로 선별한 종목들을 시가총액, 신용등급, 주가와 가치의 괴리, 과거 ROE 수치의 안정성 등을 고려해서 S, A, B의 세 등급으로 나눈 후 등급마다 목표 기대수익률을 달리했다. 그리고 S등급은 12% 이상이면 매수 가능, A등급은 13% 이상이면 매수 가능, B등급은 14% 이상이면 매수 가능하다는 기준을 두었다. 등급마다 매수 가능 기대수익률이 다른 것은 채권의 신용등급별 금리 수준이 다른 것과 같은 논리다. 예컨대 AAA등급 채권의 금리 수준이 3%라면 BBB등급의 금리 수준은 6% 이상인 것처럼 등급이 낮을수록 수익률이 더 높아야 한다. 선정한 채권형 주식 대부분이 B등급으로 분류되기에 기대수익률이 14% 이상이어야 매수 가능하다. 아직까지 12%이면 매수 가능한 S등급 주식은 삼성전자와 SK텔레콤 두 종목에 불과하고, 13%면 매수 가능한 A등급 종목들은 신한지주와 KB금융 등 10개 이내에 불과하다.

이상의 과정을 거쳐 채권형 주식으로 선별한 종목은 230여 개다. 나머지 주식들은 가치를 측정하기 어려운 비트코인과 같아서 가격이 오르든 내리든 상관할 이유가 없었다. 이렇게 선별된 종목들에만 집중하다가 매수 가능 기대수익률에 노날한 종목들을 매입하는 일만 남았다.

질문 4. 가치투자는 주가를 전망하지 않는 것이라고 주장하는 저자의 방식도 결국 기업의 실적, 그것도 향후 10년 동안의 실적을 전망하는 것 아닌가? 기업의 미래 실적을 추정하는 것도 사람이 하는 일이라 그 과정에서 '돈을 잃도록 만들어진' 사람의 마음이 작동할 여지가 많지 않을까?

가치투자도 결국 주식의 미래 가치를 예측하는 데서 시작한다. 그러나 가치 예측은 가격 전망과 엄연히 다르다. 앙드레 코스톨라니(André Kostolany)는 가치를 산책하는 주인에, 가격을 주인과 함께 산책하는 강아지에 비유했다. 주인을 앞서기도 하고, 훨씬 뒤처지기도 하고, 가끔은 숲 속으로 사라져버리는 강아지의 동선을 예측하는 것은 신의 영역이기에 가치투자자들은 시도조차 하지 않는다. 반면 주인의 동선을 예측하는 일은 훨씬 쉽다. 갑작스러운 변수가 생겨 주인이 다른 곳으로 가버릴 가능성만 감시하고 주의를 기울이면 된다. 게다가 우리는 채권형 주식이라는 길을 꾸준히 산책해온 주인을 신중하게 골랐다. 산책 길이 자주 바뀌는 주인들은 아예 투자 대상에서 제외한 것이다. 채권형 주식 투자법은 꾸준히 같은 길로 산책하는 주인을 골라 결국은 강아지와 함께 집에 돌아온다는 믿음을 가지고 기다리는 일이다.

《주식 투자 교과서》에서 채권형 주식의 예시로 삼성전자의 가치를 산정했다. 2018년 8월 당시 삼성전자의 주당순자산가치는 28,126원이었고 주가는 45,000원 수준이었다. 미래 ROE를 16%로 추정하고 산정한 기대수익률은 10.7%였고 매수 가능 주가는 39,883원으로 제시되었다. 39,883원부터는 분할 매수를 해야 한다는 계산이었다.

"설마 그 가격까지 내려가겠어?"

얼마 전 최고점 57,000원에서 20% 이상 하락한 상황이었기에, 책을 쓰면서도 삼성전자의 매수 시점이 오리라고는 생각지 못했다. 하지만 그런 사람의 마음을 비웃으며 가격은 계속 하락했고 불과 4개월 뒤인 2018년 12월 20일부터 2019년 1월 10일까지 매수 가능 주가를 밑돌았다.

"부사장님, 지금 반도체 경기 전망이 너무 안 좋습니다."

공교롭게도 스노우볼인컴펀드를 출시했을 때 삼성전자 주가는 우리 매수 가능 주가를 밑돌고 있었다. 우리 원칙으로는 삼성전자를 매수해야 한다. 하지만 모든 전망과 뉴스는 삼성전자를 부정적으로 이야기했고 주가는 떨어지는 칼날의 모양을 보였다. 펀드매니저들은 불안해서 그 칼날을 받을 용기가 없는 듯했다. 하지만 우리는 원칙대로 차분하게 삼성전자의 미래 가치를 다시 측정했다.

계산의 오류를 방지하는 데 가장 효과적인 방법은 최대한 보수적인 수치를 택하는 것이다. 불안한 전망을 반영해 미래 ROE 추정치를 14%로 낮추었다. 그러나 시간이 흐르면서 달라진 중요한 사실이 있었다. 삼성전자의 순자산가치가 크게 증가한 것이다. 낮아진 ROE 추정치와 높아진 순자산가치로 다시 계산해보니 여전히 40,000원 이하에

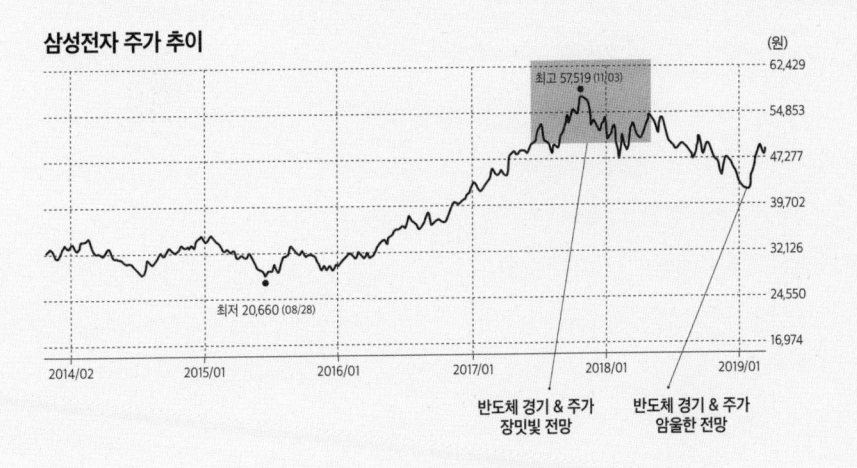

삼성전자 주가 추이

최고 57,519 (11/03)

최저 20,660 (08/28)

반도체 경기 & 주가 장밋빛 전망

반도체 경기 & 주가 암울한 전망

매수하는 것이 유효했다. 펀드에서는 이 원칙을 지켜 매수를 실시했고 덕분에 삼성전자는 펀드의 보유 종목 리스트에 이름을 올렸다. 다만 펀드 출시 초기라서 규모가 워낙 작았기 때문에 보유 금액이 매우 적었다는 것이 아쉬울 뿐이다.

앞의 그래프에서 볼 수 있듯이 삼성전자의 업황과 전망이 좋을 때 주식을 매수하고 반대의 경우 매도했다면 큰 손실을 입었을 것이다. 강아지를 쫓아다니는 사람의 마음을 배제하고, 미리 정한 방식을 통해 최대한 보수적으로 주인의 동선을 측정하는 방식을 선택해야 하는 이유다.

질문 5. 《주식 투자 교과서》에서는 계산된 주식의 기대수익률이 목표 기대수익률보다 높으면 매입하고, 가격이 상승해 기대수익률이 시장 평균치 가까이까지 내려오면 매도하는 것을 고려하라고 서술했다. 그렇다면 기대수익률이 시장 평균치까지 내려가지 않으면 영원히 팔지 않는다는 것인가?

만약 A은행의 예금 금리가 4%이고 B은행의 예금 금리가 5%라고 하자. 두 은행의 신용도가 비슷하다면 어느 은행의 정기예금에 가입하겠는가? 채권형 주식 투자법은 기대수익률을 산정할 수 있는 주식들을 선정하고, 이들의 기대수익률을 계산한 후, 기대수익률이 높은 종목들로 포트폴리오를 구성하는 일로 시작한다. 사람들이 4%짜리 예금은 무시하고 5%짜리 예금을 선택하는 일과 마찬가지다.

5%짜리 예금에 가입했다면 만기까지 보유하는 방법도 있다. 채권형 주식에서 목표 매도 기대수익률을 정해놓고 그때까지 기다리는 방법이 이와 유사하다. 기대수익률 15% 이상인 주식을 매입한 후 기다리다가 11% 이하가 되면 매도하는 식이다.

반면 예금을 들고 있다가 다른 은행이 6%를 제시하면 갈아타고(중도 해지 수수료가 없다고 가정) 이후 더 좋은 조건의 예금으로 갈아타는 좀 더 적극적인 투자 방식도 있을 것이다. 수익률로 가치를 측정하는 채권형 주식은 이런 투자도 가능하다. 15% 주식을 샀다가 주가가 올라 13%가 되었는데 새롭게 16% 주식이 등장한다면 13% 주식을 팔고 16% 주식을 사는 식의 교체 매매를 지속적으로 실행하는 것이다.

매수와 달리 매도에는 수많은 상황 변수가 존재하기 때문에, 절대적인 룰을 정해놓고 무조건 따르는 것보다는 포괄적인 원칙을 가지고 상황에 대응하는 것이 낫다고 생각한다. 주식시장의 동향에 큰 관심과 노력을 기울이기 어려운 개인 투자자는 소수 종목을 매입한 후 목표 가격에 도달할 때까지 장기 투자하는 방식을 추천한다. 그러나 스노우볼인컴펀드에서는 보다 비싼 종목을 팔고 싼 종목을 매수해 추가 수익을 내는 상대 가치 매매라는 적극적인 투자 방식을 선택했다.

예컨대 스노우볼인컴펀드는 앞에서 언급한 세보엠이씨와 우진아이엔에스를 보유하고 있다. 두 종목의 기대수익률이 15% 내외로 비슷하게 계산된 초기에는 비슷한 비중으로 보유하고 있었다. 그러다 중간에 세보엠이씨의 주가가 빠르게 상승해 기대수익률이 12% 수준에 이르자 비중을 급격히 줄이고, 대신 주가에 큰 변동이 없어 15% 내외의 기대수익률을 유지하던 우진아이엔에스를 추가 매입했다. 이후 우진아이엔에스의 주가가 상승하고 세보엠이씨의 주가가 하락해 매수 가능한 기대수익률 14% 이상에 재진입하자 다시 세보엠이씨의 비중을 조금씩 늘리고 있다.

펀드의 구성과 운영은 오케스트라 지휘와 비슷

많은 사람이 채권형 주식에 투자하는 펀드를 출시할 계획을 가지고서 왜 미리 모든 투자 방식과 노하우를 친절하게 공개하는 책을 내놓았느냐고 묻는다. 채권형 주식에 투자하려면 책의 방식을 터득하고 직접 투자하지, 펀드에 가입하지 않을 것 같다고 덧붙인다.

필자는 직접 투자를 통해서든 펀드를 통해서든 더 많은 사람이 가치투자의 위력을 이해하고 실천하게 할 수 있다면 그런 건 상관없다고 대답한다. 그리고 스노우볼펀드에 작은 액수라도 가입해서 펀드의 운용 방식과 원칙 등을 참고한다면 가치투자를 이해하는 데 도움이 될 거라고 감히 얘기한다.

한 종목에 투자하는 것이 피아노나 클라리넷 독주와 같다면, 주식 수십 종목을 채권과 함께 투자하고 포트폴리오를 구성하는 것은 오케스트라 지휘와 같다. 오케스트라를 지휘하려면 한두 악기를 연주하는 일보다 음악 이해도가 더 높아야 한다. 버핏은 자신의 노하우와 함께 버크셔 해서웨이가 보유한 주식들을 공개하지만 그래도 많은 투자자들은 버크셔 해서웨이에 투자한다. 찰리 멍거가 1996년 주주총회에서 언급했던 것처럼, 버크셔 해서웨이가 가진 종목들의 가치의 합보다 전체 종목들이 어우러져 성과를 내는 하모니의 가치가 더욱 크다고 믿기 때문이리라.

국내 증권시장에서 외국인 투자자들이 국내 투자자들보다 높은 수익률을 올리는 만큼 우리 국민이 피땀 흘려 이룬 국부가 줄어든다고 생각한다. 2018년 말부터 2019년 초까지 저평가가 심화된 삼성전자 등 국내 주식을 매입하는 세력이 외국인이 아니라 국내 가치투자자면 좋겠다고 생각하며 안타까워했다. 직접 투자를 통해서든 펀드를 통해서든 더 많은 개인 투자자들이 버핏을 이해하고 채권형 주식을 이해해 제대로 된 가치투자를 함으로써 국부를 지켜내기를 소망한다.

글 서준식

신한BNP파리바자산운용 부사장(CIO). 35조 원이 넘는 국내 자산 운용을 총괄하고 있다. 국내에서 손꼽히는 채권 전문가로, 채권의 원리를 적용한 '워런 버핏식 채권형 주식 투자법'을 투자자들에게 전파하고 있다. 《채권쟁이 서준식의 다시 쓰는 주식 투자 교과서》의 저자.

버크셔,
실패 넘은
지혜의 결정체

✦

백우진

당연히 버핏도 실수한다. 그러나 그는 실수를 직시하고
공개적으로 인정한다. 유연하다. 자신의 과거 실수를 바로잡는
의사 결정을 내리고 실행하기를 주저하지 않는다.
실수와 관련해 버핏이 내린 가장 영리한 결정은 '실패 위험이
높은 주식'보다 '주식에 비해 상대적으로 성공 가능성이
높은 회사'를 사들이기로 한 것이다. 그 의사 결정을 실행한 결과가
오늘날의 버크셔 해서웨이다. 우리에게 시사하는 바는 이것이다.
버크셔는 투자 1순위 주식이다.

#사례 1. 기막힌 포스코 포착, 매도 시점 놓치다

"포스코 주식에 모두 5억 7,200만 달러를 투자해 2006년 말 기준 평가 금액이 11억 5,800만 달러로 불어났다." (버크셔 해서웨이, 2006년 연차보고서, 2007. 3. 2. 홈페이지 공개)

348만 6,000주, 지분 4.0%였다. 언론 보도에 따르면 2007년 3월 2일 종가 기준 버크셔의 포스코 투자수익률은 135%였다. 이날 종가가 36만 4,000원이었으니, 버크셔의 포스코 주식 평균 매입 단가는 약 15만 4,700원이었다.

워런 버핏은 2007년 10월 처음으로 한국을 찾는다. "나와 버크셔 해서웨이는 약 4년 전부터 한국 주식에 투자해왔다"고 말한 다음 "이미 공개한 포스코 말고도 기아차, 현대제철, 신영증권 등에도 투자했다"고 설명했다. 이후 주가가 올라 한 종목을 제외하곤 모두 처분했다고 밝힌다.

버크셔 해서웨이 2008년 주주서한에서는 "나는 가격이 떨어질 때 양질의 상품을 구매하는 것을 좋아합니다"라며 포스코 주식 추가 매수를 설명한다. 버크셔는 2008년 포스코 지분을 전년보다 0.7%포인트 늘어난 5.2%로 확대했다.

버핏은 2010년과 2011년에도 포스코에 대한 여전한 애정을 표명한다. 2010년에는 정준양 회장을 만나 "경제위기로 주가가 하락했을 때 포스코 주식을 더 샀어야 하는데 그 시기를 놓친 것이 아쉽다"며 "포스코 주식을 더 확보하겠다"고 말한다. 2011년에는 "회사는 잘하고 있는 데 비해 주가가 저평가되어 있다"고 진단한다.

2015년 4월 버핏이 포스코 지분을 정리했다는 소문이 언론 보도를 통해 돌았다. 며칠 뒤 버핏은 포스코 주식을 여전히 상당량 보유하고 있다고 밝혔다. 이후 포스코 관련해서는 거론되지 않았다.

포스코 주가 추이

자료: 모닝스타

　이처럼 버핏이 2003년에 시작한 포스코 투자를 되짚어봤다. 결론은 이것이다. '가치주를 잘 포착했으나 너무 오래 보유했다'.

　그는 포스코 매수 당시 한국 주식시장에 "PER이 3~4배에 불과한 기업이 많아, 개인 포트폴리오 대부분이 한국 업체였다"라고 설명했다. 포스코 주가는 2007년 10월 72만 원대까지 상승했다. 이 주가를 기준으로 하면 버핏과 버크셔의 수익률은 365%에 이르렀다. 버핏은 계속 보유했다. 글로벌 금융위기라는 초대형 충격에도 흔들리지 않았다. 그러나 포스코 주가는 70만원 대를 되찾지 못했다. 점차 하락해 2015년에는 20만 원 아래로 떨어지기도 했다.

　버핏은 2003년에 포스코의 실적 호조를 예상했을 것이다. 실제로 포스코의 영업이익은 2003년 3조 585억 원에서 2004년 5조 537억 원으로 65% 급증했다. 2005년 5조 9,119억 원으로 17% 늘더니 2006년에 3조 8,923억 원으로 뒷걸음질 쳤다. 그러나 2007년에 4조 3,082억 원으로 회복했다. 주가가 72만 원대를 친 시기다. 2008년엔 영업이익

6조 5,401억 원을 기록하며 기염을 토했다. 이후 3조 원대로 감소했다가 5조 원대를 회복했으나 2012년 이후 2016년까지 3조 원 전후를 기록했다. 주가는 2019년 5월 3일 종가로 25만 2,500원이다.

버핏은 포스코를 분할 매도했을 테고, 워낙 저가에 매수했으니 높은 수익률을 올렸으리라고 추정된다. 그러나 글로벌 금융위기의 여진이 강도 높게 오래 이어지리라는 점을 감안하지 못한 듯하다.

#사례 2. 과거 성공에 도취, '체크리스트'를 간과하다

버크셔는 1993년 덱스터 슈(Dexter Shoes)의 지분 100%를 4억 3,300만 달러에 인수하기로 합의했다. 덱스터 슈의 실적은 바로 다음 해부터 틀어져서 신발 부문 매출과 이익이 내리막을 탔다. 1999년까지 매출은 18% 감소했고 영업이익은 57% 줄었다.

마이클 배트닉(Michael Batnick)은 책《투자 대가들의 위대한 오답 노트(Big Mistakes)》에서 버핏의 경우 이 실패 사례를 들었다. 배트닉은 "몇 년 후 덱스터 슈의 가치는 0이 되었다"고 전했다.

버핏의 실수는 무엇일까. 그는 덱스터 슈의 사업에 경제적 해자가 있는지 확실하게 두드려보지 않았다. 과거 비슷한 인수의 성공에 지나치게 의미를 부여했다. 앞서 인수한 신발회사 H. H. 브라운이 기대 이상의 실적을 올린 것이다. 또 H. H. 브라운을 경영하고 덱스터 슈 인수를 중개한 프랭크 루니를 과신했다. 덱스터 슈를 창업한 해럴드 알폰드 역시 지나치게 믿었다.

이를 1993년 주주서한에서 확인할 수 있다. 이 설명은 당시에는 버핏의 자랑이었지만, 이제는 버핏의 수치로 남았다.

"지난해 덱스터 슈 인수의 기반이 된 것이 1991년 인수한 H. H. 브라운입니다. 작업화, 작업용 부츠, 기타 신발을 제작하는 우수 업체 H.

H. 브라운을 인수한 것은 성공적이었습니다. 기대치가 이미 높았지만, 프랭크 루니 덕분에 높아진 눈높이까지 크게 뛰어넘고 있습니다. (중략) 프랭크의 팀을 믿고 1992년 말 우리는 로웰 슈를 인수했습니다. 로웰은 여성화와 간호사용 신발 업계에서 중견 기업으로 자리를 잡았지만 사업에 일부 조정이 필요했습니다. 이번에도 기대 이상의 결과를 얻었습니다. 그래서 지난해 덱스터주에 기반을 두고 대중적인 가격대의 남성화와 여성화를 제조하는 덱스터 슈를 인수하기로 했습니다. 여러분께 장담하건대 덱스터 슈는 바로잡을 것이 없습니다. 덱스터 슈는 찰리와 제가 업계에서 접한 기업 가운데서도 특히 경영 상태가 뛰어난 기업입니다.

5년 전만 해도 신발 사업은 생각도 하지 않았습니다. 이제는 이 사업에 종사하는 7,200명의 직원을 두고 있고, 출근길에 운전을 하며 "신발만 한 사업은 없다"라고 노래합니다. 마지막으로 무엇보다 중요한 것이 있습니다. 해럴드와 피터는 그들이 사랑해 마지않는 일인 회사 경영을 합병 전과 다름없이 하게 될 것이고, 이를 믿어도 좋습니다. 버크셔는 4할 타자에게 방망이 휘두르는 법을 지시하지 않습니다." (《투자 대가들의 위대한 오답 노트》에서 인용)

버핏은 당시 덱스터 슈가 사업상 직면한 과제를 어느 정도 인지하고 있었다. 그러나 이 회사의 경제적 해자를 따져보지 않았다. 앨리스 슈뢰더는 버핏의 자서전 《스노볼》에서 "버핏은 수입한 신발에 대한 수요가 시들해지리라고 예상했고, 그렇게 예상하는 것은 자신의 능력범위를 다소 벗어난 일이었다"고 진단했다.

버핏은 실수 인정을 주저하지 않았다. 1999년 사업을 보고한 주주 서한에서 다음과 같이 말했다. "우리는 주로 국내에서 신발을 생산하는데, 국내 업체가 효과적인 경쟁을 펼치기에 환경이 극도로 어려워지고 있습니다. 1999년 미국에서 판매된 신발 13억 켤레 가운데 약 93%는 극도로 원가가 낮은 해외에서 생산된 제품입니다." 이어 2000년 주주서한에서는 "1993년 덱스터 슈를 인수하며 그만큼의 금액을 지불한 것은 분명히 실수였습니다"라고 말했다.

이후 5년 동안 버크셔 주주서한에서 덱스터 슈는 언급되지 않는다. 그러나 버핏이 이 건을 시간과 함께 흘려보낸 것은 아니다. 그는 2014년에 "이것은 금융 재앙으로 기네스북에 오를 만한 사건입니다"라고 회고했다. 2007년과 2016년에도 덱스터 슈 인수의 실패를 돌아봤다.

자신의 실수를 공개 인정하고 의사 결정 수정

버핏은 '학습 기계'다. 그의 학습은 주로 읽는 행위로 이뤄진다. 찰리 멍거는 "버핏이 얼마나 많이 읽는지, (여러분은) 아마 짐작도 못할 것"이라고 전했다. 버핏은 다른 학습을 자신의 의사 결정과 실행을 통해 한다. 특히 자신의 실수를 외면하는 대신 직시하고 복기한다. 그의 주주서한에는 '실수'라는 단어가 종종 등장한다. 실수를 게임의 일부로 인식하는 능력은 그의 강점 가운데 하나다. 실수를 인정하고 복기하면 과거의 전철을 밟을 위험을 크게 낮추고 변화에 유연하게 대응할 수 있다.

그는 끊임없이 자신의 실수에서 배우고 의사 결정을 바꾼다. 최근에는 미국 전자 상거래의 선두 주자 아마존의 주식을 매입했다고 밝히고, 좀 더 일찍 샀으면 좋았겠다는 아쉬움을 털어놓았다. 버핏은 5월 3일 미국 투자 전문 방송 CNBC와의 인터뷰에서 "버크셔가 아마존 주식을 사들이고 있다"고 말했다. 구체적인 매입 규모에 대해서는 "이달 말 SEC 제출 보고서를 통해 확인될 것"이라고 답변했다. "오래전부터 아마존과 제프 베조스 최고경영자의 팬이었다"며 "아마존에 좀 더 일찍 투자하지 않은 것은 어리석었다"고 말했다. 앞서 버핏은 2017년 이후 수차례에 걸쳐 아마존의 잠재력을 제대로 알아차리지 못했다고 언급한 바 있다. 꿈에서나 가능하리라고 생각했던 일을 이뤄냈다며 아마존의 성과를 극찬했다. 아마존에 대해 긍정적인 평가 단계를 거쳐 경제적 해자를 확신한 뒤 투자에 나선 것으로 보인다. 아마존의 현재 주가가 향후 실적으로 뒷받침될지는 지켜볼 일이다.

아마존 주식 매입 사례는 버핏이 자신의 의사 결정을 번복할 줄 아는 유연한 투자자임을 보여준다.

IT 주식 외면하다 선회해서 애플 매수

버핏은 1990년대 후반 닷컴 열풍 때부터 터무니없이 높은 가격이 매겨진 IT주를 이해하지 못하겠다고 말했다. 실체 없는 동화에 자신의 돈을 거는 것을 좋아하지 않는다고 비유했다. 특히 애플에 대한 투자는 철저히 배제한다는 원칙을 지켜왔다. 그러던 그가 애플 주식을 매입했다고 밝혔다. 버크셔는 2016년 5월 SEC 공시를 통해, 3월 말 기준으로 애플 주식 981만 주를 보유하고 있다고 밝혔다. 이후 버크셔는 보유 애플 주식을 1억 6,530만 주로 늘렸다고 2018년 5월 미국 언론 매체들이 전했다.

버핏은 애플 사랑을 더 키운 반면 IBM에 대한 마음은 일찍 되돌렸다. IBM은 버핏이 애플 전에 투자한 유일한 IT 기업이었다. 버크셔는 2011년에 IBM 주식을 사들였다. 2011년 100억 달러를 투자해 IBM 주식 6,400만 주를 사들인 것을 시작으로 2016년 말에는 8,100만 주까지 늘렸다. 그러나 이후 IBM의 성장성에 의구심을 나타내더니 지분을 점차 줄여나갔다. 2018년 2월 미국 언론 매체 보도에 따르면 205만 주만 남기고 모두 처분했다.

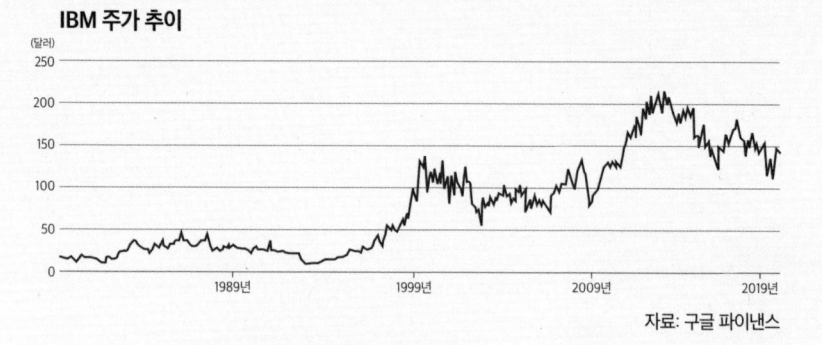

IBM 주가 추이

(달러)

자료: 구글 파이낸스

왜 IBM에 대한 판단을 바꿨을까. 버핏은 2017년 5월 CNBC와의 인터뷰에서 "IBM이 6년 전 주식을 사기 시작했을 때 기대했던 것보다 성과를 거두지 못했다"며 "IBM은 크고 강한 회사지만, 경쟁사들도 크고 강하다"고 설명했다.

경영보다 어려운 투자에서 내린 버핏의 영리한 선택

뛰어난 경영 성과를 보이는 CEO는 많다. 그에 비해 주식 투자에서 평균보다 우수한 성과를 보이는 투자자는 많지 않다. 특히 장기에 걸쳐 평균을 능가하기란 더욱 어렵다.

나는 피터 린치가 이를 깨달아 의사 결정을 내렸다고 생각한다. 린치는 월스트리트 역사상 가장 성공한 펀드매니저로 꼽힌다. 그가 운용한 마젤란 펀드의 자산은 1977년 2,000만 달러에서 1990년 132억 달러로 늘어나 13년 사이에 660배가 됐다. 연평균 수익률이 29%에 달했다.

린치의 깨달음을 짐작하게 하는 의사 결정은 두 가지다. 하나는 그가 1990년, 한창 일할 나이인 46세에 은퇴했다는 것이다. 둘째는 그가 자신의 투자법을 정리한 책의 제목을 '원 업 온 월스트리트(One Up on Wall Street)'라고 지었다는 것이다. 이 제목은 우리나라에 '전설로 떠나는 월가의 영웅'으로 번역됐다. 원 업(one up)은 골프에서 승부를 가르는 방식 중 하나인 매치 플레이, 즉 두 사람이 홀마다 겨뤄 이긴 홀이 더 많은 사람이 승자가 되는 방식에서 나온 말이다. 1홀 차이로 이긴 사람을 원 업이라고 말한다. 원 업 온 월스트리트는 '월가에서 한 홀 앞섰다'는 뜻이다. "최고의 실적을 낼 수는 있지만 이는 시장을 살짝 앞선 것일 뿐이며 그 상태를 유지하기란 불가능하다"라고 들려준 것이라고 생각한다.

경영보다 투자가 어려운 이유는 몇 가지 있다. 우선 종목 선정이 어렵다. 가치투자의 정석을 지킨다고 해도 내재가치 산정은 정답이 없는 작업이다. 내재가치가 높다고 해도 많은 투자자들의 관심을 받지 못하는 주식은 가격이 그리 오르지 못한다. 반대로 신기술이나 환상을 품은 종목은 내재가치와 무관하게 주가가 장기간 고공 행진할 수 있다. 또한 종목을 잘 선정해 매수한 경우에도 매도 시점을 놓칠 수 있다. 버핏이 포스코에서 그랬던 것처럼 말이다.

버핏도 투자 종목 선정에서 실수한다. 필자가 보기에 아마존이 그런 사례가 될 듯하다. 아마존이 엄청난 회사임은 분명하다. 그러나 주가가 너무 올랐다. 2019년 5월 초 현재 아마존의 지난 12개월 순이익 기준 PER은 83 수준이다. 올해 순이익이 30% 증가한다고 해도 현 주가의 PER이 60을 넘는다. 앞으로 아마존 주가는 오르더라도 기울기가 매우 완만할 것이다. 아니면 큰 폭 조정을 거쳐 제자리를 찾아갈 것이다.

린치와 달리 버핏은 그 어려운 투자에서 은퇴하지 않았다. 린치보다 영리한 선택을 했다. 버핏은 일정 시점 이후에는 주식이 아니라 알짜 기업을 사들였다. 버크셔를 투자회사가 아니라 많은 자회사를 거느린 지주회사로 키워왔다. 투자보다 훨씬 덜 어려운 경영을 선택한 것이다.

버크셔의 규모가 커지면서 유의미하게 투자할 상장기업 수가 줄어들었다는 현실적인 이유도 작용한 것으로 보인다. 그렇게 되자 버핏은 지분을 일정 부분 확보하는 대신 기업을 통째로 인수하는 대안을 활용한 것이다.

그 결과 버크셔의 가치 중 60%를 자회사들이 차지하게 됐다. 버핏은 올해 주총 답변에서 "누구나 어렵지 않게 계산할 수 있듯이, 버크셔의 가치 중 약 40%는 상장 주식이고, 약 60%는 우리 자회사들"이라고 말했다. 이어 "우리 상장 주식 중 상위 10% 종목을 제외하면, 나머지 종목이 버크셔의 가치에서 차지하는 비중은 십중팔구 10% 미만일 것"이라고 덧붙였다.

버크셔는 버핏이 우리에게 준 투자 기회

우리는 버핏처럼 회사를 통째 사들이는 투자를 할 수 없다. 대안이 있다. 오마하의 현인이 운영하는 회사에 투자하는 것, 즉 버크셔 주식을 매입하는 것이다.

버핏이 회사를 엄선해 구성한 버크셔에 대한 시장의 평가와,

자료: 야후 파이낸스

S&P500 종목에 대한 시장의 평가를 비교하면 어떨까? 버크셔가 더 꾸준히 상승했음을 알 수 있다. 상승률은 얼마나 차이가 날까? 20년 전인 1999년 5월 12일부터 2019년 5월 12일까지 비교하면, 버크셔 A 주는 4.3배로 상승했고 S&P500 지수는 2.2배로 올랐다.

오마하의 현인이 투자의 시행착오를 거쳐 완성해가는 회사가 버크셔다. 버크셔는 버핏이 우리에게 선사한 최상급 투자처다.🅑

글 백우진

주식 투자를 비롯해 다방면에 걸쳐 글을 쓴다. 가천대 등에서 글쓰기를 강의한다. 영어 책을 번역하는 일도 한다. 주식 투자 분야 책 《슈퍼개미가 되기 위한 38가지 제언》을 썼다. 경제와 경제학 분야 저서로 《안티이코노믹스》와 《한국경제 실패학》이 있다. 글쓰기 분야 책으로는 《일하는 문장들》, 《백우진의 글쓰기 도구상자》 등이 있다. 언어 사고력과 감각을 길러주는 교양서 《단어의 사연들》도 썼다. 현재 글쟁이주식회사 대표이고, 앞서 동아일보와 중앙일보의 매거진인 〈이코노미스트〉, 〈포브스코리아〉 등에서 기자로 일했다.

AQR이 밝힌
버핏 투자의 비밀

✦

강환국

워런 버핏은 1977년에 주식 매입 기준으로 '장기 전망 양호,

매력적인 가격' 등 네 가지를 제시했다. 어찌 보면 지극히

간단한 듯하지만 실전에서 활용하기엔 너무 어려운 기준이다.

이런 측면에서 헤지펀드 AQR 캐피털에서 작성한 논문 '버핏의 알파'가

눈길을 끈다. 이 논문은 버핏의 종목 선정 기준을 계량화했다.

간단히 말해서 수익성이 높고, 주요 수익성 지표들이 개선되고,

재무 구조가 탄탄하고, 배당 성향이 높고, 주식·채권을

추가 발행하지 않는 기업을 '우량주'로 정의했다.

워런 버핏! "오마하의 현인", "사상 최고의 투자자"로 불리는 사나이. 그는 수많은 연차보고서를 통해 자신의 투자철학을 전파했고, 그의 투자를 설명한 책도 수두룩하다. 나도 대학생 시절 버핏의 연차보고서와 인터뷰를 공부하며 밤을 불태웠다. 당연한 것 아닌가? 기왕 연구하려면 최고의 전문가를 연구해야지! 물론 내 공부의 목적은 단 하나였다. 어떻게 나도 버핏처럼 훌륭한 주식들을 사서 높은 수익을 내고 부자가 될 수 있을까?

1977년 버크셔 해서웨이 연차보고서에 버핏은 아래 4가지 조건을 충족하는 주식을 산다고 밝혔다.

1. 버크셔 경영진(버핏과 멍거)이 이해할 수 있는 사업을 하는 기업의 주식
2. 장기적 선망이 양호한 기업의 주식
3. 정직하고 유능한 사람들이 운영하는 기업의 주식
4. 매우 매력적인 가격에 팔리는 주식

나는 15년 전에 이것을 보고 깜짝 놀랐다. 와, 주식 투자, 이렇게 간단한가? 저 4개 조건을 만족하는 주식을 사면 그처럼 복리 20~30%를 벌 수 있다는 거잖아.

그런데 저 '간단한' 버핏의 공식에 맞는 주식을 사기 위해 연구하다가 난관에 부딪쳤다. 몇 개만 털어놓는다.

- 난 코흘리개 대학생이라 이해할 수 있는 기업이 하나도 없네.
- 저 산업은 전망이 양호하겠지? 아닌가? 그럴 거 같기도 하고. 혼란스럽네.
- 저 CEO, 지난달 신문에서 '잘나가는 젊은 경제인' 상 받았으니 정

직하고 유능하겠지? 어, 그런데 횡령으로 감옥 가네.

결론적으로 나는 버핏의 4가지 조건에 맞는 주식을 발굴하는 방법을 찾는 데 실패했다. 4번 조건에서 '매력적인 가격'이란 PER과 PBR이 낮은 것이라고 추측했을 뿐이다.

버핏의 비밀을 밝히지 못해 크게 실망한 나는 무능을 인정하고 몇몇 수치와 지표만 보고 투자하는 계량투자로 전환했다. '이런 지표가 좋은 주식이 수익이 좋더라' 유의 논문은 매우 많았고, 논문에 나온 내용을 내가 직접 검증해서 확인할 수 있다는 점이 좋았다. 논문에서 나온 것과 똑같이 투자해서 실제로 마술처럼 돈이 벌릴 때는 더 좋았다. 그러니 굳이 버핏의 비밀을 찾기 위해 밤을 불태울 필요가 없어졌다. 이렇게 계량투자의 길에 들어섰고 버핏은 어린 시절의 추억에 머물게 되었다.

버핏의 종목을 따라 사면 안 되나?

버핏이 이끄는 버크셔 해서웨이는 상장회사여서 주기적으로 주식 포트폴리오를 SEC 공시로 공개한다. 얼핏 이런 생각이 든다. 그냥 버핏이 매수하는 주식을 따라 사면 되는 거 아닌가?

그렇게 하면 중간은 갈 수 있겠지만 중간보다 뚜렷이 높은 수익을 내기는 어렵다고 본다. 이유는 간단하다. 버크셔는 너무 비대해졌다. 2018년 연차보고서를 보니 보유한 상장 주식만 1,728억 달러이고 현금도 1,120억 달러를 넘어섰다. 규모가 이 정도로 커지면 투자할 수 있는 주식이 매우 제한된다. 투자 가능 자금이 3,000억 달러에 가까우니 몇십억 달러 이상 투자할 수 없다면 고려할 필요도 없는 것 아닌가. 2019년 5월 중순 현재 시가총액 세계 100위 기업의 시가총액은 940억 달러, 200위 기업은 겨우(?) 526억 달러다. 즉 버핏이 정상적으로 투자할 수 있는 기업은 전 세계에서 100~200개 정도밖에 없을 것으로 추정된다. 이 세상 주식 종목 4만여 개 중 99.5% 이상을 포기해야 한다는 것이다.

전장에서 다리 두 개와 팔 하나를 잃고 한 팔로만 싸우는 장수가 연상되었다. 버핏의 투자 실력이 워낙 뛰어나니 저렇게 불리한 싸움을 하는데도 버크셔 주식은 최근 10년간 복리 12.2%라는 높은 수익을 냈다. 그러나 굳이 이 세상 주식 99.5%에 투자할 수 없는 투자자의 주식을 따라 살 필요가 있는가? 버핏의 투자 전략을 배운다면 그 전략을 중형주, 소형주에 적용해서 더 많은 돈을 벌 수 있을 텐데!

헤지펀드 AQR의 버핏 투자법 '계량화'

그러다가 나는 2013년 AQR 캐피털이라는 헤지펀드에 종사하는 안드레아 프라지니(Andrea Frazzini), 데이비드 카빌러(David Kabiller), 라세 헤제 페데르센(Lasse Heje Pedersen)이 쓴 '버핏의 알파(Buffett's Alpha)'라는 논문을 읽게 되었다. AQR은 클리퍼드 애스네스(Clifford Asness)가 설립했고 계량투자 전략을 활용해 투자하는 헤지펀드인데, 여느 펀드와 다르게 자신들이 연구한 투자 전략 상당수를 논문을 통해 전 세계에 공개한다. AQR 직원들은 거의 매월 논문들을 발간한다. 약 2,000억 달러를 관리하고 1,000여 명의 직원을 먹여 살리는 것을 보면 수익도 꾸준하게 내는 것 같다.

나는 이 논문을 보고 깜짝 놀랐다. AQR 직원들이 내가 15년 전 포기한, 버핏의 '애매모호한 원칙'을 계량화하는 작업에 착수한 것이다. 버핏이 주식을 사는 방법을 계량화할 수 있다면? 일반인도 그 방법을 적용해서 '버핏이 살 만한 주식'을 찾아내고 투자할 수 있다. 또한 개인 투자자는 다행히(?) 수천억 달러라는 무거운 짐이 없으니, 시가총

저자들은 버크셔의 변동성은
미국 주가지수보다 높고 손실이
상당히 오래 지속된 구간도 있었다고
덧붙인다.

총 샤프지수는 0.79로 미국 주가지수의
두 배 정도 되는 것은 사실이지만
투자자 대부분이 상상하는 것보다는 낮다고
강조하면서 "버핏은 위대하지만
초인은 아니다"라고 분석했다.
버핏보다 더 높은 샤프지수를 달성한
헤지펀드가 꽤 많기 때문이다.

액이 낮은 중형주와 소형주에도 투자 가능하다는 큰 장점이 있다. 투자수익률 관점에서만 살펴보면 자산이 적은 것이 무조건 유리하다. 실제로 버핏도 어느 인터뷰에서, 다시 자산이 100만 달러밖에 없는 가난뱅이(?)가 된다면 연 최소 50% 이상의 수익을 장담한다고 밝힌 적이 있다.

AQR의 세 저자는 우선 버핏의 업적을 기리고 그의 투자수익률을 분석한다. 버크셔는 1976~2017년 구간에 18.7%포인트라는 놀라운 초과수익률을 낸다(초과수익률은 무위험 예금 금리를 뛰어넘는 수익률로, 어떤 투자자가 올해 15%를 벌었고 무위험 예금 금리가 2%라면 초과수익률은 15%-2% = 13%포인트다). 같은 기간 주가지수의 7.6%포인트를 크게 뛰어넘는 수치다. 1976~2011년 존재한 주식형 펀드는 133개였고, 그중 버핏의 수익률을 뛰어넘은 펀드는 단 한 개도 없었다. 또한 1976~2017년 살아남은 상장 주식은 504개인데, 역시 버크셔의 수익률을 뛰어넘은 주식이 단 한 종목도 없었다! 미국 주식시장에서 최소 10년 살아남은 주식은 9,523개인데, 버크셔보다 높은 수익률을 기록한 주식은 56개뿐이다.

그러나 저자들은 버크셔의 변동성은 미국 주가지수보다 높고 손실이 상당히 오래 지속된 구간도 있었다고 덧붙인다. 총 샤프지수는 0.79로 미국 주가지수의 두 배 정도 되는 것은 사실이지만 투자자 대부분이 상상하는 것보다는 낮다고 강조하면서 "버핏은 위대하지만 초인은 아니다"라고 분석했다. 버핏보다 더 높은 샤프지수를 달성한 헤지펀드가 꽤 많기 때문이다.

그 후 저자들은 버핏의 수익 원천을 밝힌다. 일단 버핏은 레버리지 효과를 톡톡히 누렸다. 그에게 관심이 있다면 그가 보험사를 통해 플로트를 조달하고 투자해서 수익을 극대화한다는 점을 알 것이다. 저자들은 버핏이 1976~2011년 평균 1.7-1의 레버리지를 사용해서 수익을 극대화한 사실을 밝혔다. 즉, 본인 돈 100, 싸게 조달한 남의 돈 70을 가지고 주식에 투자한 것이다!

물론 우리는 버핏이 '어떤 종류의 주식을 사는가' 또는 '어떤 요소(factor)를 지닌 주식을 사는가'에 더 집중해야 할 것이다. 이를 찾아내기 위해 저자들은 버크셔가 보유한 주식들의 회귀 분석을 시도했고 아래와 같은 결과를 도출했다. 괄호 안에 있는 수치는 버핏이 해당 요소를 선호하는 강도(-1~1)를 보여준다.

1. 버핏은 소형주보다 대형주를 조금 더 선호한다(-0.13)
2. PBR 낮은 주식을 PBR 높은 주식보다 훨씬 더 선호한다(0.4)
3. 베타가 낮은 주식을 높은 주식보다 선호한다(0.27)
4. 우량주를 비우량주보다 훨씬 더 선호한다(0.47)
5. 모멘텀(최근 1년간 오른 주식) 여부는 신경 쓰지 않는다(-0.05)

버핏의 대형주 선호도는 앞서 설명했듯이 버크셔의 규모가 비대해지면서 소형주를 사지 못해서 생긴 현상일 가능성이 매우 높다. 결론적으로 버핏은 저평가되고(저PBR) 변동성이 낮고(저베타) 우량한 주식을 선호한다는 것이다. 여기서 PBR와 베타는 논의할 여지가 별로 없지만 어떤 기업이 '우량주'인지는 고민해봐야 한다. AQR은 우량주 지표로 다음과 같은 18개 항목을 분석하고 각 지표들의 순위를 계산해 종합적으로 평균 순위가 높은 기업을 '우량주'로 정의한다.

AQR의 우량주 지표

수익성 지표	성장성 지표	안정성 지표	페이아웃 지표
매출총이익/총자산	매출총이익/총자산의 성장률	베타	주식 발행
ROE	ROE의 성장률	주가 변동성	채권 발행
ROA	ROA의 성장률	부채 비율	배당 성향
영업현금흐름/총자산	영업현금흐름/총자산의 성장률	O-Score	
매출총이익/매출	매출총이익/매출의 성장률	Z-Score	

쉽게 말해서 수익성이 높고, 주요 수익성 지표들이 개선되고, 재무 구조가 탄탄하고, 배당 성향이 높고, 주식·채권을 추가 발행하지 않는 기업이 '우량주'다. 이런 기업들이 버핏의 관심을 끌었다.

AQR은 회귀 분석을 마친 후 "우리도 1976년부터 2017년까지 수치만 보고, 즉 PBR과 베타가 낮고 우량주 지표들이 우수한 기업만 샀다면 버핏과 같은 수익을 낼 수 있었다"라고 주장했다. 바꿔 말하면 우리도 저 지표들을 보고 투자하면 버핏과 비슷한 수익을 낼 수 있었다는 것이다.

그렇다면 버핏은 '누구나 따라 할 수 있는' 투자를 한 것뿐인가?

저자들은 총평에서 "버핏의 샤프지수는 훌륭하지만 초인적인 수준이 아닌데 어떻게 세계 최고의 부자 중 한 명이 되었는가?"라고 물었다. 이어 다음과 같이 답변했다. "버핏은 저평가되고 안전하고(변동성이 적고) 우량한 주식을 산다는 좋은 투자 전략을 매우 오랫동안 고수했다. 이 전략이 잘 먹히지 않은 어려운 시간을 잘 버텼고, 오히려 레버리지를 써서 수익을 극대화했다."

유튜브 '할 수 있다! 알고 투자' 채널 참고

내 생각을 덧붙이면, 버핏의 40년 업적을 분석해서 그가 어떤 주식을 샀고 그런 식으로 투자했으면 누구나 같은 수익을 낼 수 있었다는 점

은 별 의미가 없다. 일단 1975년 '저평가되고 변동성이 적은 우량주'가 향후 40년간 어마어마한 수익을 낼 것이라는 사실을 몰랐을 것이다. 또한《현명한 투자자》등 그레이엄의 명작을 읽었다 해도 그 책만 믿고 저 전략을 40년이나 고수하기 힘들었을 것이다. 저 전략이 통하지 않은 구간도 수두룩했고, 특히 1990년대 말 IT주들이 미친 듯이 수직 상향할 때 우량주들의 수익은 몇 년에 걸쳐서 상대적으로 낮았기 때문이다. 그런 시련을 버틸 수 있었던 사람은 버핏뿐이고, 그래서 세계 부자 1위 순위를 다투는 부호로 성장했다! 버핏은 우리가 상상할 수 없을 정도의 강한 멘털을 가졌다. 이 강한 멘털을 토대로 '투자의 일관성'을 40년 넘게 지켜온 것이다.

우리가 배울 점은? 간단하다. 저평가되어 있고 변동성이 낮은 우량주를 체계적으로 사면 된다. 단, 이 내용을 구체적으로 실전에 적용하는 방법을 모를 가능성이 높다. 여기서 모든 절차를 설명하기가 어려우므로 필자의 유튜브 채널인 '할 수 있다! 알고 투자'에 '7. 실전 타임: 한국 시장에서 버핏류 주식을 찾아보자'라는 영상을 만들어놓았다. 20분에 걸쳐 어디서 데이터를 다운받는지, 어떤 논리로 각 요소들의 순위를 만들고 한국에서 '버핏이 살 만한' 종목을 추출하는지 설명했다. 이런 종목들을 매수하고 연 1회 리밸런싱하고 저축한 돈까지 추가 투자해서 몇십 년 버티면 부자가 될 가능성이 매우 높다고 본다. 버핏 정도의 강철 멘털이 없다면 버티기가 결코 쉽지 않겠지만.

독자 여러분의 행운을 빈다! 🔥

글 강환국

2006년 함부르크 대학의 졸업 논문을 쓰면서 '공개된 지표를 활용해 명확한 매매 규칙을 따르면 돈을 벌 수 있는' 퀀트 투자를 알게 되었다. 이를 계기로 2006년 주식 투자를 시작했고, 그간의 경험을 축적해 평범한 직장인도 쉽고 편하게 따라 하면서 성공할 수 있는 구체적인 투자 전략을 서술한 《할 수 있다! 퀀트 투자》와 《가상화폐 투자 마법 공식》을 썼다. CFA(공인재무분석사)와 CAIA(공인대체투자분석사) 자격증을 취득했으며, '할 수 있다! 알고 투자'라는 유튜브 채널을 통해 투자자들과 소통하고 있다.

개인 투자자의 '롤모델'을 제시하다

송선재

연평균 15.6%의 수익률을 무려 45년 동안 올린 펀드가 있다.
같은 기간의 S&P500 지수 수익률보다 5%포인트나 높다.
바로 월터 슐로스가 운영한 펀드다. 그는 가치투자의 아버지
벤저민 그레이엄의 투자법을 계승하고 유지한 투자자다.
특히 많은 개인 투자자가 쉽게 따라 할 모델을 제시했다.
정보 수집과 투자 판단이 어렵다면, 준칙에 따라 투자하는
방식에 관심이 있다면 슐로스를 공부해보자.

세계에서 가장 유명한 가치투자자는 워런 버핏이고, 그다음은 찰리 멍거일 것이다. 그 외에 존 템플턴, 피터 린치, 앙드레 코스톨라니, 존 네프, 조엘 그린블라트, 세스 클라만 등이 있다. 이들에 비해 월터 슐로스(Walter J. Schloss)는 상대적으로 덜 알려져 있다. 책이나 글을 통해 외부와 적극적으로 소통하지 않았고, 성격과 투자 스타일도 조용했기 때문일 것이다.

상대적으로 저조한 명성에 비해 투자 성과는 탁월하다. 그의 투자 펀드인 월터 & 에드윈 슐로스(Walter & Edwin Schloss Associates)는 1955년부터 2000년까지 45년 동안 연평균 15.6%의 수익률(수수료 공제 후)을 달성했다고 밝혔다. 같은 기간의 S&P500 지수 수익률 대비 연간 5%포인트 높은 수준이다. 수수료를 공제하지 않은 펀드 자체의 수익률은 무려 21%였다.

슐로스의 성과는 버핏이 쓴 유명한 글 '그레이엄-도드 마을의 위대한 투자자들'에도 등장한다. 본문에서 계산한 1956~1984년 1분기 슐로스 펀드의 수익률은 연평균 21.3%이었고, 이는 같은 기간 S&P500 지수의 8.4%를 훨씬 상회했다.

이처럼 성과가 탁월한 데다 개인 투자자들에게 가장 적합한 방식으로 투자한다는 점에서 배울 점이 많다. 월터 슐로스가 누구인지, 그의 투자 철학은 무엇인지, 그의 투자 방법에서 개인 투자자는 어떤 점을 배워야 하는지 알아보고자 한다.

월터 슐로스 펀드와 S&P500 지수의 누적 수익 비교

자료: Value Investing, Bruce Greenwald

워런 버핏의 글에 등장한 월터 슐로스 펀드의 성과 (단위: %)

연도	S&P500 지수 수익률(배당 포함)	슐로스 파트너스 수익률	슐로스 투자조합 수익률
1956	7.5	5.1	6.8
1957	-10.5	-4.7	-4.7
1958	42.1	42.1	54.6
1959	12.7	17.5	23.3
1960	-1.6	7.0	9.3
1961	26.4	21.6	28.8
1962	-10.2	8.3	11.1
1963	23.3	15.1	20.1
1964	16.5	17.1	22.8
1965	13.1	26.8	35.7
1966	-10.4	0.5	0.7
1967	26.8	25.8	34.4
1968	10.6	26.6	35.5
1969	-7.5	-9.0	-9.0
1970	2.4	-8.2	-8.2
1971	14.9	25.5	28.3
1972	19.8	11.6	15.5
1973	-14.8	-8.0	-8.0
1974	-26.6	-6.2	-6.2
1975	36.9	42.7	52.2
1976	22.4	29.4	39.2
1977	-8.6	25.8	34.4
1978	7.0	36.6	48.8
1979	17.6	29.8	39.7
1980	32.1	23.3	31.1
1981	-6.7	18.4	24.5
1982	20.2	24.1	32.1
1983	22.8	38.4	51.2
1984년 1분기	-2.3	0.8	1.1

자료: The Superinvestors of Graham-and-Doddsville, Warren Buffett

월터 슐로스는
누구인가

월터 슐로스는 1916년 미국에서 태어났고 95세이던 2012년에 백혈병으로 사망했다. 워런 버핏처럼 벤저민 그레이엄의 직계 제자로 알려졌다. 특히 그레이엄 스타일을 가장 오래 실행해 그레이엄 방식의 증인이라고 평가받았다.

그는 고학력자로 가득한 월스트리트에서 대학을 나오지 않고도 뛰어난 성과를 거둠으로써 고등교육과 투자가 무관함을 증명하기도 했다. 그는 18세인 1934년 칼 M. 롭(Carl M. Loeb & Co)의 심부름꾼으로 일을 시작했다. 통계 부서를 지원했다가 거절당했는데, 통계 부서 담당 임원은 그레이엄과 도드의 책《증권분석》을 추천했다. 이후 슐로스는 회사의 지원으로 뉴욕증권거래소 부설 교육원에서 그레이엄의 투자 강의를 들을 수 있었고, 그 인연으로 그레이엄의 투자 회사인 그레이엄-뉴먼 파트너십에 취직하게 된다.

9년 반을 그레이엄을 위해 일한 슐로스는 그레이엄이 은퇴하면서 1955년에 자신의 투자회사를 설립한다. 투자자 19명에게서 모은 10만 달러로 시작했고, 그레이엄의 방식대로 운전자본 이하에 거래되는 주식에 투자해 성공한다. 성공했다는 소문이 나면서 투자자가 92명까지 늘어났는데, 그 후로는 펀드를 상장하거나 투자자를 크게 늘리지 않고 당해 수익을 (재투자를 원하지 않으면) 투자자들에게 돌려주면서 운용 가능한 규모를 유지하려고 했다. 1973년 아들 에드윈이 합류해 회사 이름을 월터 & 에드윈 슐로스로 바꾸어 2000년까지 운용했고, 2003년 다른 사람들의 돈을 관리하는 것을 중단하면서 공식적으로 투자업계에서 은퇴했다.

그는 펀드 운용 수수료를 받지 않고, 일정 수준의 수익률을 달성할 경우에만 초과수익의 25%를 받았다. 즉, 고객들이 돈을 벌지 않으면 보수를 한 푼도 받지 않았다.

버핏은 세 번에 걸쳐서 슐로스의 청렴성을 극찬했다.

슐로스는 자신이 다른 사람의 돈을 운용하고 있다는 것을 한 번도 잊지 않는다. 그래서 손실을 극도로 싫어한다. 그는 정말 청렴하고 이상적인 사람이다. 돈을 그에게 현실이고, 주식도 현실이다. 이것들은 안전마진의 원리로 연결된다.
- 1984년 그레이엄-도드 마을의 위대한 투자자들

월터는 1956~2002년에 투자조합을 대단히 성공적으로 운용했는데, 투자자들에게 수익을 내주지 못하면 한 푼도 받지 않았습니다. 나는 그의 성과를 보고 나서 뒤늦게 칭찬하는 것이 아닙니다. 무려 50년 전, 세인트루이스의 한 가족이 정직하고 유능한 펀드매니저를 찾았을 때, 내가 추천해준 사람은 월터뿐이었습니다.

슐로스는 뛰어난 투자 기록을 갖고 있지만, 더욱 중요한 것은 투자 운영 면에서 청렴함의 표본이라는 점입니다. 엄청난 수익을 내지 않는 이상 투자자들의 돈 한 푼도 허투루 쓰지 않았습니다. 고정 수수료를 부과하지 않았고 이익을 배분받았습니다. 수탁자로서의 청렴함도 투자 기술과 마찬가지입니다.

그레이엄 방식의 진정한 계승자

슐로스는 그레이엄의 넷-넷(net-net) 전략을 가장 충실하게 수행한 제자로 유명하다. 이 전략은 NCAV(Net Current Asset Value, 순유동자산가치) 방식으로도 불리는데, 현금과 현금 등가물에 확실히 받을 수 있는 매출 채권과 청산 시 재고 자산을 더한 후 총부채를 뺀 NCAV를 현재 주가와 비교하는 것이다. 즉, 당장 내일 청산될 경우 부채를 갚고 나서 주주에게 돌아갈 돈이 있는 회사에 투자하는, 극도로 보수적인 전략이다.

그는 이 방식을 그레이엄의 회사에서 배웠고, 독립해서 슐로스 펀드를 운용할 때도 구사했다. 슐로스 펀드에 초기 자금을 지원한 투자자들이 그레이엄의 방식을 추종한 사람들이었기에 어찌 보면 당연한 결과다.

NCAV 방식은 자금 보전을 우선하는 투자자들의 요구에 부합할 수 있었기 때문에 슐로스는 그레이엄과 같이 순유동자산의 3분의 2 이하에 팔리는 회사들에 투자했다. 버핏이 비유적으로 말한 '담배꽁초' 같은 회사들도 마다하지 않았다. 슐로스와 버핏이 처음 만난 것도 도매회사인 마셜 웰즈의 주주총회였는데, 그 회사의 주식이 운전자본 이하에서 거래되고 있었기 때문에 서로의 관심 종목이었던 것이다.

그레이엄을 넘어 나아가다

슐로스가 그레이엄의 전승자로 평가받지만 그레이엄의 방식을 그대로 유지한 것이 아니라 발전시켜나갔다. 경력을 통틀어 NCAV 전략을 유지했지만, 시장 환경이 변하면서 간단한 기준을 사용해 구할 수 있는 전통적인 가치주들로 옮아갔다.

그는 그레이엄 방식이 1929년 대공황 시기에 형성되었음을 인지했다. 인터뷰에서 "그레이

깊은 돈을 잃는 것을 극도로 싫어해서 손실을 제한하는 것에 관심이 많았는데, 이것은 잃지 않는 대신 이익도 제한하는 문제가 있었다"라고 말했다. 이어 "공황이나 불경기에만 집중하면 무엇이 발생할지 예상할 수 없고, 향후 엄청난 시장을 잃을 수도 있다"라고 덧붙였다. 대공황은 특수한 상황이며 재발하지 않을 거라고 생각했던 것으로 보인다. 1973년 인터뷰에서는 "1930년대와는 다르다. 1930년대에는 많은 회사들이 파산했지만, 최근에는 주가가 폭락했어도 회사가 파산하지 않았다. 그저 주가가 많이 하락했고, 그것도 빠르게 하락했고, 반대로 빠르게 반등하기도 했다"라고 밝혔다. 간단히 말하면 투자 세계가 그레이엄 이후로 바뀌었으니 투자자들도 바뀌어야 한다는 것이다.

그레이엄이 활동하던 1930년대에는 넷-넷 주식이 엄청 많았고 이 주식들의 수익률이 특히 좋았다. 전쟁이 터지자 과도한 법인세율로 자산가치가 낮은 회사들의 이익이 크게 훼손되었지만, 자산가치가 높은 주식들은 법인세를 상대적으로 적게 내게 되었기 때문이다.

그러나 북미 시장이 상승함에 따라 넷-넷 주식이 줄어들었다. 보수적인 슐로스는 상대적으로 알기 어려운 해외 투자를 하지 않고 북미 시장에 집중했으므로 전략 수정이 필요했다. 1960년대 후반에 접어들자 버핏처럼 엄청난 추가 작업 없

이는 과거와 같은 수익을 거둘 수 없게 되었니 투자 중단과 대안 탐색 중에서 선택해야 했는데 그는 변화한 시장에 적응하면서 투자 접근법을 다소 수정했다. 버핏은 1970년대 규모가 크고 경제적 해자가 큰 기업들에 투자하는 방식으로 진화했지만, 슐로스는 그레이엄 스타일의 가치 투자를 수정하는 선에서 지킨 것이다. 수익률은 과거에 비해 낮았지만 여전히 꽤 괜찮은 수준이었다.

그는 투자 기준을 다소 낮추었다. 자산가치에 비해 낮은 가격에 팔리는 '극소외주(depressed stock)'를 찾았다. 1985년 〈배런스(Barron's)〉와의 인터뷰에서 "자산가치를 보는데, 이는 우리 기준을 약간 낮춘 것"이라고 말했다. 극소외주 투자는 인간 본성에 반하는 투자법이라고 할 수 있다.

어느 주식이 극소외주가 되는 것은 사람들이 회사의 미래를 비관해서 피하기 때문인데, 이런 비관적 전망으로 주가가 자주 극단적인 상황까지 밀려나 폭락하게 된다. 대기 매수자들도 피해가서 거래량이 말라버린다. 그런데 이런 낮은 거래량과 극도로 낮은 주가는 억눌린 스프링처럼 탄성을 만들어낸다. 어떤 이유에서든 극소외된 주식을 사고 나서 상황이 조금이라도 유리하게 바뀌면 엄청난 상승이 일어날 수 있다.

슐로스는 이를 지렛대라고 표현했다. 이 지렛

내 연상은 부분적으로는 비유농성에서 나오고, 부분적으로는 인식의 전환에서 나온다. 투자자들이 회사를 좀 더 호의적으로 재평가할 수 있는 상황이 발생하면 매수자들이 그 주식을 사기 위해 달려들고 수요가 공급을 초과하면서 주가가 폭등하기 시작한다는 것이다. 극소외주가 지렛대 효과를 맛보려면 3가지 동기가 필요하다. 첫째, 회사의 이익이 늘어나고 주가가 오르는 것. 둘째, 누군가가 매수해 경영권을 사는 것. 셋째, 회사가 자사주를 사고 주식 공개 매수를 요청하는 것이다.

중요한 것은 기간이다. 슐로스는 인터뷰에서 4년 정도 걸렸다고 말했다. 더 오래 걸린 경우도 있었지만, 4년 정도면 극소외주들이 시장의 재평가를 받았다고 분석했다. 실제 슐로스 펀드의 매매회전율도 20~25%였다. 또한 펀드 종목들이 모두 극소외주이고 각자의 문제가 있어서 어떤 종목이 언제 재평가될지 보장할 수 없다고 밝혔다. 하지만 그런 종목을 15~20개 사면 전체 펀드가 상당히 잘 작동했다고 밝혔다. 극소외주의 성공 확률은 슐로스 펀드의 실적이 증명했다.

극도로 보수적인
종목 선정 기준

부채가 없거나 적고 경영진이 주주들을 위해 좋은 일을 할 정도로 충분한 주식을 가지고 있는 기업들 중에서 자산가치 대비 할인 거래되는 곳들을 걸러냅니다. 발견한 기업들이 좋아 보이면 주식을 조금 산 뒤 기업에 요청해 재무제표와 의결권 자료들을 보지요. 이 자료들에서 주석을 특히 관심 있게 봅니다. 숫자들에서 발견하려는 것은 '경영진이 정직한가(과하게 탐욕스럽지 않은가)'입니다. 이것이 '그들이 똑똑한가'보다 중요합니다. 똑똑하지만 탐욕스러운 경영진들은 투자자들에게 좋지 않습니다."

슐로스가 <포브스>와의 인터뷰에서 밝힌 종목 선정 방법이다. 그는 가치보다 낮은 가격에 산다는 가치투자 기본 원칙을 충실히 지키면서 극도로 보수적인 종목 선정 기준을 적용했다. 기준에 부합하는 종목이 없을 때는 현금으로 보유하는 것을 피하지 않았다. 더 구체적으로 들어보자.

① 52주 최저가나 근처에 있는 주식을 선호한다. 2년이나 3년 최저가면 더 좋다. 이런 주식들은 주가가 할인된 상태라는 신호일 수 있다. 물론 '일시적 문제인가, 영원한 문제인가'를 구분하는 것이 중요하다.

② 낮은 부채 비율은 종목 선정 과정의 초석이다. 부채가 없거나 적고 부동산과 현금 등을 가지고 있어, 파산할 경우에도 안전마진을 제공할 수 있는 회사를 선호했다. 투자 위험을 높이는 부채를 가진 회사는 철저히 피했다.

③ 자산가치 대비 20% 이상 할인된 회사를 고른다. 자산가치로는 현금, 고정자산, 다른 유형자산만 계산했다. 자산가치 대비 할인이면 잠재적 할인으로 보았다.

④ 경영진이 자사 주식을 많이, 최소한 산업 평균 이상 보유한 회사를 선호한다. 극소외된 회사는 경영진이 주주 편인 것이 특히 중요한데, 경영진이 개선해야만 하는 사업적 문제를 여럿 겪고 있기 때문이다. 경영진이 똑똑하거나 특별한 능력이 있어야 한다는 의미는 아니지만, 경영진의 관심사가 주주들의 관심사와 부합해야 한다는 의미다. 자신의 보수를 과하게 책정하지 않고 진실한 경영진이어야 한다.

⑤ 10년 혹은 그 이상의 역사를 가진 회사가 좋다. 그래야 재무 흐름을 길게 측정할 수 있고, 주가 변화도 알 수 있다.

⑥ 배당수익률이 높으면 좋지만 필수는 아니다. 통상적으로 어느 회사가 배당을 삭감하면 투자자들은 과하게 반응하고 여기에서 투자 기회가 나올 수 있다.

슐로스의
투자철학

슐로스는 컴퓨터를 사용하지 않았다. 주가 정보는 신문에서 얻었고 재무 데이터는 회사 리포트나 <밸류라인(Value Line Investment Survey)>이라는 전문지에서 구했다. 그는 비서나 보조원도 없었고, 투자 아이디어도 여러 정보원보다는 주로 신저가에 거래되는 주식에서 찾았다. 버핏은 '그레이엄-도드 마을의 위대한 투자자들'에서 "슐로스는 유용한 정보를 구하려고 어떤 접속도 하지 않는다"며 "사실상 월스트리트의 누구도 그를 알지 못하고, 어떤 아이디어도 제공받지 않는다"고 언급했다. 슐로스는 투자 결정을 내릴 때 다른 이들의 말을 듣기보다는 스스로 생각한다는 것이다. 그의 투자 철학을 정리해본다.

잃지 않는다

슐로스는 무슨 수를 쓰더라도 원금을 보전하려고 노력했다. 그래서 넷-넷 전략과 극소외주 투자의 영역에 머물렀다. 그는 이 투자법이 펀드 투자자들의 최대 이익에 부합한다고 판단했다. 많은 투자자들이 부자가 아니었고, 그들의 생활비를 충당하는 수익을 창출해야 했기 때문이다. 그가 펀드 운용보수를 받지 않고, 이익이 발생했을 때만 성과보수를 받은 이유다. 투자를 실행하기 전에 늘 하던 첫 질문은 "얼마만큼 손실을 볼 수 있는가(How much can you lose)?"였다.

시장보다 종목에 집중한다

슐로스는 투자를 하면서 17번의 경기 침체를 겪었다. 그 과정에서 그는 경기와 주식시장이 어떻게 될 것인가는 중요하지 않다고 생각했다. 그는 "나는 스트레스를 좋아하지 않고 피하려 하기 때문에 시장 뉴스와 경제 데이터에 집중하지 않는다"며 "그것들은 항상 투자자들을 걱정하게 한다"고 말했다. 그는 기업의 할인에 대해 얘기하는 것을 좋아하고 주식 종목 자체에 집중했다.

경영진의 약속을 믿지 않는다

그는 경영진의 약속과 이익 전망을 신뢰하지 않았다. 경영진은 회사가 잘나가지 않으면 다른 이로 교체되기 마련이고, 이는 전임 경영진의 계획이 연속되지 못하는 것을 의미하기 때문이다. 대신 자사의 주식을 많이 소유해 주주의 이익과 함께할 수 있는 진실한 경영진을 선호했다.

이익이 나는 자산에 집중한다

기업의 이익 전망을 신뢰하지 않고 자산에 더 집중했다. 그는 "이익은 자산가치보다 훨씬 더 변동성이 크기 때문에 장기 이익을 측정하는 것은 심각한 오류에 노출될 수도 있다"고 말했다. 현금흐름할인법(DCF)과 같은 가치 평가도 배제했다. 이익은 자주 변하는 데다, 이익 추정치가 맞을 수도 있지만 사람들의 이익 배수가 변하기 때문에 자산가치를 보는 것이 훨씬 편하고 만족스럽다고 평가했다.

그러나 이익 기준 가치 평가를 모두 거부한 것은 아니다. 성장성이 있고 내년 또는 5년 후 무슨 일이 발생할지 알 수 있는 기업이라면 가치 평가가 가능하다고 덧붙였다.

또 자산가치를 볼 때는 단순 자산가치만 따지지 말고, 만약 회사가 팔릴 경우 왜 가치가 있는지, 주주가 공정한 몫을 받을 수 있는지도 중요하다고 강조했다.

분산 투자한다

슐로스는 그의 경력에 걸쳐 약 1,000개 종목에 투자해서 높은 수익률을 달성했다. 한 종목이 펀드의 20%를 넘지 않게 관리했고, 100개 종목까지도 분산 투자를 했다. 과도한 분산 투자의 단점을 지적하는 투자 대가들이 많지만, 그는 초저평가주들로 분산 투자를 하면서 심지어 회사의 사업을 상세하게 이해하지도 않는다고 공언했다.

버핏은 슐로스의 이 같은 투자 스타일에 대해 "그는 현재도 100개가 넘는 주식을 보유하고 있으며, 가치에 비해 현저하게 낮게 팔리는 주식을 발굴하는 데 일가견이 있다"고 말했다.

매수 후 장기 보유한다

'싸게 사서 비싸게 판다'와 같은 타이밍을 많이 생각하지 않고, 모멘텀도 고려하지 않았다. 단지 극소외주를 사서 장기 보유하는 전략을 구사했다. 슐로스 펀드의 평균 보유 기간은 4~5년이었다. 저렴한 주식이 내재가치로 복귀하기에 충분한 시간이었다. 매매 회전이 빠른 현재 트레이더들은 이해할 수 없겠지만, 이미 성공한 투자자 다수가 증명했듯이 성과가 좋다.

하락하면 더 산다

손절매를 좋아하지 않았고, 보유 주식에 대해 손절매를 하지 않았다. "처음 주가를 좋아했다면, 주가가 떨어진 경우 더 좋아지기 때문"이다. 매수 후 주가가 하락하고 펀더멘털이 견조하면 더 산다고 말했다. 이런 결정은 스스로 내려야 하고, 그것을 따를 수 있는 용기도 있어야 한다고 말했다. 이런 접근과 기질이 "벤저민 그레이엄의 진정한 유산"이라고 강조했다.

적절히 매도한다

적절할 때 매도하는 것이 중요하다고 말했다. 자산가치 대비 낮은 주가를 형성한 주식에 투자하는데, 주가가 오르면 자산가치 대비 할인 폭이 축소되기 때문이다. 그는 주식이 합리적인 가격에 도달하면 매도한다고 말했다.

매도를 후회하지 않는다

매도한 후 주가가 급등해도 후회하지 않았다. 억눌린 주식이 급격하게 오를 수 있는 것도 맞지만, 추가 상승을 기대하고 계속 보유한 투자자들을 급격하게 실망시킬 수 있다는 것도 또한 사실이기 때문이다. 슐로스는 "때때로 인생에서 잘되지 않았던 일이나 더 잘될 수 있었던 일을 후회할 수는 없다"고 말했다.

그는 시멘트회사인 사우스다운(Southdown)에 투자했던 경험을 회고했다. "나는 12달러에 많이 매수했다. 2~3년 후 28달러에 도달했을 때 계산된 가치에 도달했기 때문에 매도했는데, 성장 기회에 너무 집중하지 않았다. 나중에 70달러에 도달했다. 나는 겸손해져서 다음 싼 주식을 찾으러 나갈 수밖에 없었다."

투자 내역을 공개하지 않는다

슐로스는 투자 아이디어와 내역을 공개하지 않았다. 일반인에게는 물론 펀드 투자자들에게도 제한된 수준에서만 투자 정보를 공개했다. 투자자들이 오른 주식보다 떨어진 주식에 집중하면서 하소연하거나 이유를 물으면 큰 스트레스를 받기 때문이었다. 한편 다른 투자자들이 자신이 사는 종목을 알면 경쟁이 더 심해지는 것도 이유라고 설명했다.

개인 투자자가 배울
슐로스의 전략

필자가 이 글을 쓴 것은 슐로스의 투자 전략이 개인 투자자들에게 가장 적합하다고 생각했기 때문이다. 정보 수집과 투자 판단을 하기 어려운가? 그때그때 고민하기보다는 원칙에 따라 투자하는 방식을 선호하는가? 마음을 덜 졸이고 투자하고 싶은가? 이런 성향의 개인 투자자라면 슐로스의 투자 전략을 배워볼 만하다.

투자 전략의 다양성을 이해하라

슐로스의 투자법에서 가장 중요하게 배워야 할 점은 가치투자 전략의 다양성을 인정하는 것이다. 가치투자를 바라보는 관점은 다양하다. 요즘 많은 가치투자자들은 싸지만 못나고 미움받는 주식이 아니라 소위 버핏류의 주식만 가치투자의 대상이라고 생각하는 경향이 있다. 하지만 슐로스는 자신의 방법이 매우 효과적임을 증명했고, 투자자들은 그를 통해 버핏류의 투자만 정답인 것이 아님을 알 수 있다.

슐로스는 "버핏은 주식을 그룹으로 사는 것이 무지에 대한 방어 수단이라고 했지만, 그건 어느 정도 수준에서 진실이라고 생각한다. 왜냐하면 우리는 여러 지역에 걸쳐 있는 회사들을 방문할 수 없기 때문이다"라고 말했다. 회사를 방문해 경영자를 만나더라도 사람을 잘 판단하지 못한

다면서 "사람보다는 숫자들을 보는 것이 훨씬 낫다고 생각했다"라고 말했다.

쉬운 전략을 채택하라

슐로스의 전략은 단순하다. 그는 "우리는 그저 싼 주식들을 산다(We just buy cheap stocks)"고 말했다. 상장회사들이 매 분기 발행하는 재무제표에 집중하면서 재무상태표부터 살펴본다. 부채를 제외한 순자산가치 이하로 주식을 살 수 있다면 그 주식은 매수 후보가 된다. 그레이엄을 계승한 이 전략은 투자 문외한인 고졸 학력의 슐로스도 이해할 정도로 쉬웠고 이치에도 맞았다. 게다가 수익률도 검증되었다.

전략의 원리를 이해하라

슐로스의 투자 방식은 어떻게 보면 퀀트 접근법 또는 팩터(factor) 투자법과 닮았다. 퀀트 투자처럼 기계적인 분류와 리밸런싱을 추구하지는 않지만, 신저가 종목들 중에서 현저하게 낮은 가격에 팔리는 주식을 사고 사업 자체보다는 수치에 관심을 갖기 때문이다. 이는 기업 정보에 대한 접근성이 상대적으로 떨어지는 개인 투자자들에게 유용한 방식이다.

자신의 성향과 맞는 전략을 세우라

슐로스는 주식이 자신의 생각과 반대로 움

직일 경우 매우 스트레스를 받기 때문에 항상 50~100개 주식을 보유했다고 설명했다. 그는 또 "심리적으로 나는 버핏과 다르게 만들어졌다. 버핏처럼 되기 위해 노력하는 사람들이 많지만, 그는 훌륭한 분석가일 뿐만 아니라 사람과 사업들을 잘 판단하는 사람이다. 나는 내 한계를 안다. 그래서 내가 가장 편한 방식으로 투자하려 한다"고 강조했다. 슐로스가 그레이엄의 방식을 수용하고 유지할 수 있었던 것은 보수적이고 청렴하며 정직한 성향과 잘 맞았기 때문이다.

감정을 제어하라

바른 투자 전략을 고수하기 위해서는 감정을 다루는 것도 중요하다. 그는 사람들의 탐욕과 공포로 가득 찬 시장의 감정과 떨어지려고, 사무실에 시세 확인 장비조차 갖추지 않았다. 투자자가 시장의 감정에 휘둘리면 좋은 투자 기회에서 매수하기 어렵고, 보유 주식이 폭락할 때 계속 보유하기 힘들기 때문이다.

**슐로스의
유산을 생각하며**

슐로스는 뛰어난 성과와 견고한 투자철학에 비해 한국 투자자들에게 덜 알려져 있다. 하지만 그의 투자 방법을 공부해보면 그에게 반하게 된다. 단순해 보이는 투자법이더라도 강한 신념을 기반으로 꾸준히 반복할 수 있는 용기를 가진다면, 개인 투자자들도 주식 투자에서 성공을 맛볼 수 있다. 이것이 슐로스가 우리에게 주는 유산이다. ⓚ

글 송선재
하나금융투자 자동차 담당 애널리스트. 2001년부터 18년째 여의도 증권가에서 일하고 있다. 고려대 경영학과를 나와 2008년 미국 텍사스주립대 MBA 유학 중 오마하에서 워런 버핏의 강의를 듣고 함께 식사한 '사건'을 계기로 가치투자에 눈을 떴다. <누가 한국의 자동차를 만드는가?> 등의 리포트로 업계에서 좋은 평가를 받았으며, 한국경제·매일경제 등이 주관하는 '베스트 애널리스트' 1위에 수차례 선정됐다. 필명 '와이민'으로 네이버 블로그에 투자 철학과 방법론에 관한 글을 쓰며 많은 독자 팬을 확보하고 있다.

국내에선 그레이엄 방식이 잘 통한다

숙향

워런 버핏은 스승 벤저민 그레이엄과 관련해 "적어도 내가 알기로 그레이엄은 투자 업무를 최우선으로 여기지 않았습니다"라고 말했다. 그레이엄은 61세에 은퇴한 다음 20년간 세계 여행을 하는 등 여유로운 생활을 즐겼다. 투자자 숙향도 그레이엄과 같은 삶을 꿈꿔왔다. 숙향은 그 전 단계로 그레이엄의 투자법을 실행해서 지난 13년간 연평균 23%의 수익률을 올렸다.

가치투자의 아버지로 불리는 벤저민 그레이엄은 주식 투자만으로 세계 최고의 부자가 된 워런 버핏의 스승으로 더 잘 알려진 인물이다. 최고의 투자서인 《증권분석》을 1934년에 세상에 내놓으면서 주식의 가치를 분석해 투자하는 방법을 제시했다. 1949년에는 일반 투자자에게 좀 더 쉽게 설명하기 위한 책으로 《현명한 투자자》를 출간했다. 그는 자신의 투자법을 저서와 강의, 기고문을 통해 아낌없이 나눠준 진정한 스승이다.

《현명한 투자자》를 읽은 다음부터 나는 그레이엄을 사숙하게 되었다. 지금까지 배운 것보다 앞으로 배워야 할 것이 훨씬 많지만 그동안 그레이엄에게서 배워 실천하고 있는 투자와 삶의 지혜를 정리해본다.

벤저민 그레이엄의 투자법, 그리고 숙향의 투자법

그레이엄의 투자법은 기업의 내재가치와 시장에서 거래되는 주가의 차이가 큰 주식, 즉 안전마진이 큰 주식에 투자하는 것이다. 그는 또 기업을 직접 경영한다는 생각으로, 즉 사업한다는 자세로 주식을 매수하라고 했다. 워런 버핏은 기회가 있을 때마다《현명한 투자자》 8장과 12장을 읽으라고 했는데, 바로 이 내용을 다루고 있기 때문이다.

❶ 투자는 사업하듯 하라

❷ 시장의 변덕스러운 오르내림에 속지 말라

❸ 충분하게 낮은 가격에 사라

단순히 가치에 비해 싼 주식을 매수해서 기다리면 만족스러운 수익을 얻을 수 있다는 그레이엄의 주장이 가능한지 64년 전 미국에서도 꽤나 궁금했던 모양이다. 1955년 3월 의회 상원 청문회에 출석한 그레이엄은 의원의 질문에 대해 언뜻 애매해 보이는, 그렇지만 명쾌한 답변을 했다. 그의 답변을 금방 이해하지 못한다면 자신이 가치투자에 어울리지 않는 사람일지 모른다는 생각을 해보았으면 한다.

윌리엄 폴브라이트 상원의원: 어떤 상황에서 어떤 결정을 내린다고 합시다. 예를 들어서 30달러의 가치가 있는 주식을 10달러에 살 수 있고 그래서 그걸 샀다고 칩시다. 그런데 다른 많은 사람들이 그 주식이 30달러의 가치가 있다는 사실을 깨닫기 전에는 그 주식의 가치를 현실화할 수 없습니다. 그런데 어떻게 그런 일이 일어날 수 있죠? 광고를 합니까, 아니면 어떤 일이 일어나는 거죠? 값이 싼 주식이 자기 가치를 찾을 수 있도록 해주는 게 도대체 무엇입니까?

그레이엄: 그게 바로 우리 사업의 수수께끼 가운데 하나입니다. 나도 모르고 아무도 모릅니다. 하지만 우리는 결국 시장이 그 가치를 깨닫고 그 가격을 따라잡는다는 사실을 경험으로 알고 있습니다.

담배꽁초 투자법 vs. 성장주 투자법

투자를 시작한 이후 한동안 그레이엄 스타일의 투자로 자산가치에 비해 싼 기업에 투자하던 버핏은 필립 피셔와 찰리 멍거의 영향을 받아 성장주 투자자로 바뀐다. 이때 그레이엄의 투자법을 업신여기는 말로 등장한 것이 '담배꽁초 투자법'이다. 길바닥에 떨어진 꽁초는 더럽고 불쾌하지만 공짜에 가깝고, 찾아내면 한두 모금은 피울 수 있다. 즉 실적은 부진하지만 자산가치가 높은 담배꽁초 같은 기업에 투자하는 방식이다.

한편 그레이엄이 말년에 일반 투자자에게 인

덱스펀드를 권한 것처럼, 성장주 투자는 지나치게 어렵기 때문에 전문 투자자가 아니면 권하지 않았다고 보는 게 타당하다. 그레이엄은 그의 저서를 통해 성장주 투자를 할 때 주의할 점과 일반 투자자가 투자하기에 어려운 이유를 명확하게 설명했다.

"성장주는 가격이 합리적일 때는 살 만한 가치가 있다. 그러나 PER이 25배나 30배를 훨씬 상회할 때는 승산이 없어진다."

"현명한 투자자는 성장주가 가장 인기 있을 때가 아니라 성장주에 어떤 문제가 발생했을 때 성장주에 관심을 가진다."

성장주 발굴은 쉽지 않지만 최고의 투자 기회를 얻을 수 있다. 하지만 투자를 위해 반드시 따져봐야 할 3가지 문제가 있다.

❶ 성장 기업이란 경기 순환기마다 이익이 증가하는 회사인데, 장기적으로 좋은 실적이 유지된다고 어떻게 확신할 수 있는가?
❷ 투자자가 성장주를 식별할 수 있는가?
❸ 회사가 성장한다고 확신한다면, 이 성장 요소에 얼마를 지불해야 정당한가?

성장주 투자로 성공하기 위해서는 다음 2가지 요건을 준수해야만 한다

❶ 성장 요소들을 손쉽게 일반화해서 받아들이지 말고, 조심스럽고도 회의적인 시각으로 철저히 조사한다.

❷ 치르는 가격은 신중한 사업가가 유사한 비상장 기업의 경영권을 확보하려고 기꺼이 지불하는 가격을 넘으면 안 된다.

그레이엄을 얘기하면서 대공황의 경험을 빼놓을 수 없다. 1929년부터 1932년까지 그레이엄이 운용한 펀드는 70% 이상 손실을 보았고, 1933년 50% 수익을 얻으면서 돌아설 때까지 4년 동안 힘든 시기를 보낸다. 이때 상황을 다음과 같이 회상한다.

"나의 괴로움은 재산이 줄어들었기 때문이 아니라, 지루한 장기전과 함께 시장이 돌아섰다고 생각했지만 다시 추락할 때마다 되풀이되는 실망, 대공황과 손실이 언제 끝날 것인가 하는 것에 대한 완전한 불확실성 때문이었다."

가치투자의 아버지로 불리는 그레이엄조차 공황으로 인해 장기적으로 지속되는 침체기를 힘겹게 보냈다. 그를 가장 힘들게 한 것은 막대한 손실이 아니라 불확실한 미래였다.

숙향의 투자법

그레이엄은 유동자산 비율, 배당금 증가 기업 등 구체적인 투자지표를 활용하는 방법을 제시하기도 했지만, 나는 그레이엄의 기본적인 원칙은 잃지 않는 투자에 있다고 생각한다. 내 나름의 경험으로 잃지 않는 투자법을 구축해서, 투

자 기업을 선정하는 4가지 조건을 졸저에서 소개했다. 그러면서 그레이엄의 투자법보다 내 방법이 더 편해 보이지 않느냐며 너스레를 떨었는데, 바로 다음의 4가지 조건을 만족하는 기업들로 포트폴리오를 구성하는 것이다.

❶ 주가순자산배수(PBR) 1 이하
❷ 주가수익배수(PER) 10 이하
❸ 배당수익률이 은행 정기예금 금리 이상
❹ 순현금 기업

13년 동안의
투자 실적

정확하게 4가지 조건에 들어맞는 기업만으로 포트폴리오를 운용한 것은 아니지만 작은 예외를 두는 정도였기 때문에 원칙에 벗어난 투자는 하지 않았다고 생각한다. 그 결과 얻은 지난 13년간의 투자 성과는 꽤 괜찮다.

2006~2018년 평균 수익률은 22.6%로 코스피 상승률 5.5%에 비해 연평균 17.1%포인트

시장 지수와 숙향 투자 수익률 비교

연도	코스피			숙향 투자 수익률	코스피 대비(%포인트)
	종가	전년 대비 등락 폭	등락률		
2006	1,434.46	55.09	4.0%	24.6%	20.6
2007	1,897.13	462.67	32.3%	85.3%	53.0
2008	1,124.47	-772.66	-40.7%	-41.1%	-0.4
2009	1,682.77	558.30	49.7%	70.8%	21.1
2010	2,051.00	368.23	21.9%	26.7%	4.8
2011	1,825.74	-225.26	-11.0%	-0.3%	10.7
2012	1,997.05	171.31	9.4%	17.5%	8.1
2013	2,011.34	14.29	0.7%	25.6%	24.9
2014	1,915.59	-95.75	-4.8%	32.6%	37.4
2015	1,961.31	45.72	2.4%	25.9%	23.5
2016	2,026.46	65.15	3.3%	5.7%	2.4
2017	2,467.49	441.03	21.8%	9.6%	12.2
2018	2,041.04	-426.45	-17.3%	10.7%	28.0
2018-2005		661.67	71.6%	293.6%	222.0
13년 평균(2006~2018년) 수익률			5.5%	22.6%	17.1

높았다. 알기 쉽게 1억 원을 2005년 말에 투자했다면, 2018년 코스피 기준으로 겨우 1.5억 원이 되지만 내 방법으로는 9.3억 원으로 불어났다. 어마어마한 차이다.

2008년 금융위기로 주가가 폭락했을 때 수익률이 코스피에 비해 0.4%포인트, 삼성전자와 일부 바이오 주식들만 워낙 강했던 2017년은 12.2%포인트 낮았지만, 늘 시장보다 높은 수익률을 얻었다. 특히 코스피가 17.3% 하락한 2018년, 오히려 10.7% 수익을 냄으로써 가치투자의 저력을 보여주었다.

매매 사례:
중앙에너비스

많은 가치투자의 구루들은 매수하고서 2~4년이 지나면 손익에 관계없이 처분하라고 했다. 특히 그레이엄은 투자한 종목에서 50% 수익이 발생하거나 매수한 지 2~3년이 지나면 주가에 관계없이 매도한다고 했다. 그 정도면 시장에서 평가받기에 충분한 시간이라고 보았기 때문이다. 즉 내재가치에 비해 주가가 싸다고 매수했으나 상당한 기간 동안 오르지 않는다면 투자자가 모르는 어떤 이유가 있을 것이라는 말이다.

나는 4가지 조건을 만족하는 기업이라면, 특히 세 번째 조건으로 배당금을 꾸준히 지급하는 주식이라면 가치가 주가에 반영될 때까지 무한정 기다리는 것을 원칙으로 한다. 마침 가치투자연구소 카페에 매월 공개하는 펀드(친구)의 포트폴리오에 그런 사례가 있어 소개한다.

2014년 7월 2일 처음 매수했고 2018년 9월 21일 전량 매도한 중앙에너비스. 4년 2개월 동안 수령한 배당금을 포함해서 67.3%, 연평균 16.8%의 수익률을 얻었다.

중앙에너비스를 매수-보유-매도하는 동안 이 주식에 대해 기록한 글 중 일부를 소개한다. '주식 한 종목에 대해서 어떤 사람은 이런 식으로 생각하고 매매하는구나' 하는 간접 경험으로 봐주셨으면 한다.

2014년 7월 | 다른 계좌에서는 6월 하순 매수를 시작했는데, 워낙 거래량이 없는 종목이라 매수에 애를 먹었다. 중앙에너비스는 1946년에 설립됐고 본업인 주유소 운영 사업 실적은 몇 년째 내리막이다. 오랜 업력의 결과, 시세에 비해 낮은 장부가로 매겨져 있는 부동산이 눈에 띈다. 정기예금 금리 정도의 배당금에 의지해서 부동산 개발 혹은 본업과 관련된 분야로 사업을 확장하려는 경영진을 지켜보려고 한다. 이해가 가지 않는 중동 사태에 주가가 반응하기도 하므로 현재와 같은 횡보 장세에서 빠른 이익 실현도 기대할 수 있다.

중앙에너비스 매매 정리 · 액면분할 공시와 함께 보유 부동산 가치 부각에 따른 주가 상승

일 자	매매	수량	단가	매매 금액	수수료+세금	매매 총액	비 고
2014-07-02	매수	200	22,425	4,485,000	1,300	4,486,300	2014년 7월 매수 시작
2014-07-03	매수	100	22,123	2,212,300	640	2,212,940	거래량이 적어서 매수에 오래 걸렸음
2014-07-04	매수	63	22,000	1,386,000	400	1,386,400	
2014-07-09	매수	123	22,368	2,751,300	790	2,752,090	
2014-07-10	매수	189	22,300	4,214,700	1,220	4,215,920	
2014-08-04	매수	145	24,672	3,577,400	1,030	3,578,430	
2014-08-18	매수	77	24,000	1,848,000	530	1,848,530	
2014-08-19	매수	103	24,000	2,472,000	710	2,472,710	
2014-12-15	매수	143	22,600	3,231,800	930	3,232,730	
2014-12-16	매수	196	22,500	4,410,000	1,270	4,411,270	종가: 23,250
2014-12-29	배당금	1,000	800	800,000	123,200	676,800	9월 결산법인
2014-12-31		1,339	22,851	30,588,500	8,820	30,597,320	2014년 12월 말 현재
2015-01-12	매수	30	22,550	676,500	190	676,690	
2015-02-17	매도	269	30,967	8,330,000	27,400	8,302,600	
2015-02-23	매도	100	36,300	3,630,000	11,940	3,618,060	
2015-04-15	배당금	1,339	200	267,800	41,230	226,570	12월 결산법인으로 변경
2015-08-12	매수	200	29,000	5,800,000	1,680	5,801,680	3개월 치 배당금
2015-08-17	매수	219	29,168	6,387,700	1,850	6,389,550	
2015-08-18	매수	81	29,000	2,349,000	680	2,349,680	
2015-08-24	매수	300	26,600	7,980,000	2,310	7,982,310	종가: 28,350
2015-12-31		1,800	23,265	41,821,700	-23,810	41,876,570	2015년 12월 말 현재
2016-04-19	배당금	1,800	800	1,440,000	142,560	1,297,440	종가: 30,850
2016-12-31		1,800	23,265	41,821,700	-23,810	41,876,570	2016년 12월 말 현재
2017-02-17	매도	400	31,800	12,720,000	41,840	12,678,160	
2017-04-14	배당금	1,800	800	1,440,000	221,760	1,218,240	종가: 29,300
2017-12-31		1,400	20,856	29,101,700	-65,650	29,198,410	2017년 12월 말 현재
2018-04-16	배당금	1,400	880	1,232,000	121,960	1,110,040	
2018-09-10	매도	100	37,150	3,715,000	12,214	3,702,786	

일 자	매매	수량	단가	매매 금액	수수료+세금	매매 총액	비 고
2018-09-10	매수	110	33,500	3,685,000	1,060	3,686,060	
2018-09-12	매도	410	42,476	17,415,000	57,294	17,357,706	
2018-09-13	매도	200	56,350	11,270,000	37,070	11,232,930	
2018-09-21	매도	800	43,558	34,846,100	114,638	34,731,462	2018년 9월 매도 완료
	매수	2,279	25,223	57,466,700	16,590	57,483,290	
	매도	2,279	40,203	91,926,100	302,396	91,623,704	
총 계	차익					34,140,414	
	배당금					4,529,090	
	총수익					38,669,504	67.3%
					연수익률(약식)		16.8%

월 1일 자사주 5억 원어치 취득 공시가 있었고 25,000원 이상의 가격에 자사주를 취득하고 있음을 볼 수 있다. 지난 6월엔 4년 만에 대주주들이 시장에서 주식을 매수하는 방법으로 지분을 늘렸다. 현재 가격은 매수하기에 부담이 없으니 3% 정도의 임대 수입이 있는 부동산 투자를 했다고 생각하면 편하다.

현재 주가 24,600원, 2013년 실적 기준, PER 3.3, PBR 0.5, 배당수익률 3.3%, 보유 토지의 시가가 아닌 공시지가만으로도 장부가를 200억 원 이상 초과하므로 실제 PBR은 0.2에 불과하다.

2015년 1월 | 연말에 입금된 배당금에 해당하는 금액으로 동사 주식 30주를 매수했다.

2015년 2월 | 유통 주식 수가 적은 주식들이 오르는 시장 분위기에 덩달아 주가가 많이 올랐

을 때, 보유량의 4분의 1가량을 줄였다(1,369주 →1,000주). 월말 종가는 평균 매도가 32,400원에 비해 17% 하락한 26,950원이었으므로 잘한 매도였다. 동사는 보유 부동산을 활용하거나 단순하게 보유 부동산의 가치가 부각되는 것만으로도 주가에 강력한 촉매로 작용한다.

2015년 8월 | 주가가 지난 2월에 매도했을 때보다 많이 하락하길래 매도했던 주식을 다시 채우는 매수를 했고, 이후 주가가 크게 하락했을 때 추가 매수해서 보유량을 1,800주(보유 비중 17.1%)까지 늘렸다.

2017년 2월 | 편입하고 싶었던 이씨에스를 매수하기 위해 400주를 매도했는데, 결과적으로 피터 린치가 말한 '꽃을 뽑아버리고 잡초에 물을 주는' 행동이었다. 이 무렵 동사의 대주

수 경영진이 수익에 비해 너무 많은 급여를 갖고 가는 데 불만이 많았다. 연결재무제표 기준 최근 3년 동안 당기순이익 12~14억 원, 개별재무제표 기준 3~9억 원을 내는 기업이 등기임원 명의 인건비로 매년 13억 원을 지출하고 있었기 때문이다. 그래서 기회만 있으면 탈출하겠다고 다짐하곤 했다.

2018년 9월 | 전량 매도해서 수익을 실현했다. 적잖은 경험에도 불구하고 역시 매도는 어렵다는 것을 실감했다. 당시 기록했던 내용을 비교적 상세하게 발췌, 정리해보았다.

9/10(월) 앞서 주말(9/7) 시장이 끝난 다음 액면가를 2,500원에서 500원으로 분할한다는 공시가 있었다. 이를 호재로 받아들인 사람들이 월요일 주가를 크게 끌어올렸다. 펀드(친구)에서는 +15%부터 매도 주문을 넣었는데, +15%인 37,150원에 100주 체결된 후 주가가 다시 하락하길래 매도해서 만든 현금으로 33,500원에 110주 매수했다. (의도하지는 않았으나 고가 매도 후 저가 매수를 통해 보유 단가를 낮추면서 보유량을 10주 늘렸다.)

9/12(수) 상한가까지 올랐다. 장중 멈칫거리기는 했으나 일찌감치 상한가(45,000원)에 들어갔고 이후 거의 거래 없이 총 거래량 42,288주로 마감했다. 보유하고 있던 1,410주 중 410주

는 +15%, +20%, +25%, +30%에 나눠 매도했다. 서울 부동산 가격이 많이 올랐다는 뉴스 덕분에(?) 동사가 보유한 부동산 가치가 부각되었고, 없다시피 했던 거래량이 크게 늘어나면서 지지부진하던 주가를 급하게 올려주었다. 주가 45,000원에서 자사주 25.4% 차감한 시가총액은 418억에 불과하므로 동사 보유 부동산의 시가 1,200억에 비하면 아직 엄청 저평가되었고, 16년 전인 2002년 4월에 주가가 12만 원까지 상승한 적이 있었으니 좀더 버텨보자는 생각이 들었다.

9/13(목) 전날 종가보다 20.4% 상승한 54,200원으로 장을 시작하더니 +14.4%까지 밀리기도 했으나 역시 오후 상한가(58,500원)에 들어간 다음 거의 거래가 없었다. 전날보다 두 배 이상 늘어난 97,635주가 거래되었고 펀드(친구)에서는 200주를 매도했고 800주가 남았다.

9/14(금) 주가가 상한가인 76,000원까지 오른다면(이미 간이 배 밖으로 나왔음) 절반 이상 매도하겠다는 마음을 먹고 시장이 열리기를 기다렸다. 5% 상승으로 시작하더니, 금방 마이너스로 돌아섰다. 주가가 하락하는 날은 매도하지 않는 것을 (이번 매도 이후 버린) 원칙으로 하기 때문에 가능한 한 낙폭을 줄이며 끝났으면 하는 초조한 마음으로 지켜보았다. 결국 11.4% 하락

한 51,800원에 마감했는데, 거래량은 192,393주로 전날보다 2배 이상 늘었다. 주가가 하락하면서 거래가 늘어나면 좋지 않은 흐름으로 알고 있었기에, 다음 주 월요일이 걱정되었다.

9/17(월) 주말에 집 앞 공원을 산보하면서 생각을 정리했다. 예전에 대주주 경영진의 과다한 임금 지급에 불만을 표시하면서 기회만 주면 매도하겠다고 다짐했고, 그럼에도 배당수익률(2%)이 은행 금리 이상인 4만 원 이하 주가에게는 매도할 이유가 없으므로 수익형 부동산에 투자했다는 생각으로 버티자고 마음먹었던 기억이 떠올랐다. 이제 막연히 기대했던 이상으로 주가가 올랐으므로 계속 가져가겠다는 것은 욕심이며 이 가격에서 전량 매도하기로 결론을 내렸다.

동사의 시가총액은 645억으로 표시되지만 자사주 25.4%를 차감한 시가총액은 481억에 불과하며 용산 사옥의 부동산 가치만 1,000억이라는데, 하는 미련이 자꾸만 주저하게 했다. 주가가 마이너스로 시작하면서 주말의 결심은 미뤄졌다.

9/19(수) 월요일부터 주가가 줄기차게 내렸다.
9/21(금) 첫 상한가 가격인 45,000원을 쉽게 깨고 내려갔을 때 전량 매도했다.

매매를 마무리하면서 자평하면, 가장 좋은 매

수 시점은 매수하려던 주식이 어떤 이유로든 거래량이 늘어나면서 주가가 크게 하락하는 날이다. 중소형 가치주는 대개 평소 거래량이 적으므로 필요하다면 주가를 조금씩 높여 매수할 수도 있겠지만 일반적으로는 사고자 하는 가격에 매수 주문을 내고서 기다린다. 가장 좋은 매도 시점은 시장에서 알려주는 경우가 대부분이다. 주가가 크게 오르면서 거래량이 늘어나기 때문에 매도에 전혀 어려움이 없다.

중앙에너비스는 매수는 거래량이 없을 때 했지만 매도는 주가가 오르면서 거래량이 크게 증가했으므로 얼마나 수익을 얻고서 매도할 것인지 (가장 어려운) 결정만 하면 됐다.

그레이엄의
투자철학

투자와 투기 | "투자란 철저한 분석을 통해 원금을 안전하게 지키면서도 만족스러운 수익을 확보하는 것이다. 그렇지 않다면 투기다. 그러나 시장이 붕괴되어 가장 매력적인 가격이 되었을 때는 오히려 주식을 투기적이라 생각하고, 반대로 시장이 상승해서 위험한 수준이 되었을 때는 실제로 투기를 하면서도 투자라고 착각한다."

철저한 분석은 안전과 가치의 확고한 기준에 비추어 연구한다는 뜻이다. 만족스러운 수익은 정 수익보다 넓은 개념으로, 연재 금리와 배당 수익률은 물론 자본이득이나 이익도 포함한다. 만족스러운'은 주관적인 표현이다. 이는 투자자 가 현명하게 판단해서 수락한다면 아무리 낮은 수익이라도 상관없다는 뜻이다.

자산 운용 ㅣ "주식과 채권에 각각 50%씩 비중 을 두는 방법이 손쉬운 전략이다. 그러나 시장 상황에 따라 그 비중을 25~75% 사이에서 조절 하는 편이 좋다. 예를 들어 약세장 바닥에서는 주식의 비중을 75%까지 높이고 채권은 25% 만 보유한다. 그러나 인간의 본성은 시장의 흐 름을 따라가려 하므로, 이 방식을 실행하기는 쉽지 않다."

나이와 성향, 처한 상황에 따라 다를 수 있다 고 본다. 젊고 투자금을 늘려나갈 수 있는 상황 이라면 주식 비중 100%가 어색하지 않지만, 투 자금을 늘릴 수 없는 상황에서는 심리적인 안정 과 편안한 투자를 위해 비중 조절이 필요하다. 신진오 님은 그레이엄 방식으로 비중을 조절할 경우 오히려 주식 100% 비중보다 높은 수익률 을 얻을 수 있음을 증명하기도 했다.

재무제표 ㅣ "이미 잘 아는 업종이나 종목에 투 자함으로써 비교우위를 차지한다면 전문가들 의 성과를 능가할 수도 있다는 말은 완전히 믿

기 어려운 것은 아니다. 그러나 유망 종목을 찾 는 것은 첫 단계다. 다음 단계는 분석하는 것이 다. 존경스럽게도 피터 린치는 재무제표를 분석 하고 기업 가치를 평가하지 않고서는, 아무리 제품이 훌륭하고 주차장이 붐비더라도 그 회사 에 투자해서는 안 된다고 주장한다."(제이슨 츠 바이크, 《현명한 투자자》 논평)

주가 ㅣ "좋은 주식이나 나쁜 주식은 없다. 단지 싼 주식과 비싼 주식만 있다. 최고의 우량 주식 도 너무 비싸면 팔아야 하고, 최악의 주식도 너 무 싸면 살 만한 가치가 있다."

개인 투자자 ㅣ "성공하기 위해 개인 투자자는 거대 기관투자가가 이미 매집한 종목들은 피해 야 하며, 관심이 있더라도 훨씬 신중하게 매수 해야 한다."

그레이엄은 재무제표의 신뢰성이 떨어지는 시기에 투자했기 때문에 대형주 투자를 권했지 만 지금의 우리는 대형 투자사의 관심이 미치지 않는 중소형 가치주에서 더 많은 기회를 찾을 수 있다.

고평가 기간의 예측 불가능 ㅣ "동전 던지기에 서 9번 연속 뒷면이 나온 뒤에도 열 번째에 앞 면이 나올 확률이 더 높지 않은 것처럼, 고평가

된 주식(또는 시장 전체)은 놀라울 정도로 장기 간에 걸쳐 고평가 상태를 유지할 수도 있다. 따라서 공매도나 주가 하락에 도박하는 것은 단순한 개인에게는 너무 위험한 일이다."

매도 시점 ┃ "투자자가 주식을 팔아야 할 시점은 주가가 높을 때다. 이는 대개 강세장이 무르익었을 때를 말한다. 이런 시점에는 거의 모든 종목의 시장성이 크게 개선된다. 전형적인 비우량 종목은 가격이 오르면 시장성이 높아지는 것이 시장의 법칙이다. 따라서 투자자는 큰 어려움 없이 주식을 팔아 상당한 이익을 실현할 수 있다."

배당금 ┃ "배당금은 주식 투자의 가장 강력한 힘이다."

"여러 해에 걸쳐 끊이지 않은 배당 실적은 좋은 주식을 평가하는 데 가장 설득력 있는 기준들 중 하나다."

"어떤 회사가 이익은 나지만 배당금을 절대로 지급하지 않고 매각되거나 청산되지 않는다면, 외부 주주에게 이 회사 주식은 휴지나 다름없다."

"회사의 지배주주는 이익을 굳이 인출할 필요가 없다. 회사에 남아 있는 돈도 자기 돈이나 다름없기 때문이다. 주머닛돈이 쌈짓돈인 셈이다. 그는 주식을 팔고 싶으면, 먼저 상황을 개선할 것이다. 상황을 개선하기 전에 헐값에 더 사들일 수도 있고, 낮은 주가 기준으로 증여세를 납부할 수 있다."

"배당금은 일반 주주의 관점에서 볼 때 가장 중요한 요소이고, 회사의 이익이 중요한 것은 현재와 미래 배당금에 영향을 주기 때문이며, 회사의 배당 정책은 주가에 절대적인 영향을 미친다."

"이상적인 배당 정책은 안정적이고 장기적으로 꾸준히 증가해야 하며, 전체 이익에서 높은 비중을 지급해야 한다. 자금 소요로 인해 적극적인 현금 배당이 힘들면 주식 배당도 좋은 방법이다."

주식 배당 ㅣ "학자들은 주식 배당이 불필요한 비용만 유발할 뿐, 실질적으로 아무 효용이 없다고 평가절하한다. 그러나 이는 현실을 모르는 탁상공론에 불과하다. 주식 배당을 받으면 주주들의 보유 주식 수가 증가하므로, 현금이 필요하면 배당으로 받은 주식을 매도하면 된다. 만일 보유 주식을 그대로 유지하면 늘어난 주식 수만큼 배당이 증가한다."

평소 내가 주식 배당에 대해 하는 생각과 같다. 특히 투자를 위한 현금 수요가 많은 기업은 현금 대신 주식 배당이 유효한 주주 환원 정책이 된다.

성공한 투자자 ㅣ "투자의 모든 것은 평균보다 많은 돈을 버는 것이 아니라, 자신의 필요를 충족하는 만큼 돈을 버는 것이나. 자신의 투자 성공을 판단하는 최고의 방법은 시장을 이기고 있는지가 아니라 자신이 가고자 하는 곳에 도달할 수 있는 투자 계획과 투자 기준을 제대로 세우고 있는지 여부다. 마지막으로 중요한 것은 다른 사람보다 먼저 결승점을 통과하는 것이 아니고, 단지 결승점을 통과할 것을 확신하는 것이다."

"전문 투자자의 성공적인 투자는 두 가지 공통점이 있다. 첫째는 그들의 방법이 유행에 뒤더라도 그 방법을 바꾸기를 거부함으로써, 자신의 원칙을 지키고 일관되게 행동한다는 것이다. 둘째로 그들은 무엇을 어떻게 하고 어떻게 할지에 대해 많이 생각한다. 그러나 시장이 어떻게 될지에 대해서는 거의 신경을 안 쓴다."

영리한 투자자 ㅣ "영리한 투자자의 고전적 정의는 모두가 팔고 있는 약세장에서 매수해서 모두가 사고 있는 강세장에서 매도하는 사람이었다."

재능 ㅣ "투자에는 비범한 재능이 필요하지 않다. 우선 비교적 지능이 좋아야 한다. 두 번째로 운영 방침이 건전해야 한다. 그리고 세 번째이자 가장 중요한 자질로 심지가 굳어야 한다."

버핏은 두 가지 이유로 그레이엄의 투자법을 활용할 수 없다고 했다. 미국에는 그레이엄이 투자할 만한 기업으로 제시한 투자지표를 만족시킬 주식이 더 이상 없고, 버크셔 해서웨이의 투자 규모가 워낙 커져서 (대개 중소형 주식일 가능성이 높은) 이런 기업을 발굴할 의미가 없기 때문이다.

버핏의 이 말을 다르게 보면, 미국 외에 그레이엄의 투자법을 활용할 만한 나라가 있을 수 있고, 투자 규모가 작은 개인 자금이라면 유효하다고 볼 수 있다. 한때 버크셔 자금으로 포스코에 투자했고, 2007년 개인 자금으로 매우 싼 우리나라 주식 여러 종목에 투자했다고 밝혔다. 개인 자금은 여전히 그레이엄 스타일의 기업에 투자하고 있다는 뉘앙스를 풍긴다.

아래 2018년 버크셔 주주총회에서 주주의 질의에 대한 버핏과 멍거의 답변을 통해 이를 확인할 수 있다.

멍거: 벤저민 그레이엄은 관습에 얽매이지 않는 탁월한 스승이었습니다. 덕분에 버핏은 가만 앉아서도 거액을 벌 수 있다는 사실을 깨달았습니다. 그러나 이 기법이 어느 상황에서나 항상 통하지는 않는다는 사실도 알았습니다. 그레이엄

은 운이 좋아서 순운전자본 3분의 1 가격에 주식을 살 수 있었습니다. 하지만 이후 상황이 바뀐 탓에 버핏은 다른 기법을 배워야 했습니다. 오래도록 살아갈 사람이라면 계속 배워야 합니다. 이전에 배운 것으로는 부족하기 때문입니다.

버핏: 그레이엄은 운용자산이 1,200만 달러에 불과했으며 더 늘릴 수 없었습니다. 그러나 그는 큰 부자가 될 생각이 없었으므로 신경 쓰지 않았습니다. 《현명한 투자자》 8장은 주식을 기업의 일부로 보게 해주고 20장은 안전마진을 가르쳐주므로 엄청나게 값진 내용인데도 복잡하지 않습니다.

로저 로웬스타인은 《버핏》에서 다음과 같이 평가했다.

많은 증권 전문가가 그레이엄이 죽은 후 버핏이 그레이엄의 투자 방식에서 이탈했다고 말한다. 물론 버핏은 확실히 진화했다. 그는 찰리 멍거와 필립 피셔의 영향을 받았는데, 그들은 통계적으로 저렴한 것과 달리 경영이 잘되고 있는 기업을 강조했다. 나아가 버핏은 자신의 경험에서도 영향을 받았다. 그는 그레이엄보다 좀더 주관적으로 회사를 분석한 덕분에 시즈캔디 같은 기업에서 내재가치를 발견할 수 있었던 것이다. 그레이엄은 그런 기업은 건드릴 생각조차 하지 않았다.

그런데 이러한 이탈은 어쩌면 근본 정신에 더 충실하다는 것을 의미할 수도 있다. 주식에 내재가치가 있다는 아이디어는 교재 내용과 별도로 버핏이 그레이엄에게서 직접 배운 것이었다. 실제로 버핏이 그레이엄의 미스터 마켓이란 우화를 읽지 않았다면, 활황기가 절정일 때 투자조합을 접거나 1974년의 시장 침체기에 다시 투자 세계로 돌아갈 생각은 하지 않았을 것이다.

사실 워런 버핏이 그레이엄으로부터 전수받은 것은 '적절한 기질'이었다. 그것은 가치를 사는 원리, 그레이엄의 안전마진 원리에 심어진 보수주의, 그리고 일상적인 증시 소용돌이로부터의 초연함 등을 말한다.

내가 그레이엄 투자법을 응용한 투자법으로 오랫동안 시장을 이기고 있지만, 우리나라 증시에는 여전히 그레이엄을 만족시킬 수 있는 주식들이 수두룩하다고 본다. 거대한 자금을 운용하는 버핏이 필립 피셔 스타일의 투자로 바뀌었다고 해서 우리가 무조건 추종할 필요는 없다. 충분히 싸게 거래되는 주식을 사서 보유한다면 피셔의 말씀처럼 편안하게 잠잘 수 있는 투자가 가능하다.

그레이엄이 만든
숙향의 투자와 삶

그그서 주주총회에서 워런 버핏은 자신과 그의 스승인 벤저민 그레이엄의 투자수익률을 비교해달라는 주주의 질문에 대해 다음과 같이 대답했다.

나는 투자를 그레이엄보다 더 즐겼습니다. 적어도 내가 알기로 그레이엄은 투자 업무를 최우선으로 여기지 않았습니다. 그레이엄이 투자보다 더 관심을 기울인 주제가 아마 10여 개는 될 것입니다. 반면 나는 오로지 투자에만 관심이 있었으므로 내가 투자와 기업에 대해 생각하면서 보낸 시간이 훨씬 많았습니다. 십중팔구 내가 그레이엄보다 기업에 대해 훨씬 많이 알았을 것입니다. 그레이엄은 다른 관심사가 많았지만 나는 투자에만 전념했으므로, 단순히 실적을 비교한다면 적절치 않습니다.

30대 어느 날 문득, 어쩌다 태어난 삶이지만 이왕이면 행복하게 살아야겠다고 생각했다. 그래서 내가 가장 좋아하거나 하고 싶은 일이 뭔지, 그리고 하기 싫은 건 뭔지 곰곰이 따져보았다. 여행, 골프(30대 때는 테니스) 등이 좋아하는 일이었고 남의 지시를 받는 것이 가장 싫은 일이었다. 당장 싫다고 해서 직장을 그만둘 형편은 안 되었기에 이후 내가 꿈꾸는 자유로운 삶을 위해 필요한 돈이 얼마인지 틈만 나면 따져보는 버

릇이 생겼다.

40세가 되던 1999년 말 안정된 직장을 박차고 나온 것은 이제 돈이 준비되었다는 확신이 들어서였다. 1년도 지나지 않아 위기를 맞았다. 자유를 즐길 계획은 잘 만들었지만 자금 조달 계획이 실질적이지 못했던 탓에, 벤처 투자 실패와 동업자의 배신 등으로 가진 돈을 거의 다 잃었다.

경제적으로 바닥에 떨어진 게 2004년 봄이었다. 푹 처져 있던 마음을 다잡고서 내가 나름 소질이 있는 주식시장을 살펴보게 되었다. 배당수익률이 10% 넘는 주식들이 엄청나게 싸게 거래되는, 한마디로 가치투자자에게 최고의 시장이 벌어지고 있었다.

매월 아내에게 주는 생활비를 제외한 돈은 모두 주식을 늘리는 데 사용하는 한편 주식 투자에만 집중하기로 다짐했다. 그리고 관심이 거의 없었던 투자 관련 책들을 찾아 읽기 시작했다. 버핏이 19세에 만난 《현명한 투자자》를 45세에 만났다. 나는 기본적으로 가치투자자였으므로 그의 책으로 말미암아 투자법을 바꾸지는 않지만 큰 자신감을 얻을 수 있었다. 가치투자자의 아버지인 그레이엄을 좀더 알고 싶어 찾은 것이 그가 직접 쓴 회고록 《벤저민 그레이엄》이었다.

그의 투자법과 철학, 가치투자자로서의 자신감을 《현명한 투자자》에서 배웠다면, 《벤저민 그레이엄》에서는 내가 추구하는 삶이 괜찮다는

...가를 받았다. 버핏은 그의 충고를 받아들이지 않았지만 말이다. 버핏이 의뢰해서 제작된 버핏의 전기 《스노볼》에는 그레이엄이 버핏에게 돈에 집착하지 말라고 조언하는 대목이 나온다.

꼭 기억해두게. 자네나 나나 인생에서 돈은 중요하지 않다네. 우리는 매일 함께 식당에서 점심을 먹고 일하면서 잘 지내고 있지 않는가?

또한 회사에서 버핏이 애널리스트로서 두각을 나타내기 시작하자, 그레이엄은 버핏을 댄스 교습소에 등록시켜주었고, 댄스를 배우는지 확인하려고 교습소까지 따라가기도 했다고 한다. 그레이엄은 61세에 비교적 빨리 은퇴한 다음 20년간 세계 여행을 하는 등 여유로운 생활을 즐겼지만, 버핏은 그레이엄의 충고를 받아들여 인생을 즐기기보다는 세계 최대의 부자가 되는 길을 택했다.

나는 60세가 된 지금까지 직장에 매여 있다. 다행히 엄청난 시행착오를 겪으면서 다져진 내공과 2004년 이후 주식 투자로 불린 재산을 갖고서 은퇴를 기다리고 있다. 60세에 은퇴하려다 1년이 늦어졌다는 그레이엄처럼 나도 올해 초 결심했던 은퇴를 미룰 수밖에 없었는데, 61세가 되는 내년이면 가능하리라 믿는다.

주식 투자가 세상에서 가장 재미있는 일이라...

...는 워런 버핏 같은 투자자가 있고, 엄청난 복리 액을 설정하고서 이를 달성하기 위해 투자에 몰두하는 투자자들도 있다. 하지만 나는 행복한 삶을 위해 여행, 독서 등 가장 좋아하는 일이 따로 있기 때문에 투자에 너무 많은 시간을 할애하고 싶지 않다. 그런 나를 위해 그레이엄이 가르쳐 준 현명한 투자법이 있다. 바로 시간의 테스트를 통과한 투자법, 싼 주식을 사서 넉넉한 배당금을 받아 생활하면서 그 주식이 제 가치에 도달할 때까지 기다리는 여유로운 투자법 말이다.

대부분 동의하리라 믿지만, 나는 행복하게 사는 것이 삶의 목적이고 돈은 그런 삶을 위한 수단일 뿐이라고 생각한다. 주식 투자는 자본소득에만 의지해야 하는 은퇴자의 풍요로운 삶을 위해 안정적이면서 높은 수익률을 올려주는 수단이다. 경험이 쌓이면 일정 투자금으로 일정액의 수입을 얻으리라고 예측할 수 있다. 달리 말해서, 다른 수입 없이 자본소득만으로 경제적 어려움 없이 원하는 대로 살 수 있다는 자신감이 생긴다.

언젠가는 버핏이 그랬듯이 나도 투자 스타일을 바꿔야 할 시기가 오겠지만, 우리나라 주식시장의 여건을 보면 앞으로 한참 동안은 그레이엄의 단순한 투자법으로 충분한 수익을 얻을 수 있을 거라고 생각한다. 하루라도 빨리 많은 분이 동참하길 바란다. ☻

참고문헌
1. **증권분석**, 벤저민 그레이엄, 데이비드 도드 지음, 이건 옮김, 리딩리더, 2012
2. **현명한 투자자**, 벤저민 그레이엄 지음, 김수진 옮김, 국일증권경제연구소, 2016
3. **벤저민 그레이엄**, 벤저민 그레이엄 지음, 김상우 옮김, 굿모닝북스, 2004
4. **벤저민 그레이엄의 증권분석읽기**, 벤저민 그레이엄 지음, 이은주 옮김, 리딩리더, 2010
5. **벤저민 그레이엄의 투자강의**, 자넷 로우 지음, 박진곤 옮김, 국일증권경제연구소, 2009
6. **버핏**, 로저 로웬스타인 지음, 김기준, 김병숙 옮김, 리더스북, 2009
7. **스노볼**, 앨리스 슈뢰더 지음, 이경식 옮김, 랜덤하우스코리아, 2009

8. **의장! 이의 있습니다**, 제프 그램 지음, 이건, 오인석, 서태준 옮김, 에프엔미디어, 2017
9. **워런 버핏 라이브**, 대니얼 피컷, 코리 렌 지음, 이건 옮김, 에프엔미디어, 2019
10. **워런 버핏 바이블**, 워런 버핏, 리처드 코너스 지음, 이건 옮김, 에프엔미디어, 2017
11. **위대한 기업에 투자하라**, 필립 피셔 지음, 박정태 옮김, 굿모닝북스, 2005
12. **보수적인 투자자는 마음이 편하다**, 필립 피셔 지음, 박정태 옮김, 굿모닝북스, 2005
13. **이기는 투자**, 피터 린치, 존 로스차일드 지음, 권성희 옮김, 흐름출판, 1993
14. **월가의 영웅**, 피터 린치, 존 로스차일드 지음, 이건 옮김, 국일증권경제연구소, 2009

글 숙향

은퇴를 앞둔 직장인 투자자로 1985년 주식 투자에 입문한 이후 꾸준하게 수익을 올리고 있다. 최근 13년간 연평균 22.6%라는 놀라운 수익률을 달성하고 있으며 투자한 주식에서 들어올 배당금으로 경제적으로 안정된 은퇴 후의 삶을 준비하고 있다.

초보도 손쉽게,
그레이엄의 계량투자

강환국

벤저민 그레이엄은 자신의 투자 이론을 대중에게 가르치는 일에 열심이었다. 그가 대중에게 교육한 투자 전략은 '완전한 계량화'에 맞춰졌다. 그는 "정량적 요소들은 정성적 요소보다 분석하기 훨씬 쉽다"고 그 이유를 설명했다. 그레이엄의 여러 투자 전략을 과거 기간에 대해 시뮬레이션 해보면 수익률이 높게 나타난다. 예를 들어 NCAV 전략을 한국에 적용한 결과 실질 수익률이 20%로 추정되어, 같은 기간 코스피의 7.4%를 크게 웃돌았다.

나는 15년에 걸쳐 투자 서적 수백 권과 그 이상의 논문을 읽었고, 셀 수 없이 많은 투자자들의 이야기를 접했다. 그중에서 벤저민 그레이엄이 가장 신기한 존재라고 확신한다.

그레이엄 전에는 이렇다 할 만한 투자 이론이 없었고, 유명한 투자 서적이라고는 제시 리버모어라는 트레이더의 삶과 투자철학을 소개한《어느 주식투자자의 회상》, 해밀턴이 쓴 《다우이론》 정도뿐이었다. 게다가 이들 책은 모멘텀, 추세 및 차트 투자를 다뤘다. 그레이엄이 등장하기 전에는 펀더멘털 투자 이론을 서술한 사람이 아무도 없었다.

그레이엄은 '완벽한 무'였던 이 분야에《증권분석》과《현명한 투자자》라는 불멸의 서적을 통해 가치투자라는 투자 이론을 홀로 설립했다. 인류 역사에서 보기 드문, 완전한 무에서 유를 창조한 사례다.

《증권분석》과《현명한 투자자》는 워런 버핏의 '인생 책'이다. 버핏은 이 두 권을 각각 네 번 이상 읽었다고 말했다. '천하의 버핏이 네 번 읽었다는데'라는 생각에 나는 두 책을 거의 10년에 걸쳐서 다섯 번씩 읽었다.

매번 감회가 새로웠지만, 가장 놀라운 점은 그레이엄이 "싸게 사고 비싸게 팔아라" 등 추상적으로 제안한 것이 아니라 매우 구체적이고 실무적으로 투자를 설명하고 누구나 따라 할 수 있는 구체적인 투자 방법까지 제안했다는 점이다. 그런데도 반박하거나 틀렸다고 지적할 수 있는 내용이 거의 없었다. 두 책은 수십 년이 지난 21세기에도 투자 교과서로 전혀 손색이 없다.

책에 소개된 투자 전략으로 아직도 주식시장에서 초과수익을 벌어들일 수 있다. 두 책은 완벽에 가깝다고 극찬하고 싶은 투자 서적이다. 석기 시대 사람이 달을 바라보다가 영감을 받아서 로켓을 만들고 달에 다녀오는 데 성공했으며, 우리가 여전히 그의 이론을 써서 로켓을 만든다고 하면 믿어지는가? 나는 그레이엄의 업적이 거의 그 수준이라고 평가한다.

쉽고 객관적이고
- 계량투자의 장점

흔히 그레이엄이 정량적, 버핏이 정성적 투자를 창시했다고 알려져 있는데 이는 사실과 다르다. 그레이엄은《증권분석》에서 기업의 정성적 평가를 매우 중요시하고, 버핏이 중요하게 여기는 경영진, 산업 분석, 예측 가능성 등을 평가해야 한다고 여러 번 강조했다. 나는 그레이엄이 가치투자에 대한 거의 모든 이론을 만들었고, 그가 대학 수업에서 유일하게 A⁺를 준 우수 학생인 버핏이 그레이엄의 이론을 가장 잘 실천했다고 평가한다.

그레이엄과 버핏은 투자를 바라보는 관점이 판이했다. 버핏은 사업가 및 투자자 기질을 발휘해 자산을 끊임없이 축적함으로써 세계 10위 안에 드는 대기업의 회장이 된 반면, 그레이엄은 돈에 큰 관심이 없었다. 대신 자신의 투자 이론을 통해 대중을 계몽하는 일에 더 큰 보람을 느꼈다. 그러나 예나 지금이나 대중에게 투자, 특히 당장 활용할 수 있는 투자 전략을 가르치는 일이 쉬울 리가 있겠는가. 그레이엄은 해답을 '투자 전략의 완전한 계량화'에서 찾았다. 그리고 그 이유를 다음과 같이 설명했다.

"간단히 말하면 정량적 요소들은 정성적 요소보다 분석하기 훨씬 쉽다. 분석해야 하는 정량적 요소의 수가 적은 장점이 있고, 관련 데이터를 얻기도 쉽고, 명확하고 신뢰할 수 있는 결론을 내리기에도 적합하다. 또한 재무제표 데이터 안에 정성적인 요소의 상당 부분이 녹아 있어서, 정성적 요소를 상세하게 연구해도 분석가에게 중요한 새로운 정보를 주지 않을 경우가 많다."

이런 발상의 전환을 통해 그레이엄은 정량적 요소만 고려해 투자하는 '계량투자'를 창시한 것이다.

계량투자의 큰 장점은 무엇인가?

첫째, 매수, 매도, 보유 기간, 종목 수 등 투자에 필요한 모든 정보를 계량화·객관화해서 투자 전략을 수학 공식처럼 만듦으로써 초보 투자자도 따라 할 수 있다.

둘째, 투자 방법이 객관적이어서 "이 전략으로 과거에 투자했으면 어느 정도의 수익을 내고, 어느 정도의 리스크를 감수하고, 최악의 순간에 어느 정도 잃고, 이를 극복하고 다시 수익을 내는 데 어느 정도 걸렸는가" 등의 질문에 답할 수 있다. 이렇게 과거에 대해 시뮬레이션하는 것을 '백테스트(backtest)'라고 한다.

셋째, 인간의 심리가 투자에 상당한 악영향을 미칠 수 있다는 점은 주식 투자를 조금이라도 해본 사람은 다 알 것이다. 계량투자 전략은 투자 판단을 간소화하고 인간 심리의 역할을 최소화한다. 그냥 따라 하기만 하면 심리가 개입할 여지가 별로 없다.

21세기에도 활용 가능한 그레이엄의 투자 전략

그럼 이제부터 그레이엄이 남긴, 투자자들이 구체적으로 활용할 수 있는 전략 몇 가지를 분석해보겠다.

저평가 우량주 전략

그레이엄의 투자 전략 중 가장 유명한 전략은 《현명한 투자자》 14장에 나오는 '방어적 투자자를 위한 주식 투자 전략'이 아닌가 싶다.

그레이엄은 구체적으로 '저평가 우량주'를 선별하는 방법을 아래와 같이 공개한다.

- 중대형주에만 투자: 매출액이 1억 달러 이상 기업에만 투자
  - 인플레이션을 감안하면 매출액이 7억 달러(약 7,500억 원) 이상의 기업에만 투자
- 탄탄한 재무제표: 유동 비율(유동자산/유동부채) 2 이상, 장기부채가 운전자본(유동자산-유동부채) 미만
- 최근 10년간 흑자 지속
- 최근 20년간 배당 지속
- 최근 10년간 주당순이익이 최소 33% 증가
- PER 15 이하
- PBR 1.5 이하
  - PBR × PER 22.5 이하일 경우 PER 15 이상, PBR 1.5 이상일 수 있음

실제로 이 전략으로 미국에서 투자했으면 어느 정도의 수익을 벌 수 있었는지 백테스트를 한 사람들도 있다. 2014년 발표한 '투자가 복잡해지면 수익이 오르나? 1963-2013년 AAII 가치투자 전략들'이라는 논문에서 그레이, 보겔, 수(Gray, Vogel, Xu)는 그레이엄의 전략을 백테스트했다. 분석 결과 1963~2013년 50년간 꾸준히 실행했다면 14.7%의 복리수익을 벌 수 있었다. 1950년대부터 널리 알려진 전략으로 계속 초과수익을 낼 수 있었던 것이다. 구간별로 보면

1963~1980년 12.7%, 1980~1996년 15.7%, 1997~2013년 15.8%로 시간이 흐를수록 오히려 높아졌다. 베스트셀러 《현명한 투자자》를 통해 알려진 지 60년이 넘었는데도 전략의 초과수익은 전혀 줄지 않았다.

그레이엄의 마지막 선물

저평가 우량주 전략은 수익이 높지만 개인 투자자는 이 전략에 적합한 주식을 찾아내기가 힘들 수 있다. 그걸 알았는지 그레이엄은 타계하기 직전인 1976년 인터뷰에서 "장기적으로 15% 정도, 다우존스 지수보다 2배 정도를 벌 수 있는 전략이 있다"며 큰 선물을 남겼다.

그레이엄의 마지막 선물은 다음과 같은 전략이다.

1. PER 10 이하
2. 부채 비율 50% 이하
3. 매수 후 주가가 50% 상승하면 매도, 상승하지 못하면 매수 2년 후 매도

더 이상 간단할 수 없다. 그런데 이런 장난 같은 투자 전략으로 설마 정말 복리 15%를 벌 수 있었을까? '저평가 우량주 전략'을 백테스트한 웨슬리 그레이(Wesley Gray) 박사는 이 전략도 백테스트했고, 토비아스 칼라일과 공동 저술한 《Quantitative Value(계량 가치투자)》라는 책에 1976~2011년 백테스트 내용을 공개했다. 결

과는 상당히 놀라웠다. 그레이엄 전략에 맞는 주식에 투자했다면 15%가 아니라 17.8%를 벌 수 있었다. 같은 기간 S&P500의 수익률 11.1%를 크게 능가하는 수준이다.

나도 이 결과가 믿어지지 않아서 한국 시장에서 백테스트하고 졸저《할 수 있다! 퀀트 투자》에 공개했는데, 2002~2016년 복리수익률이 놀랍게도 약 15%였다. 그레이엄이 추측한 기대수익과 거의 일치했고, 같은 기간의 코스피 수익률 6.3%를 크게 능가했다.

개인 투자자에게 특화된 NCAV 투자

마지막으로 개인 투자자에게 특화된, 그레이엄의 불멸의 전략인 'NCAV(Net Current Asset Value)' 전략을 소개한다. 나도 10여 년 전부터 이 전략을 활용해서 상당히 큰 수익을 거두었기 때문에 애착이 매우 강하다.

이 전략의 규칙은 다음과 같다

1. 기업의 청산가치 계산: 청산가치 = 유동자산 - 총부채
2. 청산가치 > 시가총액 × 1.5
3. 2번 조건을 충족한 기업 중 흑자 기업(전년 당기순이익 > 0)만 매수

여기까지 읽으면 다음과 같은 생각이 들어야 정상이다.

"잠깐. 어떻게 기업의 청산가치가 시가총액보다 50%나 클 수 있지? 비합리적이야. 정말 그렇다면 시가총액에 해당하는 금액으로 주식을 다 사서 청산하면 당장 돈을 벌 수 있잖아."

기업의 시가총액이 청산가치보다 낮은 것은 매우 비합리적이지만, 실제로 주식시장에는 저런 주식이 종종 있다.

그레이엄은 이 전략에 투자해서 복리 20%를 벌었다고 서술했고, 헨리 오펜하이머(Henry Oppenheimer)는 1970~1983년 NCAV 전략의 연평균 수익률이 29.4%, 토비아스 칼라일은 1983~2008년 수익률이 연 30%가 넘었다는 논문을 발표했다.《주식시장을 이기는 작은 책》을 써서 우리에게 '마법공식'을 선물한 조엘 그린블라트도 석사 논문에서 NCAV 전략을 분석했다.

나도 한국에서 이 전략이 통하는지 백테스트를 해보았다. '청산가치 > 시가총액 × 1.5'라는 조건을 충족하는 주식이 별로 없어서 '청산가치 > 시가총액'으로 완화하고, 2001년 7월부터 2019년 3월 31일까지 연 1회 리밸런싱 기준으로 진행했다.

이 전략의 복리수익률은 18.3%였는데, 배당수익과 거래비용은 포함하지 않았다. 기본적으로 NCAV 주식들은 저평가되어 배당수익이 높은 편이다. 따라서 실질 수익률은 20%가 약간 넘는 것으로 추정된다. 동 구간 코스피의 7.4%

를 크게 웃돌았다.

물론 NCAV 주식들을 사들이면 예금처럼 안전하게 매년 20%를 버는 것은 아니다. 전략은 2002~2004년, 2008~2010년, 2017~2019년 구간에서 손실을 보았고, 특히 2017년 7월 이후 25% 이상 하락하고 있다. 또한 1년 보유 기간 동안 0 이상의 수익을 낸 기업이 54.9%밖에 안 된다.

이렇게 NCAV 전략이 주춤한 구간도 분명 있지만, 장기적으로 잘 통하는 구간이 안 통하는 구간보다 많고, 가끔 5배, 10배 오르는 주식이 나와서 18년간 복리 20%라는 놀라운 수익률을

벌어들인 것이다. 이것을 보면 NCAV 전략을 활용할 때 분산 투자가 필수임을 알 수 있다.

버핏도 한국에서는
계량투자만 했다

버핏이 초창기에는 그레이엄을 본받아 저PER, 저PBR 및 NCAV 주식으로 엄청난 돈을 번 사실은 잘 알려져 있다. 1950년대에 거둔 수익률은 경이적으로 높았고, 1957~68년 버핏 투자 조합(헤지펀드)을 운영하면서 벌어들인 복리수익도 자그마치 31.6%다.

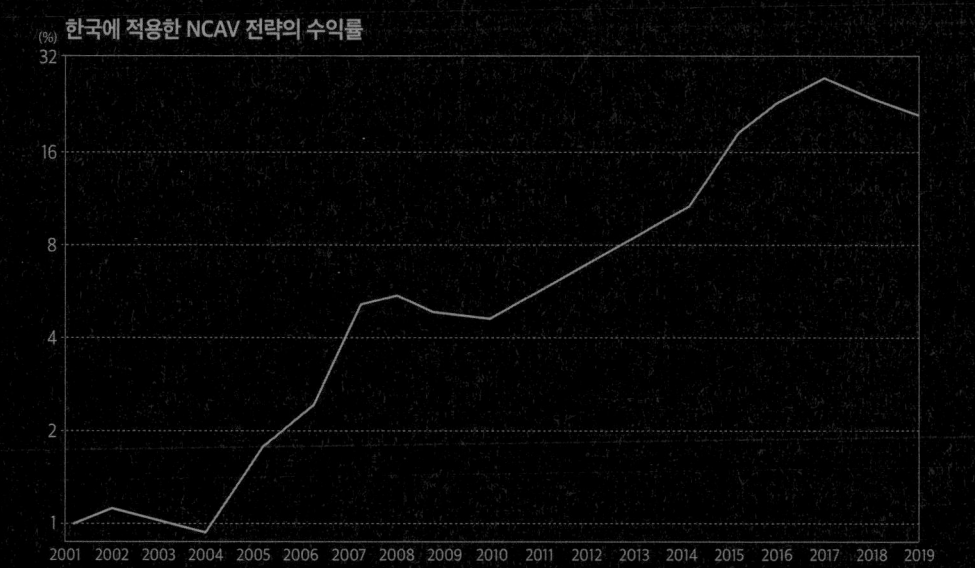

한국에 적용한 NCAV 전략의 수익률

문제는 1960년대 말 버핏이 운영하는 자산이 급증하고 미국 주식시장 밸류에이션도 올라서 이런 초저평가 기업을 찾기가 점점 더 어려워졌다는 것이다. 버핏은 어쩔 수 없이 찰리 멍거의 도움을 받아 비계량 요소를 고려하기 시작했고, 그 어려운 비계량 가치투자도 완벽하게 마스터하며 최고의 투자자로 성장했다. 경이적인 수익률을 안겨준 계량투자를 어쩔 수 없이 등지고 가치투자자가 된 것이다.

버핏이 한국에서 열심히 투자한 사례는 그의 자서전 《스노볼》을 통해 잘 알려져 있다. 21세기 초반 버핏은 벌써 전 세계에서 최고의 투자자로 칭송받고 있었으나, 그레이엄에게 배운 간단한 계량투자, 즉 PER과 PBR 등 몇 개 지표만 보고 투자하는 방식이 가장 간단하다는 점을 알았고, 땅 짚고 헤엄치듯이 돈을 벌었던 1950~60년대를 그리워했다. 그는 한국 주식이 초저평가되었던 2004년 우연히 <한국 상장기업 매뉴얼>을 접하고 PER과 PBR이 이렇게 낮은 주식이 있다는 사실에 놀라움을 금치 못했다. 그는 나중 인터뷰에서 "1974년 미국 주식시장에 온 것처럼 가슴이 뛰었다"라고 서술했다(1974년 미국 주식시장이 대폭락해서 수많은 주식이 저평가되었다).

그는 한국에 어떻게 투자했을까? 그는 기본적으로 미국 밖의 세상에 관심이 없는 할아버지다. 한국 경제, 금융, 사회, 정치, 문화에 대한 이해

도가 매우 떨어질 수밖에 없다. 피터 린치는 미군 소위로 한국에서 13개월을 보냈으나 버핏은 2004년까지 한국을 방문한 적이 없었다. 그런데 어떻게 투자했을까? 해답은 '그레이엄의 계량투자'였다. PER 2~3, 부채 비율이 낮은 종목 20개를 쓸어 담은 것이다. 조금 전 소개한 '그레이엄의 마지막 선물' 전략과 매우 흡사하지 않은가. 4시간 연구해서 개인 돈 약 1억 달러를 이 방식으로 투자했다고 한다.

버핏은 집중 투자로 유명한데 왜 20개 종목을 샀을까? 그는 한국 기업의 정성적인 정보를 접할 수 없었으므로, 부채가 적은 초저평가 기업 중 일부 경영진이 사기꾼일 것에 대비해 분산 투자를 했다고 설명했다. 버핏의 말을 직접 들어보자.

"이런 주식을 사면 무조건 돈을 번다. 이런 식으로 20개 주식을 사면 그중 1, 2개 주식의 수익은 별로일 수도 있으나, 나머지 주식들이 이를 충분히 만회할 것이다."

참고로 2004년 6월부터 2007년 6월까지 한국 NCAV 주식에 투자했다면 3년간 각각 92%, 46%, 97%라는 경이적인 수익을 거둘 수 있었다. 원금이 3년 만에 5.5배가 된 것이다. 버핏의 1억 달러도 5.5배 정도는 되지 않았을까? 그는 투자 능력이 훨씬 뛰어나니 NCAV 주식 중에서도 훌륭한 주식들을 선별해 더 벌었을 수도 있다. 4시간 투자해서 시급 1억 달러를 번 셈이다.

계량투자,
일반인도 하기 쉽다

버핏은 몸소 한국에 개인 자금을 투입해서 그레이엄의 계량투자 방식이 통할 수 있다는 것을 검증했다. 물론 계량투자 말고도 성공할 수 있는 투자 전략들이 많다. 그러나 계량투자가 유망한 투자 전략인 것도 틀림없다. 그레이엄의 투자를 한국에서 실현해보시라.

최근에는 세상이 많이 좋아져서 아마추어 투자자들도 직접 백테스트를 하고 관련 계량 지표를 손쉽게 추출할 수 있다. 퀀트킹(cafe.naver.com/quantking)에서는 매일 계량투자에 필요한 모든 데이터를 엑셀 파일로 업데이트한다. NCAV 전략, 그레이엄의 마지막 선물 전략에 적합한 기업을 찾기가 정말 쉬워졌다. 또 나는 책을 쓰기 위한 백테스트를 엑셀로 직접 했지만, 요즘은 그럴 필요가 전혀 없다. 뉴지스탁(newsystock.com)을 이용하면 주식시장의 모든 요소를 활용해서 백테스트를 진행할 수 있다. 그레이엄은 <무디 매뉴얼>을 보면서 PBR와 PER 데이터를 추출해야 했으나, 우리는 클릭 몇 번 만에 필요한 데이터를 모두 받을 수 있다. 얼마나 편한 세상인가! 🐨

글 강환국

재무 지표로
10% 추린 뒤
엄선 또 엄선

장홍래

'큰 수익' 대신 향후 5~10년 동안 합리적으로 예측할 수 있는 '확실한 중간 수익'을 얻는 방법이 있을까? 장홍래 정음에셋 대표의 5단계 투자법을 소개한다. 1단계는 투자 대상을 경제적 해자 측면에서 분석하고 2단계는 재무적인 기준으로 검토한다. 두 단계에서 90%가 걸러진다. 3단계에서 가치를 평가하고 4단계에서 매수 가격을 책정한다. 마지막 단계에서 매수 여부를 결정한다. 이 방법으로 삼성전자를 분석해보자.

2016년 초 이후 필자가 대표 파트너로 일해온 정음에셋의 자기자본 직접 투자 금액이 최근 187억 원이 되었다. 삼성전자의 투자 분석 사례를 통해 필자의 실제 투자 과정을 공유한다. CCR을 비롯한 용어들의 설명은 글 뒤에 모아놓았다.

투자 과정 5단계

1단계: 투자 대상, 즉 기업, 경쟁 기업, 산업 및 경제적 해자를 이해한다.

2단계: 정량 기준으로 이익신뢰성, 자산신뢰성, 재무안정성을 필터링한다. 체크하는 항목은 다음과 같다.

- 이익신뢰성: 영업현금흐름/이익 배수(CCR) 1 이상
- 자산신뢰성: 현금/자산 비율(CAR) 10% 이상, 무형자산/자산 비율(IAR) 5% 미만
- 재무안정성: 부채 비율 50% 미만

2단계가 투자 과정의 핵심으로, 1단계와 2단계에서 기업의 90% 이상이 제거된다.

3단계: 가치 평가(Valuation)는 미래 ROE를 계산해서 미래 채권 이자율을 결정하는 과정이다. 최소 5년 동안 ROE 10% 이상 유지한 기업만 대상으로 하고 과거 5년 이상 회계 재무 자료, 현재와 경쟁우위(해자)를 감안해 향후 5~10년 ROE를 추정한다. 미래 ROE를 합리적으로 추정할 수 있는 예금성·채권성 기업은 전 세계 상장기업 중 1% 미만이다.

4단계: 매수 가격 책정(Pricing)은 ROE에 상응하는 PER을 부여하는 과정이다. 해당 기업의 ROE가 세계 최고의 기업 집단인 S&500의 평균 ROE를 초과하는 정도에 비례해 PER을 부여하는 것이다. 이때 보수적으로 계산하기 위해 모든 계산에서 소수점 이하는 삭제했다.

예를 들어 전체 주식시장 기대수익률이 6%이고 해당 기업의 ROE가 25%라고 하자. PER은 기대수익률의 역수이므로, 기대수익률 6%는 PER 16으로 환산된다(1/0.06=16).

· 시장 PER 16×(해당 기업의 ROE 25%/S&P500 평균 ROE 15%) = 26
· PER 26(합리적 매수 가격)±10% = PER 24~28(합리적 매수 가격 범위)

5단계: 계산한 매수 가격 PER과 현재 PER을 비교해서 매수 여부를 결정한다. 현재 PER 30은 합리적 매수 가격 26과 비교하면 안전마진이 없다. 따라서 지금 매수하지 않고 합리적 매수 가격 범위에 들어올 때까지 기다린다.

매수한 기업은 사업 동반자이므로 일희일비하지 않고 자신의 투자 원칙을 위반하지 않는 한 끝까지 함께해 복리 혜택을 누린다.

필자의 원칙은 투자 원금을 절대 잃지 않는 것이다. 따라서 섬세한 필터링으로 투자 대상의 90% 이상을 버리고 큰 수익 대신 향후 5~10년을 합리적으로 예측할 수 있는 확실한 중간 수익을 추구한다. 위의 투자 과정을 삼성전자 분석에 적용하겠다.

투자 분석 사례(삼성전자)

1단계: 삼성전자, 경쟁 기업 애플, 화웨이 및 경영자 공부

삼성전자는 경제적 해자가 95점으로 매우 깊고 넓다.

2단계: 영업현금흐름/이익 배수(CCR) 1 이상, 현금/자산 비율(CAR) 10% 이상, 무형자산/자산 비율(IAR) 5% 미만, 부채 비율 10% 미만

이익신뢰성, 자산신뢰성, 재무안정성의 3단계 필터링을 여유 있게 통과했고 경제적 해자가 깊고 넓으므로 미래 이익이 지속될 확률이 높다.

3단계: 가치 평가 = 미래 ROE 10%

20년 전부터 현재까지 일관되게 강력한 경쟁우위를 축적했으므로 향후 ROE는 10%로 책정했다. 배당 성향 20%를 감안하면 5~10년간 연 9% 복리 채권 기업이다.

4단계: 매수 가격 책정 = PER 10

· 시장 PER 16×(삼성 미래 ROE 10%/S&P500 평균 ROE 15%) = 10

· PER 10(합리적 매수 가격)±10% = PER 9~11(합리적 매수 가격 범위)

매수 가격을 책정하는 기준은 회계상 이익이 아니라 현금흐름이다. 삼성전자는 이익과 현금흐름이 일치한다. 명품 기업만의 특징이다.

삼성전자의 이익, 현금흐름, 주가

--- 당기순이익　—— 영업현금흐름　—— 주가

자료: 모닝스타, 정음에셋

삼성전자의 CCR

2010	2011	2012	2013	2014	2015	2016	2017
1.5	1.6	1.6	1.5	1.5	2.2	2.1	1.5

5단계: 매수 여부 결정 = 매수 가능

필자가 계산한 합리적 매수 가격은 PER 10이고, 2019년 3월 주가 수준의 PER는 7이다. 현재 안전마진이 30% 이상이어서 매수 가능하다.

과거와 현재 추세를 보면 향후에도 ROE 10%(채권 이자율 8~9%) 전후가 예상되므로 합리적 매수 가격 범위에서 매수하면 투자자는 향후 7년 전후해서 수익률(주가 기준) 100% 실현이 가능하다.

삼성전자는 이익과 현금흐름(내재가치)과 주가가 완벽하게 동반하는 아름다운 그래프를 보인다. 신뢰성 있고 지속적인 이익 증가만이 주가 상승으로 투자자에게 보

도시바의 이익, 현금흐름, 주가

- - - 당기순이익　　── 영업현금흐름　　── 주가

도시바의 CCR

	2012	2013	2014	2015	2016	2017	2018
영업현금흐름/이익	4.8	1.7	4.7	-8.6	0.001	-0.3	-0.05
잉여현금흐름/이익	0.05	-2.1	0.5	-1.1	0.6	0.04	-0.2

답한다. 이런 모습을 보이는 기업은 글로벌 상장기업 중 0.1% 미만이다. 도시바의 불규칙한 그래프와 CCR을 보면 삼성전자의 뛰어난 이익신뢰성을 알 수 있다.

　도시바는 2007년 이후 이익과 영업현금흐름의 괴리가 커서 이익의 신뢰성이 매우 낮다는 것을 보여준다. 심지어 2015년 도시바의 회계 분식 숫자를 조정한 그래프인데도 그렇다. 투자자에게 큰 손실을 입히는 전형적인 형태인, 손실을 일시에 계상하는 빅배스(big bath)도 주기적으로 하고 있다. 주가를 결정하는 중요한 요소는 내재가치인 현금흐름이다. 도시바는 2007년부터 이익과 내재가치(현금흐름)의 신뢰성과 예측 가능성이 없기에 투자 대상 자체가 될 수가 없다. 삼성전자와 비교하면 우량 기업과 불량 기업을 명확하게 구별할 수 있다.

이익 및 자산 신뢰성×장기 현금흐름 증가 = 주가 장기 우상향

삼성전자는 당기순이익과 현금흐름이 일치해 이익의 장기 신뢰성이 매우 좋고, 주가도 현금흐름에 수렴하는 것을 알 수 있다. 그래프에서 영업현금흐름과 잉여현금흐름의 차이는 자본적 지출(투자)에 기인한 것으로, 대단위 투자가 지속적으로 이루어지고 있다는 뜻이다. 엄밀하게 보면 잉여현금흐름(버핏의 주주 이익과 같은 개념)에 주가가 수렴한다. 이렇게 신뢰성 있는 패턴을 보이는 기업에 투자하면 투자 원금의 손실 확률을 확실히 낮출 수 있다.

아래 표를 보면 '관리의 삼성'이라는 말이 숫자로 확인된다. 2018년 일시적 증가를 제외하면 재고자산회전일수(50~60일)와 현금전환일수(70~80일)가 지속적이고 체계적으로 관리되는 것을 알 수 있다. 이러한 관리 수준은 글로벌 다국적 기업 중에서도 소수만 갖고 있다. 관리되는 기업에 투자하면 원금의 손실 확률은 확연히 줄어든다. 단, 재고자산회전율이 5년 이상 하락하고 있어서 향후 현금흐름도 하락할 가능성이 있다. 주가는 현금흐름에 수렴하므로 재고자산회전율과 현금전환일수를 계속 관찰해야 한다. ROE와 ROIC도 경쟁사인 도시바, 소니, 샤오미보다 월등히

삼성전자의 핵심 재무 지표

회계연도	2013	2014	2015	2016	2017	2018
주당 잉여현금흐름	3,000.05	1,805.01	1,705.28	3,124.58	3,035.70	6,105.90
주당 영업현금흐름	6,196.06	4,904.48	5,387.87	6,670.89	10,263.49	11,227.28
ROE(%)	22.80	15.06	11.16	12.48	18.46	17.25
ROA(%)	15.09	10.39	7.91	8.89	14.66	13.69
ROIC(%)	22.50	13.88	11.97	12.83	21.65	20.00
부채 비율(%)	7.7	6.9	7.5	8.2	9.1	6.1
재고자산회전일수	48.88	51.86	53.4	56.39	61.17	74.39
현금전환일수	66.40	73.05	80.89	80.61	77.73	101.72
재고자산회전율	7.47	7.04	6.84	6.47	5.97	4.91

앞서서 경제적 부가가치(초과수익력)를 창출하고 있다. 이런 지속적인 초과수익력은 삼성전자 내에 강력한 무형자산이 존재할 때만 가능한 현상이다. 경쟁사들은 ROIC 가 10% 미만으로 수익성이 자본 조달 비용에 못 미쳐 사회가 자원을 배분할 가능 성이 낮아지고 결국 투자자 손실로 이어지게 된다. 삼성은 부채 비율도 9% 미만으로 10년 이상 안정적으로 관리되고 있다.

삼성전자 수준으로 관리되는 기업은 애플

시간과 자본을 많이 투자해야 '관리 체계'라는 지적 자산이 축적되고 기업에 DNA 로 심어진다. 재고자산회전일수, 현금전환일수, 현금흐름, 현금/자산을 경쟁사와 비교하면 어디에 투자해야 하는지 바로 답이 나온다. 핵심 지표인 재고자산회전일수와 현금전환일수가 기업의 현금흐름을 결정하고 주가는 내재가치(현금흐름)에 수렴하므로 현금전환일수가 경쟁사 대비 좋은 삼성전자에 투자하는 것이 맞다.

참고로 삼성전자와 비슷한 수준으로 관리되는 기업은 애플이다. 재고 관리의 아이콘 팀 쿡(Tim Cook)을 통해 애플은 현금이 부족하던 기업에서 세계 최고의 현금부자 기업으로 거듭났다. 스티브 잡스(Steve Jobs)는 제품의 혁명, 팀 쿡은 관리의 혁명을 통해 현금이 있고 양호한 현금흐름이 지속되는 내실을 만든 것이다.

삼성전자가 세계 최고의 기업이지만 최근 몇 년 동안 규모가 성장하는 것과 더불어 재고자산회전일수와 현금전환일수가 길어지고 있다는 점이 아쉽다. 애플 생태계와 비교해도 상대적으로 길다. 지금은 개별 기업 간 경쟁보다 생태계 간 경쟁이라는 측면에서 생태계의 재고 관리, 현금전환일수 관리도 필수다.

경쟁사인 LG전자는 삼성전자보다 이익, 현금흐름의 질과 양, 관리가 상대적으로 저조해서 주가 역시 여기에 수렴하고 있다. 이러한 현상의 근본적 원인은 유무형 자산의 질과 양의 상대적 차이다. 자본(현금과 현금흐름)의 질과 양 차이가 축적되어 자산의 질과 양의 차이를 만들고, 이러한 자산의 차이가 다시 이익(현금흐름)의 차이를 만들어내는 인과론적 현상이 계속 발생한다. 이 현상을 깨려면 자본의 생산성을 올리기 위한 선택과 집중, 연결이 필요하다. LG전자는 삼성전자에 비해 수익성은 낮

LG전자의 이익, 현금흐름, 주가

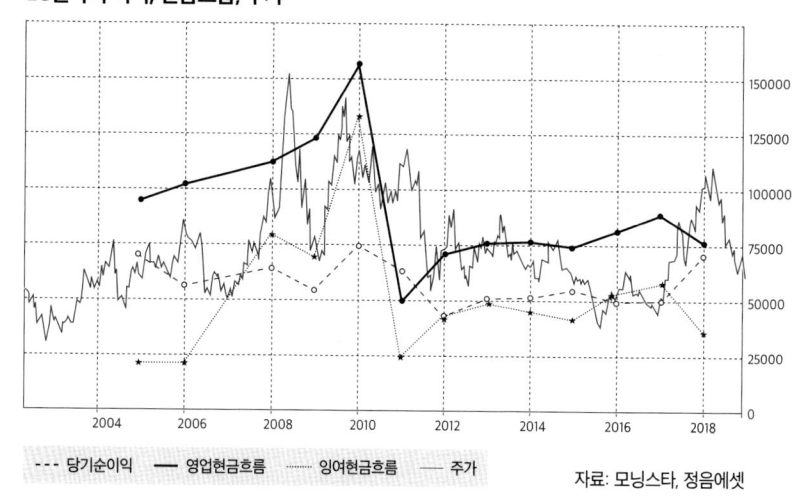

- - - 당기순이익　── 영업현금흐름　········· 잉여현금흐름　── 주가

자료: 모닝스타, 정음에셋

지만, 재고자산회전일수 43일 전후와 현금전환일수 30일 전후로 재고 관리가 뛰어나 재무안정성과 일정한 수익성을 유지하고 있다.

재무 분석과 관련된 투자 용어 해설

자기자본이익률(Return On Equity, ROE)

= 당기순이익/매출 × 매출/자산 × 자산/자기자본

= 이익률 × 회전율 × 레버리지 비율

= 당기순이익/자기자본

사용한 자기자본 대비 창출한 이익(=채권 이자)을 보여주는 자본생산성 핵심 지표다. 듀폰이 관리 지표로 20세기 초에 개발했는데 매우 중요한 투자 분석 툴이니 가장 먼저 연구해야 한다.

ROE는 투자 대상(주식, 부동산, 예금, 채권)에서 얻을 수 있는 수익률의 상한선을 나타낸다. 예금의 ROE가 2%라면 자기자본 100 대비 이익(이자)이 2이고 투자 수익 상한이 2%라는 뜻이다. 주식도 자기자본 100을 투입해서 이익이 2 발생한다면 ROE가 2%다. 단, 주식은 예금·채권과 다르게 이익(이자)이 변동하기 때문에 투자자의 안목이 중요하다. 주식에 투자하는 것은 예금·채권보다 높은 ROE(복리 이자)를 줄 거라고 기대하기 때문이다. 배당이 없고 ROE가 10%인 기업은 투자자에게 연복리 10%를 주는 예금·채권과 같다.

예금·채권과 주식의 또 다른 차이점은 매수 가격이다. 예금과 채권은 기본적으로 사는 순간 가격이 결정된다. 얻는 가치(이자)와 가격이 동시에 확정되는 것이다. 즉 예금 2% 상품에 가입하는 순간 2% 이자를 50배 주고 사는 것이고, 주식으로 말하면 PER 50에 구입히는 것이다. 상대적 확실성이 있으므로 낮은 이자를 감수한다. 확실성과 지불 가격을 교환하는 것이다.

주식은 얻는 가치인 이익(이자)의 불확실성 때문에 매수 가격도 변동이 크다. 미래 ROE가 10%(무배당 가정)인 주식을 PER 10에 구입하면 10% 복리 채권을 산 것과 같다. PER 20에 구입하면 매수 순간에는 5%(1/20) 복리 채권이지만 7년 후에 10% 복리 채권이 된다. 즉, 주식은 기업의 미래 ROE와 투자자의 매수 가격이 투자 수익(미래 ROE/매수 가격)을 결정한다. 따라서 현명한 투자자는 이 두 가지에 집중

가치투자 대가들이 ROE에 주목하는 것은 계산이 되는 투자가 가능하기 때문이다. ROE는 이익률, 회전율, 레버리지 비율의 세 가지 요소로 분해된다. 경쟁우위와 독점성이 있는 기업이면 이 세 요소를 스스로 결정할 수 있다. 기업 대부분은 회전율과 레버리지(부채) 비율을 조정해 자기자본 생산성을 올리고, 현재는 회전율에서 경쟁하고 있다.

한다. 워런 버핏은 일본에 왜 투자하지 않느냐는 질문에 이렇게 답한 적이 있다. "거의 변함없이 ROE 5%인 일본 기업에 투자하면 기대할 수 있는 수익률도 그것뿐이기 때문이다."

가치투자 대가들이 ROE에 주목하는 것은 계산이 되는 투자가 가능하기 때문이다. ROE는 이익률, 회전율, 레버리지 비율의 세 가지 요소로 분해된다. 경쟁우위와 독점성이 있는 기업이면 이 세 요소를 스스로 결정할 수 있다. 기업 대부분은 회전율과 레버리지(부채) 비율을 조정해 자기자본 생산성을 올리고, 현재는 회전율에서 경쟁하고 있다.

투하자본영업이익률(Return On Invested Capital, ROIC)

= 세후영업이익/투하자본

= 세후영업이익/(유이자타인자본 + 자기자본 - 현금 및 현금등가물)

* 계산식에서 현금 및 현금등가물을 제거할 수도 있다.

사업에 직접적으로 투입된 자본 대비 영업이익의 생산성을 보여주며, 주된 사업의 자본생산성을 사용자본영업이익률(ROCE)보다 세밀하게 볼 수 있다. ROE와 상호

보완한다. 이익은 매출에서 영업이익, 당기순이익 하단으로 내려갈수록 희석될 요인이 많기 때문이다. 사회가 기업에 자본을 배분하면서 최소로 요구하는 자본생산성(필수투자수익률, 자본조달비용)보다 ROIC가 낮으면 기업이 도태될 가능성이 크기 때문에 투자 분석에 중요하다. 또한 경쟁 기업들의 ROIC를 장기간 비교하면 어떤 기업이 주된 사업에서 경쟁우위가 있는지 명확히 알 수 있다.

투입된 자본에 ROIC를 곱한 금액에서 사회가 제공한 자본의 대가인 자본조달비용을 제하면 비로소 경제적 부가가치(EVA)가 된다. 이 값이 마이너스이면 그 기업은(공적 기업 제외) 사회 자본을 낭비하는 것이므로, 자연스럽게 사회는 시장 원리에 따라 다른 영역에 자본 배분을 하고 해당 기업은 도태된다. 역사적으로 사회와 투자자가 요구하는 필수최저수익률은 10%다. 이 ROIC는 금리 수준과 산업에 따라 가감할 수 있다.

한국에서는 삼성전자가 거의 유일하게 이 지표를 내부 성과 평가 기준으로 사용한다. 투입 자본×(ROIC - 자본조달비용)을 계산한 다음 이 값의 20%를 직원 성과급으로 지급한다.

버핏이 애용하며 주주서한에서 "ROIC가 100% 넘는 자회사가 몇 개 있는데 이런 기업을 찾을 수 있다면 언제나 상당 부분 자본 배분을 할 것입니다"라고 말했다.

기업의 ROIC가 추세적으로 하락하면 경쟁열위로 진입하는 것으로 보아서 도산의 사전 신호로 활용한다.

영업현금흐름(Operating Cash Flow, OCF): 주된 사업에서 창출하는 현금흐름

= 당기순이익 + 감가상각비 등 현금지출 없는 비용 ± 투자자산처분손익 등

영업현금흐름은 현금주의 기준 현금이익으로, 발생주의로 계산한 손익계산서상 당기순이익과 같다. 영업현금흐름/당기순이익 배수(CCR)가 1 이상으로 유지되는 것이 회계 면에서 당연하다.

OCF와 FCF의 차이가 지속적으로 작다면 장부에 기록되지 않은 무형자산(비법)이 존재하고 상대적으로 고정비용이 적다는 증거다. 따라서 이런 기업이 최우선 투

자 대상이 된다. 버핏도 이런 기업이 자본 배분 1순위 대상이다.

잉여현금흐름(Free Cash Flow, FCF)

= 영업활동현금흐름 - (자본적 지출(CAPEX) + 순운전자본증가액)

* 자본적 지출 대신 감가상각비를 사용할 수도 있다.

현대 기업에서는 유형자산에 대한 자본적 지출 이상으로 무형자산에 대한 투자도 많기 때문에, 영업현금흐름에서 생존과 성장을 위해 반드시 지출하는 비용과 투자 모두를 공제한 것이 더 보수적인 잉여현금흐름이다. 기업이 제약 없이 사용할 수 있는 현금흐름으로, 주가에 직접 영향을 미치지만 기계적으로 주가와 연결하는 것은 바람직하지 않다.

　잉여현금흐름의 정의는 투자자마다 다를 수 있다. 이 개념을 투자에 처음 사용한 사람이 버핏으로, 주주 이익이 거의 같은 개념이다. 예를 들어 개인택시 운전자는 잉여현금흐름 개념을 정확히 사용한다. 월 수입 300만 원에서 월 감가상각비(5년 운행 후 폐차 기준으로 자동차 가격/60개월)와 기름값 등을 제하고 남은 금액을 제약 없이 사용할 수 있는 소득(잉여현금흐름)으로 인식하는 것이다. 상당수 기업은 개념 이해가 부족해서, 당기순이익에 감가상각비를 더한 금액을 현금흐름(내재가치)으로 인식하는 일이 많다. 개인택시 운전자보다 재무지능이 낮다.

　순운전자본 증가는 재고자산이나 외상매출금에 잠긴 현금이 증가했다는 의미이므로 잉여현금흐름이 감소한다.

현금전환배수(Cash Conversion Ratio, CCR)

1) 영업현금흐름/당기순이익

2) 잉여현금흐름/당기순이익

손익계산서상 이익의 신뢰성(진정성, 질)을 가늠하는 매우 중요한 지표다. 이 지표만 잘 사용해도 투자 대상의 90% 이상을 필터링할 수 있다. 글로벌 상장기업 중 버크셔 해서웨이, 삼성전자, 구글, 애플, 디즈니, 마이크로소프트, 마오타이 같은 0.1%

내 기업만이 10년 이상 CCR 1 이상을 유지한다. 참고로 필자 사무실 부근 분식점은 항상 CCR 1이다. 월말·연간 장부상 금액과 현금이 일치한다. 분식점 관리 수준에 못 미치는 기업이 의외로 많다.

도소매, 유통회사는 1년 단위로 1 이상, 대규모 투자 및 연구개발 등이 있는 제조, 건설, 제약사는 2년 단위로 1 이상 유지해야 한다. 이 기준을 통과하지 못하면 기본적으로 이익의 신뢰성과 관리 능력이 없다고 보면 된다. 따라서 CCR은 매우 유용한 투자 대상 필터링 기준이다. 글로벌 명품 기업 일부는 연차보고서에 CCR 관리 방안을 명시한다.

'영업현금흐름/당기순이익'과 '잉여현금흐름/당기순이익'의 차이가 적을수록 투자자(주주)에게 양호한 지표다. 유형자산 투자가 적고 주주에게 돌아가는 몫이 많기 때문이다. 투자 분석 시 경쟁 기업들의 CCR을 5년 이상 비교하면 어떤 기업이 정량적으로 신뢰 가능한지 명확히 알 수 있다. 실제 주가 상승률도 이 신뢰성 정도에 수렴한다. 그래프를 그려보면 시각적으로도 쉽게 차이를 알 수 있다.

현금전환일수(Cash Conversion Cycle, CCC)

= 재고자산회전일수 + 외상매출금회전일수 - 외상매입금회전일수

재고자산을 외상매입해 외상매출이 발생하고 현금을 회수하기까지 걸리는 일수를 말한다. 주가의 출발점이 현금전환일수다. 즉, 재고자산회전일수가 현금전환일수를 주로 결정하고, 다시 현금전환일수가 기업의 현금흐름(내재가치)를 결정한다. 주가는 후행적으로 이 현금흐름(내재가치)에 수렴할 뿐이다.(CCC>OCF>FCF>Valuation> Pricing>Stock price)

경쟁 기업들의 현금전환일수를 5년 이상 비교하면 어떤 기업이 경쟁우위 또는 경쟁열위에 처해 있는지, 나아가 상대적 지속 가능성이 있는지 쉽게 알 수 있다. 경쟁우위가 확실한 기업이 외상매출금을 빨리 회수하고, 외상매입금은 천천히 지급하고, 재고자산은 바로 매출로 전환하므로 현금전환일수가 애플처럼 마이너스가 될 수도 있다. 반대로 기업 경쟁력이 하락할수록 재고재산회전율이 하락(=재고자산회전

일수 증가)하고, 외상매입금은 조기에 지급해야 하며, 외상매출금 회수가 늦어진다.

각 섹터에서 압도적 1위인 기업만이 CCC가 마이너스이거나 경쟁 기업보다 낮다. CCC가 마이너스인 대표적 명품 기업이 애플, 아마존, 텐센트 등이다. 반대로 경쟁 열위인 GE, 도시바, 샤오미, 소니 등은 1위 기업보다 60일 이상 길다. 현금전환일수가 마이너스인 기업은 타인자본을 자기자본처럼 사용 가능한 플로트를 가지고 사업을 하는 것이다.

2018년에 일시적으로 이상 증가한 것을 제외하면 삼성전자는 10년 평균 CCC 65일 전후를 유지하고 있다. 2017년 77일인 CCC를 10일 단축하면 210조(연간 소요 현금) × CCC(77-66)/365 = 6.3조의 현금을 더 보유하는 재무적 효과를 갖는다. 삼성전자는 최근 5년간 CCC가 조금 증가했다. GF는 2004~2014년 CCC가 평균 750일로, 연간 305조 원이 외상매출금과 재고에 잠겨 있었다. 현금 부족과 수익성 하락, 주가 하락은 당연한 결과였다. 애플은 CCC를 마이너스로 유지해 플로트로 사업한다. 스티브 잡스의 요청에 따라 팀 쿡이 부임한 후 재고 관리를 엄격히 한 결과, 세계 최고 수준의 현금과 재무안정성이 만들어진 것이다.🐢

글 장홍래
정음에셋 대표 파트너, 언스트영(Ernst & Young) 중국 및 한국 파트너.

내겐 너무
견디기 힘든
가치투자

박성현

가치투자 전략은 역설적이다. 이해하기는 쉽지만 실행하기는 매우 어렵다는 뜻이다. 왜 실행이 어려운가. 시장을 이기는 강한 정신력과 끈질긴 인내를 요구하기 때문이다. 이는 나약한 멘털의 소유자나 가치투자에 입문하는 초보에게는 견디기 힘든 일임에 틀림없다. 가치투자의 큰 열매와 당장의 달콤함을 모두 취하는 방법은 없을까? 필자 박성현 씨가 궁리 끝에 찾은 묘법은 '7분할 계정 관리법'이다. 일곱 계정 중 첫째만 워런 버핏처럼 운용하는 방식이다. 물론 고수에게는 귀찮고 불필요한 일이겠지만.

"10년간 보유할 생각이 없다면 단 10분도 보유하지 말라."

가치투자자라면 성경 구절처럼 외우고 있을 워런 버핏의 이 말은 그가 가치투자를 어떻게 바라보고 있는지 잘 나타낸다. '좋은 회사의 주식을 사서 장기간 보유하면 큰 수익을 얻을 수 있다'는 가치투자의 기본 개념은 어찌 보면 간단하고 손쉽다.

하지만 '아는 것'과 '행동하는 것'은 큰 차이가 있다. 주식 투자를 한 번이라도 해본 사람이라면 버핏의 말이, '살을 빼려면 덜 먹어야 한다'처럼 당연하지만 실제로 지키기는 매우 어려움을 잘 알 것이다. '국영수를 중심으로 열심히 공부했더니 전교 1등이 되었다'는 우등생의 영양가 없는 공부 비법처럼 언감생심, 사촌이 산 땅으로 느껴질 수도 있다. 급기야 어떤 사람들은 가치투자는 투자 자금이 넘쳐나는 부자들이나 가능한 방법이라 치부하며, 버핏은 한국에서 태어나지 않은 것을 다행으로 생각해야 한다는 이야기까지 한다.

버핏은 수많은 가치투자자들의 스승이다. 나 역시 그를 존경하고, 그의 투자철학과 투자 방식을 배우기 위해 열심히 노력하고 있다. 하지만 실제로 투자를 하는 과정에서는 항상 가치투자에 대한 물음표가 따라붙었다. 앞에서 얘기했듯 '아는 것'과 '행동하는 것'에는 큰 간극이 존재하기 때문이다. 나의 부족한 투자 자금과 부족한 정신력, 무엇보다 부족하다 못해 바닥을 드러낸 인내심으로는 '10년간의 장기 투자'는 먼 나라 이야기일 뿐이었다.

내가 존경하는 투자 대가의 투자 방법이고 그것이 결국 옳다는 것을 알면서도 그대로 따를 수 없는 아이러니함은 '호형호제하지 못하는 홍길동'처럼 늘 가슴 한편을 답답하게 했다.

엄마가 좋아, 아빠가 좋아?

나는 특단의 조치가 필요하다고 생각했다. '그래도 가치투자를 해야 한다'는 생각, '10년을 기다렸는데 결국 좋은 회사가 아니라는 결론이 나버리면 어떡하느냐'는 걱정, 그리고 '장기 투자는 무슨, 그때그때 수익을 내야 한다'는 욕심이 뒤죽박죽되어 머릿속이 복잡해졌기 때문이다.

인내로 점철될 것이 불 보듯 뻔한 가치투자의 길을 가느냐, 아니면 달콤하고 짜 릿한 단기 수익을 좇느냐.

그러던 차에 문득 이런 생각이 들었다. '아니, 왜 둘 중 하나를 골라야 하지?'

"아빠가 좋아, 엄마가 좋아?" 같은, 어떤 것을 선택해도 정답이 될 수 없는, '바다 에 뿌려지는 비'처럼, '안개 속의 구름'처럼 의미 없는 일이었다.

다섯 살밖에 안 된 아들 녀석은 이런 고민스러운 질문에 늘 시크하게 대답했다.

"둘 다 좋아!"

가치투자는 분명 투자자가 장기적인 관점에서 회사와 함께 성장할 수 있는 훌륭 한 투자 방법이다. 하지만 주식 투자에는 정답이라는 것이 있을 수 없다. '한국의 주 식시장', '한국의 기업'이라는 특수 환경 속에서 가치투자만 고집할 수는 없겠다는 생각이 들기도 했다.

미래가 불확실한 가운데 잘못된 투자 결정을 고수하다 장기간 투자 끝에 실패를 경험할 수도 있다는 것은 가치투자자에게는 상상하기도 싫은 상황이기도 하다.

나는 인내의 끝에서만 맛볼 수 있다는 가치투자의 열매와, 곶감 꼬치에서 곶감 빼 먹듯 인간 본연의 욕망을 채울 수 있는 지금 당장의 달콤함을 모두 취해보기로 했다.

자아 분열로 가치투자를 극복하다

나는 '자아 분열증 환자'다. 하지만 이 병은 다행히도 평소에는 드러나지 않고 투자 할 때만 발병한다. 투자를 할 때면 자아가 무려 일곱으로 나뉘는 것이다.

첫째 투자 자아는 워런 버핏을 추종하는 전통적인 가치투자자다. "올바른 투자철 학만 있으면 쓸데없는 일에 애태울 필요가 없다"는 그의 말을 신봉하며, 조울증 환 자인 미스터 마켓의 유혹에 아랑곳하지 않고 묵묵히 인내의 길을 걷는다.

하지만 가치투자를 하는 것은 첫째 투자 자아로 끝이다. 둘째와 셋째부터 일곱째 투자 자아까지는, 인내심 따위는 개나 줘버리라는 듯 미스터 마켓이 원하는 대로 이 리저리 몸을 내맡긴다. 어떤 놈은 단 1%의 수익에도 함박웃음을 지으며 보유 주식을 한 방에 팔아치운다. 그런 식으로 투자하다가는 '결국 적게 얻고 크게 잃을 것'이라는 첫째 투자 자아의 조언 따위는 전혀 귀담아듣지 않는다. 팔고 나서 하늘 끝 우주까지 날아가 버리는 주가에 아쉬워하는 일도 있지만, 그런 큰 수익은 첫째 투자 자아의 인내의 몫으로 시원하게 양보한다.

또 어떤 놈은 기막힌 마켓 타이밍의 고수다. 어찌나 운이 좋은지, '사고 나면 오르고, 팔고 나면 내리는' 신기에 가까운 마켓 타이밍 매매로 엄청난 수익을 챙긴다.

이게 바로 그 복리의 마법이라는 거야!

연 1%의 복리 이자로 원금을 두 배로 불리려면 무려 72년이라는 시간이 필요하다. 하지만 마켓 타이밍의 고수라면 시간 따위는 복리의 마법에 별 영향을 끼치지 못한다. 수익률이 단 1%라도 72번 사고팔면 원금의 두 배를 만들어낼 수 있기 때문이다. 2% 수익률로는 34번이면 충분하다.

다행히도 둘째에서 일곱째 투자 자아들은 주식시장에서 살아남는 법을 잘 알고 있다. 버핏을 따르는 첫째 투자 자아가 선택한 가치주에만 투자하기 때문이다. 결국 모두 버핏을 따르는 셈이다. 적어도 '잃지 않아야 한다'는 원칙은 철저하게 지킨다.

투자 자아 일곱은 성격이 다르고 투자 스타일도 다르지만 한 사람처럼 손발이 척척 맞는다. 원래 한 사람이기 때문에 가능한 일일 것이다. 첫째 투자 자아는 가치투자와 장기 투자를 통해 '자산 증식'이라는 중차대한 과업을 수행하고, 성격 급하고 욕망에 충실한 나머지 여섯 투자 자아들은 '현금흐름 창출'이라는 비교적 가벼운 미션을 수행한다. 알고는 있지만 하기는 어렵다는 가치투자를 이들은 서로 도와가며 보란 듯이 잘 해내고 있는 것이다.

가치투자를 견디는 투자 시스템 '7분할 계정 매매'

투자 자아의 분열은 주식 계좌를 일곱 개로 나누는 것만으로 가능하다.

첫째 주식 계좌를 책임지는 첫째 투자 자아가 워런 버핏을 비롯해 벤저민 그레이엄과 피터 린치도 좋아할 만큼 내재가치가 충분한 주식을 매수하고 장기전의 시작을 알리면, 둘째 주식 계좌를 책임지는 둘째 투자 자아는 이렇게 읊조린다.

"음~ 좋은 종목을 샀군! 하지만 너무 비싸게 샀어. 가격이 5%쯤 떨어지면 나도 따라 사야지."

둘째 투자 자아는 그리 똑똑한 편이 아니다. 그래서 5% 싸게 사야 한다던 그 주식이 하루 만에 20%, 30% 올라버려 매수 기회를 영영 놓치는 경우도 있다. 하지만 둘째 투자 자아는 마음이 참 넓다. 자신의 실수를 쿨하게 인정하고 첫째 투자 자아가 단기간에 큰 수익을 얻은 것을 기꺼이 축하한다.

아무리 잘 고르고 고른 주식이라 할지라도, 그리고 언젠가는 큰 수익을 가져다줄 가치주라 할지라도 단기간의 주가 하락은 비일비재하다. 둘째 투자 자아가 노리는 것이 바로 이것이다. 첫째 투자 자아와 같은 주식을 그보다 싸게 사기 때문에 잃는 상황이 비교적 적다.

그런데 둘째 자아도 셋째 투자 자아에 비하면 그저 그런, '주식 투자 좀 할 줄 아는 동네 형'에 불과하다. 왜냐하면 셋째 투자 자아는 항상 둘째 투자 자아가 보유한 주식을 지켜보다가 가격이 더 많이 떨어졌을 때만 매수하기 때문이다.

내가 '7분할 계정 매매'를 시작한 이래로 단 한 번도 등장하지 않은 전설의 일곱째 투자 자아가 어떤 종목을 매수하게 된다면, 그것은 '가치 있는 좋은 종목을 대한민국에서 가장 싸게 사는 흔치 않은 일'로 기록될 것이다. 일곱째 투자 자아가 투자금을 잃을 가능성 또한 매우 낮을 것은 당연하다.

만약 그런 위기 상황이 실제로 발생한 후, 주가가 첫째 투자 자아가 매수했던 가격으로 돌아간다면, 첫째 투자 자아를 제외한 모든 투자 자아들은 수익이 발생했다는 것을 의미한다.

하지만 오랜 인고의 시간을 보내고도 지금까지 아무런 수익을 얻지 못한 첫째 투자 자아도 이 상황을 그리 안타깝게 생각하지는 않을 것이다. 그는 더 큰 수익을 위해 더 오랜 시간도 인내할 수 있는 가치투자자이기 때문이다.

투자 계좌 분리로 얻게 되는 투자 효과

계좌를 분리해 투자하는 행위가 실제로 주식 투자 수익률에 어떻게 도움을 주는지 분석해보았다.

case 1의 '단일 계좌: 일괄 매수 후 보유'는 초보 투자자들이 흔히 행하는 거래 방식으로, 최초 매수할 때 투자금을 모두 투입하는 방식이다. 주가가 최초 매수 후 10% 하락, 10% 상승, 또다시 10% 하락, 다시 10% 상승하는 과정을 겪었다고 가정하면 수익률은 -2%가 된다. 10% 상승과 하락이 반복되면 주가가 제자리로 돌아갈 것이라는 생각은 주식의 복리 시스템을 이해하지 못하는 초보 투자자들이 흔히 하는 실수다. 이는 분할 매수라는 단순한 원칙을 지키지 않은 대가라 할 수 있다.

단일 계좌와 분할 계좌 비교

case 1 - 단일 계좌: 일괄 매수 후 보유

계좌	초기 투자	10% 하락	10% 상승	10% 하락	10% 상승
1차 매수	200(매수)	180	198	178	196
수익률		-10.0%	-1.0%	-10.9%	-2.0%

case 2 - 단일 계좌: 분할 매수 후 보유

계좌	초기 투자	10% 하락	10% 상승	10% 하락	10% 상승
1차 매수	100(매수)	90	99	89	98
2차 매수		100(매수)	110	99	109
잔고		190	209	188	207
수익률		-5.0%	4.5%	-6.0%	3.5%

case 3 - 분할 계좌: 분할 매수 및 매도

계좌	초기 투자	10% 하락	10% 상승	10% 하락	10% 상승
1번 계좌 - 1차 매수	100(매수)	90	99	89	98
2번 계좌 - 1차 매매		100(매수)	110(매도)		
2번 계좌 - 2차 매매				110(매수)	121
잔고		190	209	199	219
수익률		-5.0%	4.5%	-0.5%	9.5%

case 2 '단일 계좌: 분할 매수 후 보유'는 일반적인 분할 매수 방식이다. 평단가를 낮추는 효과는 있지만 반등 시 수익 실현을 하지 않아 결국 3.5% 수익률에 만족해야 한다.

이와 달리 case 3 '분할 계좌: 분할 매수 및 매도'는 계좌를 나누고 매도를 진행한다. 첫 번째로 10% 상승했을 때 2번 계좌의 1차 매수분을 매도해서 수익을 실현하고, 두 번째로 10% 하락했을 때 2번 계좌의 2차 매수를 실시한다. 그래서 매도 없이 보유한 case 1의 수익률이 -10.9%, case 2가 -6.0%가 된 데 비해 case 3은 -0.5% 손실에 그친다. 그리고 두 번째로 10% 상승했을 때는 case 1(수익률 -2.0%), case 2(3.5%)보다 월등하게 높은 9.5%를 달성한다. 1번 계좌는 장기 투자를 진행하고, 2번 계좌는 트레이딩을 반복하면서 현금흐름을 창출하는 효과가 나타난 것이다.

이 방법은 주가가 계속 상승하는 경우에는 적용되지 않는다. 하지만 '내가 사면 주가가 하락하는 경험'을 자주 겪었다면 가치투자를 견디는 좋은 투자 시스템으로 이용할 만할 것이다.

유리구슬처럼 깨지기 쉬운 멘털을 가진 내가,

더 정확하게 표현하면 첫째 투자 자아가,

아니 더 더 정확하게 말하면 첫째 주식 계좌가

그 견디기 힘든 가치투자를 별 어려움 없이 해낼 수 있는 것은

나머지 계좌들에서 마음껏 수익을 실현하기 때문이다.

누구나 할 수 있는 가치투자

'단순히 계좌를 일곱 개로 나누었을 뿐인데 이 모든 것이 가능하다고?'

나조차도 신기하기 그지없는 노릇이었다.

유리구슬처럼 깨지기 쉬운 멘털을 가진 내가, 더 정확하게 표현하면 첫째 투자 자아가, 아니 더 더 정확하게 말하면 첫째 주식 계좌가 그 견디기 힘든 가치투자를 별 어려움 없이 해낼 수 있는 것은 나머지 계좌들에서 마음껏 수익을 실현하기 때문이다.

이는 자연스럽게 가치투자를 할 때 권장하는 분할 매수와 분할 매도 개념이 되고, 바로 앞 계좌에 손실이 발생해야만 다음 계좌에서 매수한다는 원칙에 따라 어쩔 수 없이 현금 비중을 확보하는 상황을 만들어낸다.

'주가 하락은 좋은 주식을 더 싸게 살 수 있는 기회다'라는 가치투자의 교과서적인 이야기는 '7분할 계정 매매' 투자 시스템에서는 당연한 구조다. 첫째 투자 자아를 제외한 모든 투자 자아들이 주가가 내리기만 기다리고 있기 때문이다. 주가가 오르면 오르는 대로, 반대로 주가가 내리면 내리는 대로 모든 경우가 투자 기회가 되는 신비한 경험을 하게 된다.

가치투자는 분명 안전하고 효율적인 주식 투자 방식이다. 그러나 아무나 쉽게 구사할 수 없는 어려운 방법이기도 하다. 하지만 나는 가치투자에서 꼭 필요한 '인내'

라는 요소를 구조화된 시스템으로 통제하는 방법을 고안해냈고, 이는 누구나 따라 할 수 있을 만큼 쉽다. 가치투자를 견디기 힘든 초보 투자자라면 시도해볼 만한 방법이다.

아침에 스스로 일어나기 힘들 때 스마트폰으로 알람을 설정해서 손쉽게 해결하는 것처럼, 주식 투자 계좌를 일곱 개로 나누는 것만으로도 가치투자를 하면서 생기는 여러 가지 어려움이 해결될 것이다.

따라 하기만 해도 효과적인 가치투자 방법? 그런 게 있을까?

있다! 여기에!

글 박성현

필명 '경제적 자유를 찾아서'로 활동하고 있는 투자자다. 평범한 흙수저, 평범한 회사원, 평범한 아빠였다가 '글'로 배운 '워런 버핏의 조언'으로 40대 초반에 경제적 자유를 달성했다. 2018년, 달러 투자로 시장 수익률 5.7%의 17배를 달성한 경험으로 '7분할 계정 매매'라는 '잃지 않는, 안전한 주식 투자 시스템'을 고안했다.

환상적인 기업의 주식이더라도
터무니없이 비싼 가격에 매수하면
실적 부진에 시달리게 됩니다.
영원히는 아니더라도 매우 오랜 기간 고생하게 되지요.

On occasion, a ridiculously-high purchase price
for a given stock will cause a splendid business to become
a poor investment – if not permanently,
at least for a painfully long period.

재무제표, 흐름을 알면 투자가 보인다

사경인

주가는 미래를 반영하면서 움직인다.
재무제표에 기록된 수치는 과거의 것이다. 그렇다면
재무제표에는 주식 투자에 활용할 자료가 별로 없지 않을까?
책《재무제표 모르면 주식 투자 절대로 하지마라》를 쓴
사경인 공인회계사는 재무제표는 활용하기 나름이라고 말하며,
재무제표의 흐름을 알면 초과수익을 올릴 수 있다고 들려준다.
재무제표를 선행지표로 활용하기 위해서는
손익계산서보다 재무상태표에 집중해야 한다고 조언한다.

"재무제표는 이미 모두에게 공개된 정보인 데다 지나간 과거의 자료인데 그걸로 어떻게 초과수익을 얻을 수 있는가?"

10년 넘게 재무제표를 바탕으로 투자하고 그 내용을 강의하면서 가장 많이 받은 질문 중 하나다. 재무제표가 투자수익을 얻는 데 도움이 될까? 거꾸로 이 질문을 사람들에게 던져보면 반응은 크게 둘로 나뉜다. 가치투자를 지향하는 집단은 '재무제표는 투자의 기본이며 당연히 도움이 된다'고 하는 반면, 또 다른 집단은 '한국에서 재무제표 믿고 투자했다가는 큰코다친다'고 주장한다.

어느 주장이 맞을까? 필자의 주식 투자 경험에 비추어 보면 정답은 이 둘의 사이에 존재한다. 재무제표는 분명 투자에 도움이 되지만, '당연히' 도움이 되는 것이 아니라 제대로 보고 해석할 줄 알아야 도움이 된다.

재무제표는 후행지표인가?

재무제표가 실전 투자에 도움이 되지 않는다는 주장은 주로 재무제표가 과거 자료라는 데 근거한다. 시장 상황은 하루하루 급변하는데 재무제표는 석 달, 분·반기의 경우에도 45일 뒤에나 받게 된다. 재무제표는 흔히 말하는 '후행지표'에 해당하기에, 미래를 반영하며 움직이는 주가를 예상하는 데는 별 도움이 되지 않는다는 주장이다.

하지만 이런 주장은 재무제표를 '손익계산서'에 한정해서 생겨나는 오해다. 흔히 말하는 '재무제표를 통해 회사 실적을 확인'하고 투자하는 경우 대다수가 손익계산서에 기록된 매출액과 영업이익 등 손익을 분석하고 의사 결정을 한다. 이런 식으로 해석하면 재무제표는 후행지표가 될 수밖에 없다. 중국 수출로 이익이 크게 증가한 것을 확인하고 나서야 화장품 업종에 투자하거나, 신약에 대한 기술 수출로 이익을 기록한 다음 제약회사에 투자해서는 좋은 결과를 얻기 힘들다. 손익계산서에 숫자가 찍히면 이미 늦은 경우가 많다.

재무제표는 손익계산서만을 의미하지 않는다. 표만 해도 재무상태표, 현금흐름표, 자본변동표가 따로 있고 이들 각각의 역할이 있다. 재무제표에서 분량이 가장 많은 것은 표로 된 숫자가 아니라 말로 된 주석이다. 손익계산서만 확인하고 재무제표를 봤다고 주장하는 것은 장님이 코끼리 다리만 만져보고 코끼리를 안다고 하는 것과 마찬가지다.

재무제표로 경영 활동을 파악하는 방법

재무제표는 건물의 도면과도 유사한 측면이 있다. 건물의 도면을 확인하는 사람은 다양한데 각자 목적이 다르다. 최초 도면은 건축주의 요구 사항을 시공자에게 전달하고 조율하는 목적으로 작성된다. 이를 보고 관공서의 공무원은 인·허가 여부를 검토하고 판단한다. 부동산 투자자는 건물의 가치를 평가하는 데 참조하기도 한다. 하지만 건물의 가치 산정에 도면을 참고한다고 해서 투자자의 관점에서 도면을 그리지는 않는다.

가치투자자들은 흔히 재무상태표는 자산가치 추정에 활용하고 손익계산서는 수익가치 추정에 활용한다. 재무제표가 가치를 측정하는 자료로 유용한 것은 사실이나, 가치 평가를 염두에 두고 투자자의 관점에서 작성되는 것은 아니다. 따라서 PBR만 보고 저평가라고 판단하거나 "재무제표에는 무형자산의 가치가 반영되지 않는다"라고 말하는 것은 적절하지 않다.

재무제표의 본래 목적은 경영 활동을 보여주는 것이다. 재무제표를 선행지표로 활용하려면 재무제표에서 경영 활동의 흐름을 읽을 수 있어야 한다. 전통적으로 양대 재무제표라고 하면 과거에 대차대조표라고 불렸던 재무상태표와 손익계산서 두 가지를 의미한다. 경영 활동의 흐름에서 보면 손익계산서는 마지막에 나타나는 결과여서 후행지표가 될 수밖에 없다.

회사의 경영 활동은 일반적으로 '자금 조달 – 투자 – 성과'의 순서로 이어진다. 경영 성과를 얻으려면 선행적으로 투자가 이루어져야 하고, 투자하려면 자금이 필요하므로 먼저 이를 조달해야 한다. 회사의 재무상태표와 손익계산서는 바로 이런 경영 활동을 들여다볼 수 있는 도구에 해당하며 다음 그림과 같이 나타난다.

기업 활동과 재무제표의 흐름

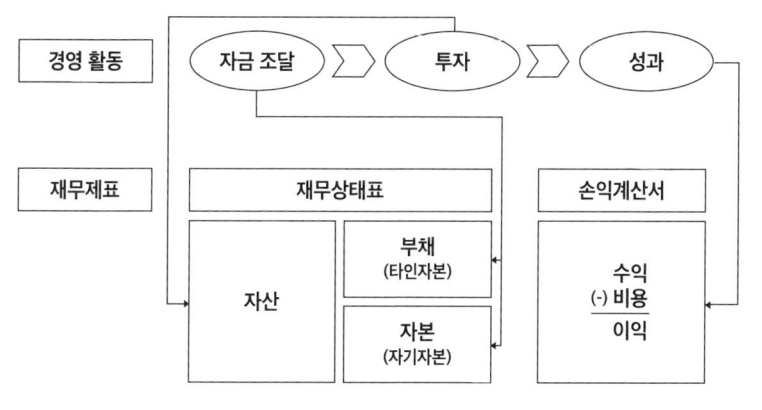

회사의 자금 조달 내역은 재무상태표의 오른쪽에 나타난다. 재무상태표의 왼쪽은 자산, 오른쪽은 자본이다. 흔히 자산은 회사가 가진 가치 있는 것들, 부채는 갚아야 할 것, 자본은 갚고서 남는 가치로 보지만, 경영 활동 차원에서는 자산과 자본을 달리 해석할 수 있다. 자산(資産)이 자금으로 생산한 것, 즉 사용처를 나타낸다면, 자본(資本)은 그 자금의 근본 출처를 나타낸다. 회사의 주인이 자기 돈을 내놓았으면 자기자본(자본)이 되고, 남의 돈을 빌렸으면 타인자본(부채)이 된다.

따라서 회사의 경영 활동을 파악하기 위해 재무상태표 오른쪽의 자금 조달 내역을 먼저 확인하고, 이렇게 조달한 자금이 어디에 투자되거나 사용되었는지 보기 위해 자산 내역을 확인한다. 이렇게 투자해서 달성한 성과가 손익계산서에 나타난다.

재무제표를 선행지표로 활용하는 법

눈치가 빠른 독자라면 손익계산서는 왜 후행지표가 되는지, 재무제표를 선행지표로 활용하려면 어느 부분을 확인해야 할지 감이 올 것이다. 손익계산서에 성과가 나타나는 것은 경영 활동의 마지막 단계다. 따라서 손익계산서를 보고 하는 의사 결정은 늦을 확률이 높다. 물론 회사의 원가 구조와 레버리지를 파악하고 미래의 이익을 추정하는 데 활용할 수도 있지만, 이는 상당한 재무 지식을 기반으로 응용하는 작업이다.

재무제표를 선행지표로 활용하려면 손익계산서보다 재무상태표에 집중해야 한다. 성과가 나타나기 전에 투자가 먼저 이루어지므로 회사의 투자 내역을 볼 필요가 있다. 이 구조를 이해한다면 재무제표에 보고되기 전에 투자에 대한 공시나 회사의 투자 계획을 보고 의사를 결정할 수 있다.

몇 년 전 필자가 투자했던 에스티아이라는 회사의 사례를 살펴보자. 필자가 이 회사의 재무제표에서 주목한 것은 영업자산이익률이었다.

회사의 자산은 크게 영업용자산과 비영업자산으로 나뉜다. 제품을 생산하는 기계 장치와 설비, 영업을 위해 필요한 재고자산과 매출채권 등이 영업용자산에 해당하고, 금융자산과 투자자산 등은 비영업자산에 해당한다. 영업자산을 활용하면 영업이익을 얻고, 비영업자산에서는 영업외수익을 얻는다.

영업이익을 영업자산으로 나눈 값을 필자는 영업자산이익률이라고 부르는데, 이 회사는 영업자산이익률이 50%가 넘었다. 영업자산에 투자하면 단 2년 만에 투자금을 회수한다는 얘기다. 비영업자산에 해당하는 여유 현금이 많고 여기에서 나오는 수익률이 낮아 총자산수익률(ROA)은 낮았지만 영업자산만 고려한 수익률은 무척 높은 상태였다.

이 상태에서 회사가 2016년에 신규 설비 투자를 늘렸다. 전년도에 비해 유형자산이 40%가량 증가했다. 수익률이 1%대이던 비영업자산을 수익률이 50%대인 영업자산으로 바꾼 것이다. 이후 회사의 이익이 증가하고 주가도 올라 100%가 넘는 수익을 얻고 매도할 수 있었다.

경우에 따라서는 자금 조달이 선행지표가 되기도 한다. 선수금 증가가 가장 대표적이다. 수주업은 계약금 일부를 선수금으로 받아 영업자금으로 사용하는데, 기업 입장에서 가장 매력적인 자금 조달 형태 중 하나다. 재무제표를 단순 분석할 경우, 유동부채에 해당하는 선수금이 증가하면 부채 비율이 증가하고 유동 비율이 감소해 재무적 안정성이 악화되는 것으로 해석하게 된다. 하지만 선수금 증가는 수주가 증가했다는 얘기이고 앞으로 매출액이 증가할 것이라는 선행지표가 된다.

필자가 얼마 전 투자해서 지켜보고 있는 회사는 고객사에 유상증자를 했다. 자금 사정이 어렵지 않은데 예상치 않게 유상증자를 실시했고, 그 대상이 회사의 매출처가 될 수 있는 잠재 고객이었다. 이 회사 제품에 대한 대량 수요를 가진 잠재 고객사가 제품을 안정적으로 확보함과 동시에 이익 증가를 예견하고 지분투자를 행한 것으로 추측하고 있다. 물론 자금 조달 단계에서는 투자안이나 성과에 대한 예측이 불확실하기 때문에 조심스럽게 접근해야 하지만, 어느 정도 미래 성과

에 대한 선행지표로 활용할 수 있다.

이렇듯 재무제표 자체는 과거 자료에 해당하더라도 활용하고 해석하는 방법에 따라 얼마든지 선행지표로 사용할 수 있다. 일반 투자자에게는 생소하겠지만, 재무제표의 작성과 표시에 기초가 되는 개념을 정립하는 '재무 보고를 위한 개념 체계'에 재무 정보가 갖춰야 할 특성으로 예측가치를 포함하고 있다.

재무제표는 과연 신뢰할 수 있나?

투자에 대한 '재무제표 무용론'을 펼칠 때 거론되는 두 번째 근거가 바로 분식이 판치는 상황에서 재무제표는 믿을 게 못 된다는 주장이다. 대우조선해양 같은 거대 기업의 분식 사태와 삼성바이오로직스 논란 등을 보면 재무제표를 믿고 의사 결정을 해도 될지 염려스러운 것이 사실이다.

재무제표는 믿을 게 못 되니 유용하지 않다는 주장과 관련해 꼭 얘기하고 싶은 것은 '보는 것과 믿는 것은 다르다'는 점이다. 재무제표를 보라는 얘기는 재무제표를 믿으라는 얘기와는 다르다. 물론 '보는 것이 믿는 것이다'라는 속담도 있지만, 마술사가 보여주는 것을 보고 정말 미녀의 몸통이 잘렸다 붙었다고 믿지는 않을 것이다.

재무제표를 본다는 것은 단편적인 숫자, 예를 들어 영업이익이나 순자산이라는 결과만 보고 믿는 것이 아니라 그것이 산출되는 과정과 다른 숫자와의 조화를 보는 것이다. 마술을 정면에서 보면 신기하지만 각도를 바꿔 뒤나 아래 혹은 마술사의 시야에서 보면 속임수가 드러나듯이, 재무제표도 다양한 관점에서 바라볼 필요가 있다. 재무상태표와 손익계산서 외에 현금흐름표나 자본변동표를 작성하게 하는 것도 다양한 관점에서 바라볼 기회를 제공하는 것이다.

대우조선해양의 사례를 보자. 필자가 증권사 강의 중에 여러 번 경고했던 종목이다. 필자가 의혹을 제기했던 부분은 바로 손익계산서와 현금흐름표의 부조화였다. 회사가 벌어들인 이익은 결국 현금으로 들어오는 것이 상식이다. 100억 원을 벌었다고 하면 그만큼 돈이 생겨나는 게 정상 아니겠는가? 물론 벌어들인 100억 원을 예전에 진 빚을 갚거나 미래를 위한 설비 투자에 사용했다면 돈이 남아 있지 않겠지만, 우선 100억 원 정도의 돈이 들어와야 정상이다. 영업활동현금흐름으로 100억 원이 생겨나고, 그런 다음 빚을 갚느라 쓴 돈은 (-)의 재무활동현금흐름으로 차감되고, 설비 투자에 사용한 돈은 다시 (-)의 투자활동현금흐름으로 차감되어야 한다. 이렇게 영업이익이 (+)라면 이와 비슷하게 영업현금흐름도 (+)여야 한다. 회사의 비용 중 감가상각비가 현금이 나가지 않는 비용이라는 점을 고려하면 영업이익보다 영업현금흐름이 더 큰 것이 정상이다.

분식 사태가 터지기 전 3년 동안 대우조선해양의 영업이익과 영업현금흐름을 확인해보자. 아래 표는 분식으로 재무제표를 수정하기 전에 원래 공시됐던 재무제표상의 수치다(영업현금흐름보다 '영업에서 창출된 현금흐름'과 비교하는 것이 더 유용하지만 이 둘의 차이를 구분하는 독자가 많지 않을 것이기에 대중적인 영업현금흐름과 비교했다).

영업이익과 영업현금흐름 사이의 괴리가 무척 심하다. 영업이익만 보면 3년간 4,000억 원대의 이익이 안정적으로 보고되지만 영업현금흐름은 연평균 1조 원에 가까운 금액이 (-)로 보고되고 있다. 이 차이

대우조선해양 연도별 이익과 현금흐름   (단위: 억 원)

	2012년	2013년	2014년	합계
영업이익	(+) 4,863	(+) 4,409	(+) 4,711	(+) 13,983
영업현금흐름	(-) 9,961	(-) 11,979	(-) 5,602	(-) 27,542

를 무엇으로 설명할 수 있겠는가? 손익계산서의 숫자는 발생주의에 따른 결과인데, 이 발생주의는 여러 가지 가정을 전제로 한다. 쉽게 말해 끝나지(확정되지) 않은 사건을 시작 시점(발생 시점)부터 보고하기 위해 여러 가지 가정을 통해 결과를 예측하고 추정한다. 이런 한계를 보완하기 위해 현금주의에 따른 현금흐름표를 별도로 작성하게 한다. 따라서 이익이 발생했다는 사실에서 멈추지 말고 현금이 잘 들어왔는지도 살펴야 한다.

이렇듯 재무제표를 본다는 것은 손익계산서에 찍힌 결과만 보는 것이 아니라 4가지 재무제표와 주석을 통해 전체 그림을 읽고 회사의 비즈니스 모델에 대한 이해를 넓혀가는 것을 의미한다.

회계법인은 피감사인에게서 보수를 받는데…

재무제표를 신뢰할 수 없는 또 다른 이유로 감사인을 믿을 수 있느냐는 의심도 제기된다. 회계법인이 회사에서 감사보수를 받기 때문에 감사를 제대로 하지 못하고 회사 편을 들어줄 수밖에 없다는 주장이다.

필자가 회계사 출신이니 당연히 회계법인 편을 들어 얘기할 거라고 의심할 수 있겠지만, 현재 회계법인과 전혀 이해관계가 없고 감사 업무도 수행하지 않는다. 오히려 재산의 상당 부분을 주식에 투입했기 때문에 자료의 신뢰성이 훨씬 더 중요하다. 회계법인을 변호할 위치가 아니라, 회계법인의 잘못이 있다면 적극적으로 따져 책임을 묻고 싶은 위치다.

회계법인에서 감사 업무를 수행했던 회계사인 동시에 재산의 가장 큰 부분을 주식에 의존하고 있는 투자자로서 필자는 감사보고서를 적극적으로 신뢰하고 의지한다. 정말 재무제표나 회계감사에 문제가 많다면 필자가 가장 먼저 등을 돌리지 않았겠는가?

물론 사람이 하는 일이기에 감사인을 100% 신뢰한다는 건 아니다. 최근에 회계법인이 감사의견으로 회사를 협박했다는 기사나 삼성바이오로직스 관련 기사를 보며 적지 않게 실망한 것도 사실이다. 하지만 그렇더라도 투자자가 이용할 수 있는 정보 중에 재무제표만큼 믿을 만한 정보가 또 어디 있겠는가? 재무제표는 믿을 게 못 된다고 하면서도, 회사가 주장하는 꿈 같은 비전이나 주변 사람의 섣부른 추정을 믿는 투자자를 보면 당황스럽다. 감사받은 재무제표만큼 외부 전문가에게 검증받은 정보가 얼마나 있을까?

필자가 감사 결과를 신뢰하는 것은 회계사들의 윤리의식이나 전문성 때문이 아니다. 바로 회계법인의 이기심 때문이다. 회계법인이 돈을 벌려면 감사 업무를 철저하게 중립적으로 수행해야 한다.

회계법인에 대해서 일반인들이 잘 모르는 사실이 하나 있는데 바로 회계법인의 수익 구조다. 소위 4대 회계법인이라고도 부르는 거대 회계법인의 매출액에서 감사 업무가 차지하는 비중이 몇 %나 될까? 회계법인의 본업이 회계감사이기 때문에 매출의 대부분을 차지할 것이라는 추측과 달리 4대 법인 모두 30%대에 불과하다. '경영자문'이라고 불리는 컨설팅이 50% 정도를 차지한다. 감사 업무보다는 컨설팅이 더 큰 돈벌이가 된다. 그런데 특정 회사의 감사 업무를 맡으면 그 회사에 대한 컨설팅 업무가 상당 부분 제한된다. 별로 돈이 안 되는 감사 업무를 따내면 돈 되는 컨설팅을 못 하게 된다. 게다가 컨설팅은 결과가 잘못되더라도 민사소송으로 인한 손해배상의 가능성만 있을 뿐이지만, 감사 업무는 자칫 회사 간판을 내릴지도 모를 위험을 안게 된다. 과거에 메이저 회계법인이었던 청운과 산동 회계법인이 감사 실패로 문을 닫았고, 최근에는 대우조선해양 관련해서 안진회계법인이 1년간 영업정지 징계를 받았다.

필자가 몸담았던 삼일회계법인은 현재 1,700개가 넘는 회사를 감사하고 있는데 그중 단 한 건만 잘못되어도 징계로 영업이 정지될 수 있다. 아무리 규모가 크고 감사보수를 많이 주는 회사라고 해도 회사 매출의 30%를 구성하는 1,700개 중 하나일 뿐이다. 산술적으로 특정 회사의 감사보수가 회계법인 매출에서 차지하는 비중은 0.02%밖에 되지 않는다는 얘기다.

삼성전자가 2018년 감사보수로 지급한 금액은 44억 원이다. 적지 않은 액수 같지만 같은 해 삼일회계법인의 매출액이 5,597억 원이니 매출액의 1%도 안 된다. 그러니 감사보수 때문에 회계법인이 피감사인의 부정을 눈감아주거나 공모할 가능성은 극히 낮다. 감사보수 몇 억 더 벌기 위해서 5,000억 원을 위험에 빠뜨리는 도박을 하겠는가? 그러다 보니 회계법인의 감사는 철저하게 위험 관리에 중점을 둔다. 고객을 만족시켜 돈을 더 받기보다는 사고가 발생하지 않는 데 초점을 맞춘다.

회사 전체에서 특정 고객이 차지하는 비중이 낮더라도, 실제 업무를 수행하는 팀에서 차지하는 비중은 클 수 있다. 매출 5,000억 원인 회사에서 40억 원은 작지만, 팀 매출이 50억 원이라면 40억 원은 결코 작지 않다. 이런 측면에서 해당 팀의 임원이나 부서장이 감사보수에 욕심을 내서 부정을 눈감아줄 가능성이 존재하는데, 회계법인의 존속에 큰 위협이 될 수 있다.

회계법인은 이러한 위험을 제거하기 위해 스스로 여러 가지 절차와 시스템을 갖추고 있다. 필자가 근무하던 당시에도 업무 수임을 할 때 이를 승인받는 절차가 있었다. 감사를 맡긴다고 해서 무턱대고 수행하는 것이 아니라 받아들여도 될지, 위험하지 않은지 검토하고 보고해서 승인받게 되어 있다. 또한 감사보고서를 발행하기 전에 수많은 리뷰와 검토, 내부의 견제를 받게 한다. 무작위로 선정된 다른 부서 임원도 감사보고서를 검토한 다음 서명하는데, 만약 감사 결과가 잘못되면 함께 징계를 받는다. 감사 실패는 회계법인의 수익성이 나빠지는 차원이 아니라 존속을 위협하는 문제이기 때문에 자발적으로 철저하게 관리한다. 회계법인이 계속 돈을 벌기 위해 노력하는 그 구조를 신뢰하는 것이다.

참고로 필자는 특정 회사에 투자하기 전, 그 회사의 감사인 교체 이력도 살핀다. 그중에서 특히 감사인이 '빅4'라고 불리는 4대 회계법인에서 소규모 로컬 회계법인으로 교체되지 않았는지 검토한다. 규모가 큰 회계법인은 앞에서 언급한 대로 감사보수에 대한 의존도가 낮아서 독립성을 유지하기가 유리한 데 반해, 소규모 회계법인은 감사보수에 대한 의존도가 높고 개별 회사의 보수가 매출에서 차지하는 비중도 높다. 그래서 필자는 소규모 회계법인의 감사보고서에 대한 신뢰도를 상대적으로 낮게 본다.

게다가 필자가 근무했던 회계법인은 앞에서 언급한 고객에 대한 선별 절차를 통해, 위험이 높고 신뢰성이 낮은 회사라면 감사 업무 수임을 거절하기도 했다. 신뢰성이 낮고 위험하다고 판단하면 재계약 시점에 감사보수를 급격히 올려서 고객이 재계약을 거부하도록 유도하는 경우도 있었다. 이 때문에 감사인이 빅4에서 로컬로 변경되는 것을 좋지 않은 신호로 해석한다.

버핏도 재무제표를 믿지는 않았지만 즐겨 읽었다

버핏은 "어떤 사람들은 〈플레이보이〉를 읽지만 나는 재무제표를 읽는다"고 말한 것으로 알려졌다. 실제 인터뷰를 확인해보면 "Other guys read playboy. I read annual reports"라고 해서 재무제표가 아니라 연차보고서라고 말했고, 이는 한국의 사업보고서에 가깝다.

어쨌든 버핏을 따르는 가치투자자에게 사업보고서와 재무제표는 당연히 끼고 살아야 하는 필수 지식으로 여겨진다. 하지만 버크셔의 주주서한을 확인해보면, 버핏 역시 재무제표를 보지만 이를 곧이곧대로 믿고 의사 결정을 하는 것은 아님을 알 수 있다. 주주서한에 포함된 다음 문장들은 재무제표를 보되 거기에 포함된 속임수나 거짓 정보 역시 잘 걸러내야 한다고 주장한다.

"회계원칙을 적극적으로 이용해서 사람들을 현혹하고 속이는 경영자도 있습니다. 이는 투자자와 채권자들이 재무제표의 실적을 복음처럼 받아들이기 때문입니다."

"그동안 찰리와 나는 엄청난 규모로 벌어지는 회계 속임수를 여러 번 보았습니다."

그럼에도 버핏은 여전히 재무제표를 활용하고 의지한다. 재무제표를 100% 신뢰하는 건 아니지만 현실적으로 그만한 정보가 없다고 밝히고 있으며, 재무제표는 결과가 아니라 의사 결정의 출발점임을 제시한다.

"일반적으로 인정된 회계원칙(GAAP)에 결함이 있긴 하지만, 내가 더 나은 원칙을 만들어낼 생각은 전혀 없습니다. 기존 회계원칙에 한계가 있더라도 사용을 금할 정도는 아닙니다. CEO는 주주와 채권자들에게 정보를 제공할 때 이런 원칙을 최종 형식이 아니라 출발점으로 삼을 수도 있기 때문입니다. 그리고 실제로도 그렇게 해야 마땅합니다."

재무제표는 '보았다'와 '보지 않았다'로 양분할 수 없다. 버핏의 주주서한을 읽은 투자자들의 깨달음과 수익률이 모두 다르듯이, 재무제표도 이를 활용하고 이해하는 수준에 따라 도움의 정도가 다르다. 재무제표에 적힌 숫자는 투자의 종착점이 아니라 분석의 출발점이다. 얼마나 멀리 갈 수 있는지는 개별 투자자의 노력과 능력에 달려 있다.🐝

글 사경인

공인회계사. ㈜데이토리 대표이사. 재무제표를 분석하고 활용해 직접 투자를 하며, 증권사 직원들을 대상으로 재무 분석과 가치 평가에 대한 강의를 3,000시간 이상 진행했다. 저서로 《재무제표 모르면 주식 투자 절대로 하지마라》가 있다.

'가치투자' 적용한
불패의 아파트 투자법

김학렬

대다수 서민의 자산 중 가장 큰 비중을 차지하는 것이 집이다.
따라서 투자 대상 중 가장 신중에 신중을 기하고 분석한 뒤
결정해야 하는 자산이 주택이다. 워런 버핏의 가치투자 전략을
한국 주택시장에 적용하면 어떨까. 김학렬 부동산조사연구소장은
이렇게 조언한다. 장기적인 관점에서 주택은 첫째도 입지,
둘째도 입지, 셋째도 입지다. 새 아파트의 경쟁력은 10년 정도
유지된다. 버블세븐 지역이라도 재건축 이슈가 있는
아파트에는 관심을 가질 만하다.

가치투자자는 가격이 내재가치보다 현저하게 할인된 주식을 매수한다. 그런 다음 주가가 내재가치에 수렴할 때까지 보유한다. 할인된 폭이 클수록 투자가 안전해진다. 할인 폭을 가치투자에서는 안전마진이라고 부른다.

주택 투자에도 가치투자 전략을 적용할 수 있다. 안전마진이 큰 주식에 해당하는 주택을 '안전가옥'이라고 부르자. 안전가옥이 되기 위한 조건은 무엇일까. 이 글에서는 이를 네 가지 측면에서 살펴본다.

첫째, 주택을 매입할 때는 부모 세대의 '실수요 투자'를 벤치마킹해야 한다. 입지 분석이 우선이라는 얘기다. 입지 분석은 기반 시설이 잘 갖춰져 있는지 살펴보는 데 초점을 맞춘다.

둘째, 버블세븐이라고 통칭되는 지역에서도 옥석을 고를 수 있다. 재건축 이슈가 있는 아파트에는 관심을 가질 만하다.

셋째, 주택은 입지가 무엇보다 중요하지만 입지가 전부는 아님을 고려해야 한다. 아파트가 상품으로서 가진 경쟁력도 중요해졌기 때문이다.

넷째, 새 아파트는 경쟁력이 있다. 그러나 신규라는 경쟁력에는 유효기간이 있어서 대개 10년이다. 그 후에는 결국 입지 경쟁력만 남는다.

외환위기 · 금융위기 버틴 '안전가옥'의 비밀!

2008년 리먼브러더스 파산으로 시작된 금융위기를 예측한 우리나라 경제 전문가는 몇 명이나 될까? 아무도 없었다. 적어도 공식적인 매스컴을 통해서 나타난 결과는 그렇다. 위기의 진앙지이자 세계 최고의 경제 강국인 미국도 전혀 대비를 못 한 상황이었으니 국내 상황이야 말할 것도 없다.

2005~2007년은 대한민국 주택시장 사상 최고의 호황기였다. 2007년을 분기점으로 주택시장이 침체가 시작될 거라고 아무도 예상하지 못했다. 관련된 경험치가 전혀 없었기 때문에 이를 위한 대책이나 전문가도 없었다. 정부, 금융권, 기업도 속수무책이었으니 주택 투자자는 무방비로 당할 수밖에 없었다. 특히 '묻지 마 투자'를 한 사람은 지옥 같은 나날이었을 것이다.

엄청난 경제적 혼란 속에서도 큰 피해를 보지 않은 사람이 생각보다 많았다. 경제 전문가도, 전업 투자자도 아닌 평범한 우리 부모 세대다. 투자, 투기 등에 관심 없이 자기 집 한 채만 갖고 평범하게 살아온 분들은 IMF 외환위기와 금융위기를 안정적으로 보냈다.

부모 세대의 '실수요 투자' 벤치마킹해야

부모 세대는 대출이 없는 가구도 많아서, 전반적인 주택시장 급락 속에서도 '안전가옥'이라고 할 수 있는 자기 집 한 채로 버텼다. 특히 아파트 같은 공동주택이 아니라 단독주택(다가구 포함)을 소유한 가구는 오히려 재산 가치가 높아졌다. 월세를 받는 경우는 수익률이 증가했다.

금융위기 당시 주택시장 변화와 각 계층의 대응 행태에서 네 가지 시사점을 찾을 수 있다.

첫째, 안전가옥이라 부를 수 있는 대출 없는 집을 소유한 경우 주택가격 하락과 폭락에 영향을 거의 받지 않는다.

둘째, 전세 혹은 월세 등 임대 형태로 주택을 소유한 경우(특히 월세라면) 흔들릴 이유가 없다.

셋째, 양호한 입지의 단독주택을 소유한 사람은 어떤 상황에서도 늘 승자다. 단독주택은 건물의 가치보다 땅의 가치가 훨씬 크다. 땅의 가치는 대한민국 주택 역사상 하락한 적이 없다. IMF 때도, 금융위기 때도 피해가 없었던 유일한 주택 상품이다.

넷째, 주택은 결국 입지가 가장 중요하다. 부모 세대가 사는 곳은 기반 시설이 잘 갖춰진 곳일 확률이 높다. 입지가 좋은 곳이라는 의미다. 일반적인 생활에 충실하고 어떻게 하면 가족의 의식주 생활을 제대로 꾸려갈까 고민하다 보니 생활하기 편리한 입지를 자연스럽게 선택했을 것이다. 그 입지 위에 안전가옥을 만들어 리스크가 낮은 투자를 해왔다.

무리한 대출 피하고 입지 분석이 우선

아파트는 아무리 좋은 입지라도 가격이 계속 오르지는 않는다. 전세 가격도 마찬가지다. 많은 사람들이 전세 시세는 끊임없이 오를 것이라 예상하지만 이미 몇몇 지역에서 역전세 현상이 나타나고 있다.

위험 징후가 보이는 지역이 눈에 띄기 시작한 지금은 주택시장의 블랙 스완은 대비해야 한다. 블랙 스완은 발생 가능성이 매우 적어 보이지만 일단 발생하면 엄청난 영향을 미치는 사건을 말한다. 이에 대비하는 가장 좋은 방법은 부모 세대를 벤치마킹하는 것이다.

첫째, '묻지 마 투자'를 하지 않는다. 생활비를 감안하지 않은 무리한 대출도 금지다. 매수한 주택의 미래 가치가 이유 없이 상승하리라고 기대하는 것은 아닌지 늘 의심해야 한다.

둘째, 실거주층이 아니라 투자자끼리 매물을 돌리는 시장이 아닌지 체크해야 한다. 지금 가장 핫한 지역의 주택시장이라도 당장 그 수요를 받아줄 실수요층이 있는지 확인할 필요가 있다. 서울이 아닌 지방의 중소 도시는 더욱 주의가 필요하다. 인구가 몇십만 명 수준인 지역은 소수 투자층만 집중적으로 매수해도 시장이 비정상적으로 왜곡될 수 있다.

실거주 위주의 시장은 절대 폭등하지 않는다. 인플레이션 전후로 자연스러운 상승만 있다. 특별한 호재가 없는데 가격이 급등하는 시장, 매물이 급격히 축소되는 시장은 묻지 마 투자 세력이 들어온 것이다. 호재 없는 지방 소도시의 급등은 대부분이 그렇다.

마지막으로 본질에 충실하게 투자해야 한다. 주택의 본질은 입지이며, 입지의 미래 가치를 고려하지 않은 투자는 위험하다. 어떤 시장에서도 입지 공부가 우선이다.

버블세븐 지역도 옥석을 고를 수 있다

버블세븐 지역의 주택 뉴스가 매스컴에 자주 등장된다. 버블세븐 지역이란 대한민국 주택 역사상 최고 급등기 중 하나로 꼽히는 2006년, 주택시장에서 가장 거품이 많이 형성됐다고 평가된 7개 지역을 지칭한다. 즉, 서울 강남구, 서초구, 송파구, 양천구와 경기도 용인시, 분당 신도시, 안양 평촌 신도시다. 이 지역은 주변 주택에까지 영향을 주는 것으로 나타나 정부의 집중 관리, 즉 각종 규제를 받았다.

당시 노무현 정부는 하늘 높은 줄 모르고 오르던 버블세븐 지역을 각종 정책으로 규제했고, 2009년부터 이 지역도 침체됐다. 그러다가 2013년부터 주택 시세가 조금씩 상승해 2018년 10월까지 지속적으로 올랐다. 하지만 2006년처럼 모든 지역, 모든 상품이 상승한 것은 아니다. 입지와 상품에 따라 다른 시세를 보인다는 것이 지금의 특징이다.

최근 버블세븐 지역이 양극화되고 있다는 기사가 자주 눈에 띈다. 부동산 전문가들도 같은 이야기를 한다. 버블세븐 지역이 회복 중이지만 오르는 상품만 오르고 오르지 않는 상품은 도태되고 있다는 것이다. 같은 입지라도 상품 선별이 필요한 이유다.

입지 외에 지역별 상품 가치를 따져야 한다

일단 지역은 서울과 신도시로 나눠야 한다. 10여 년 전까지만 하더라도 서울은 구축 위주였고, 신도시는 신축에 가까웠다. 서울은 입지 가치로, 신도시는 상품 가치로 인기가 있었다.

지금은 입장이 바뀌었다. 신도시가 구축으로 머무는 동안 서울은 재건축·재개발이 진행됐다. 때문에 입지 가치와 상품 가치를 모두 가진 서울의 시세가 급등했다. 신도시는 새 아파트·소형 위주로만 가격이 상승했다. 신도시 대형 아파트 대부분은 2006년 시세를 회복하지 못하고 있다.

서울이든 신도시든 실거주야 문제없겠지만 투자에서는 조심해야 한다. 현재 시세 추이만 보고 '서울 시장은 좋고 신도시 시장은 나쁘다'는 식으로 양분해서는 안 된다. 왜 그렇게 다른 양상을 보이는지를 고려할 필요가 있다.

버블세븐 지역도 여러 가지 전략으로 접근해야 한다. 강남권(강남, 서초, 송파)과 양천구는 재건축이 대기 중이어서, 경제적인 능력이 있다면 적극적으로 관심을 가져도 된다. 하지만 서울이라도 구축 아파트는 경쟁력이 지속되지 않을 수 있다. 모든 아파트에 관심을 갖는 것은 위험하다. 신도시는 상품 경쟁력으로 미래 가치를 예상할 수 있는 곳에 관심을 집중할 필요가 있다.

서울의 버블세븐 지역은 문재인 정부가 들어선 후 모두 시세가 크게 올랐다. 특히 서초구의 시세 상승이 눈에 띈다. 서초구는 반포 아크로리버파크, 반포 래미안 퍼스티지, 반포 자이 등의 대규모 신규 아파트가 등장하면서 전반적인 시세가 크게 올랐다.

재건축 이슈 있는 지역 주목할 것

서초구의 반등 성공은 강남구, 송파구, 양천구의 재건축시장을 상승 분위기로 이끌고 있다. 강남구, 송파구, 양천구도 재건축 시기가 대부분 확정되어 가격이 오르고 있고, 본격화되는 시점부터는 서초구처럼 2006년 고점을 초과할 것이다.

반면 경기도권 신도시는 서울에 비하면 상승률이 미미하다. 2006년 전후 신도시 1, 2위였던 분당, 평촌은 강남권을 제외하면 서울보다 비싸서 $3.3m^2$(1평)당 2,000만 원이 넘었다.

잘나가던 신도시들이 왜 추락했을까. 상품 경쟁력 저하 때문이다. 분당과 평촌의 아파트는 강남 3구와 양천구의 아파트보다 연차가 최소 5~10년 이상 낮다. 재건축이 시작되는 5~10년 후에는 본격적으로 반등할 가능성이 높지만 서울 4개 지역보다는 시간이 더 필요하다.

현재의 움직임만 가지고 주택시장을 좋은 지역과 나쁜 지역으로 단편적으로 판단해서는 안 된다. 버블세븐 지역은 모두 좋은 입지다. 다만 현재 그 입지에서 가장 선호하는 상품이 무엇인지 파악해야 한다.

입지가 좋다면 다음은 상품 경쟁력이다. 같은 입지라도 시세가 다른 이유가 여기에 있다. 입지 경쟁력은 기본이고 상품 경쟁력까지 갖춰야 시세가 상승할 수 있다. 입지가 좋은 곳은 재건축·재개발을 통해 상품 경쟁력으로 역전할 잠재력을 갖고 있다. 시세가 하락해도 언제든 반등할 기회가 있다.

'입지 경쟁력 vs. 상품 경쟁력' 최후의 승자는?

실거주든 투자든 주택 구입을 고려한다면 반드시 고민해야 할 부분이 있다. '입지 경쟁력'과 '상품 경쟁력'이다. 두 마리 토끼를 한 번에 잡기는 생각보다 어렵다. 어느 쪽에 우선순위를 둬야 할까.

반포 아크로 리버파크 조감도

대체로 입지 경쟁력에 더 큰 비중을 둔다. '첫째도 입지, 둘째도 입지, 셋째도 입지'라는 주택계의 명언은 괜한 말이 아니다. 지금까지는 입지만 보고 주택을 선택해도 문제가 없었다. 하지만 주택시장이 바뀌었다. 누구나 집을 매수하려 했던 시대에는 입지가 가장 중요했지만, 이제는 조금 달라졌다.

지금은 생각보다 많은 세대가 집을 구입하려 하지 않는다. 거주할 공간이 필요할 뿐, 소유하려 하지 않는 이들도 많다. 재산으로서의 가치가 아니라 실거주지로서의 가치가 더 중요해지는 시대에는 주택 선택 전략을 어떻게 짜야 할까?

먼저 주택시장의 주체를 넷으로 나누어보자. 집을 매수하려는 집단과, 매수하지 않으려는 집단이 있다. 또한 주택 선택 시 입지를 중요하게 생각하는 집단과, 상품을 고려하는 집단이 있을 것이다. 종합해보면 매수 집단 중에도 입지 고려 집단과 상품 고려 집단이 있고, 비매수 집단 중에도 입지 고려 집단과 상품 고려 집단이 있는 셈이다.

집을 사려는 매수 집단 중 입지 고려 집단이 많을까, 상품 고려 집단이 더 많을까? 입지 고려 집단이 조금 더 많을 것이다. 임대로 거주하려는 비매수 집단 중에도 입지 고려 집단이 더 많을 것으로 예상된다. 그래서 입지 좋은 곳의 오래된 주택은 입지가 나쁜 지역의 새 주택보다 더 비싸다. 이것이 지금까지의 판세였다.

이제 입지가 전부가 아니다! 상품 경쟁력도 중요졌다!

그런데 교통이 발달하며 상황이 달라지기 시작했다. 도심에서 떨어진 교외 지역 신도시로도 사람들이 모여들었다. 신도시가 등장하면서 상품의 중요성이 과거 대비 커졌다. 분당 신도시 초기 입주자의 대다수는 기존 강남권 거주자들이었다. 그들은 강남이라는 양질의 입지를 포기하고 신도시의 새 상품을 선택했다. 도로와 전철 등 교통망의 확충이 결정적인 역할을 했다. 신도시로 사람들이 지속적으로 유입되자 기반 시설이 추가되며 입지 경쟁력도 좋아지게 되었다. 결국 신도시는 서울 못지않은 입지 경쟁력까지 갖춘 곳으로 떠올랐다.

시간이 지나자 신도시에도 문제가 생기기 시작했다. 형성된 지 20년이 넘어가니 상품 경쟁력이 급격히 떨어져서 이름만 신도시일 뿐, 구도시가 돼가고 있는 것이다.

반면 구도심은 도시 재생 사업으로 상품 경쟁력이 좋아지기 시작했다. 좋은 입지에 상품 경쟁력까지 갖추니 이전보다 더 많은 선택을 받게 된다. 기존 거주자에다 신도시로 떠났던 이들까지 복귀해서 수요층이 늘어난 것이다. 입지 좋고 상품 좋은 주택은 언제나 수요층이 있다.

구도심에 수요층을 빼앗긴 신도시에는 또 다른 경쟁자까지 등장했다. 2기 신도시, 3기 신도시가 도전해온다. 입지 조건은 아직 신도시만 못하지만 상품 경쟁력은 더 뛰어나다. 주차 공간이 넉넉하고, 조경 공간이 좋고, 평면 구조와 옵션이 다양하다. 신도시는 구도심 및 새로운 신도시와의 경쟁력 싸움에서 밀리게 된다.

수도권 주택시장은 한동안 혼란스러울 것이다. 시장만 보고 '묻지마 투자'를 하면 안 된다. 철저하게 지역별로 입지 경쟁력과 상품 경쟁력을 따져야 한다. 구도심에서는 상품 경쟁력이 좋아질 곳이 어딘지 파악해야 하고, 신도시에서는 어떤 입지 경쟁력이 있는지 분석해야 한다. 인기가 하락하는 신도시라도 경쟁력 있는 입지는 매수 대상이 될 수 있다.

집은 경쟁력 있는 입지를 선택하는 것만으로 80%는 성공한 투자라고 할 수 있다. 입지가 좋으면 상품성은 보완할 수 있다. 하지만 상품성이 좋은 곳이 저절로 입지까지 좋아지기는 어렵다. 그래서 입지가

부산 마린시티

상품보다 더 중요하다.

　어떤 집을 선택해야 할지 고민이 된다면 지불 가능한 경제력 내에서 가장 좋은 입지를 선택하는 것이 현명하다.

새 아파트로서의 경쟁력 유효 기간은 보통 10년

아파트라는 상품은 지난 10년간 큰 변화를 보였다. 지상 주차장을 없애고 지하 주차장을 활성화했다. 초소형 임대 아파트를 제외하면 66m^2형(약 20평) 이상 단지는 아파트로만 공급되고 단지 내 같은 평형이라도 판상형, 타워형 등 평면 타입이 다양하다. 홈네트워크 시스템, 보조 주방, 주방 팬트리, 붙박이장, 드레스룸 등 세대 내 공간 상품 아이템이 10년 전과는 완전히 달라졌다. $66m^2$형대에도 화장실이 2개 들어간다.

10년만 지나면 아파트 상품 구성이 완전히 달라지기 때문에 아파트 상품 평가 기준을 10년으로 잡는다. 아파트의 수명을 30년으로 가정한다면 일반적으로 10년 미만의 아파트를 '새 아파트'라고 할 수 있다. 10~20년 차는 '기존 아파트', 20년 차 이상은 '구축 아파트'로 분리한다.

절대적 기준은 아니다. 새 아파트의 상품 경쟁력도 상대적으로 판단해야 한다. 3년이 될 수도, 5년이 될 수도, 심지어 15년이 될 수도 있다.

예를 들어보자. 부천시 중동 신도시는 1993년 입주를 시작한 1기 신도시다. 그로부터 약 10년 후인 2002년에 상동 신도시가 들어섰다. 중동 신도시는 명칭만 신도시일 뿐, 상동 신도시와 비교해서는 기존 아파트가 된다.

부산 해운대구에는 좌동 신시가지가 있다. 1996년 이후 대규모로 형성된 대규모 택지 개발 신도시다. 20년이 지난 지금도 신시가지라 불린다. 해운대구에는 우동도 있다. 좌동 신시가지가 형성되고 10년 뒤인 2006년부터 우동에 새 아파트가 대규모로 공급되었다. 센텀시티, 마린시티라 불리는 지역이다. 이 경우 좌동 신시가지는 기존 아파트가 되고, 우동 마린시티와 센텀시티는 신규 아파트가 된다.

부천의 상동 신도시와 해운대의 우동 신도시 모두 새 아파트 공급 당시에는 구시가지에 비해 가격이 비쌌다. 입지 조건만 놓고 보면 구시가지에 비해 경쟁력이 떨어지는데도 상품 경쟁력의 가치에 힘입어 가격이 올랐다.

상동 신도시와 우동 신도시 모두 아파트가 들어선 지 10년이 지났다. 이제는 신규 아파트로 불리지 않는다. 그러나 부천과 부산, 두 지역의 시세를 비교하면 다른 양상을 보인다. 부천의 중동 신도시와 상동 신도시의 시세가 비슷한 데 비해 해운대구의 좌동 신시가지와 우동 센텀시티, 마린시티의 시세는 더 벌어졌다. 두 지역의 차이를 어떻게 이해해야 할까?

지속되는 상품 경쟁력에 대한 기준이 추가로 필요하다. 상대적 비교를 해야 한다.

10년 이후엔 결국 '입지' 경쟁력만 남는다

부천 상동 신도시는 지난 10년간 별다른 변화가 없었다. 시간이 흘러 새 상품으로서의 메리트가 사라졌다. 외지인에게는 상동과 중동이 비슷해 보인다. 상품 가치를 제외하면 입지 가치로 평가하게 되는데, 두 지역은 입지가 비슷한 수준이라고 평가받기 때문이다.

반면 부산 해운대구의 우동 신도시에는 최초 입주 이후로도 새 상품이 지속적으로 공급되고 있다. 우동 내에서도 분화가 시작되었다. 랜드마크 아파트가 계속 달라지고 주변 아파트 시세도 따라 올라가는 경향을 보인다. 그래서 시세가 꾸준히 오를 수 있었다. 우동은 입지 경쟁력도 함께 상승했다.

새 아파트의 기준을 몇 년으로 보는가는 경쟁 입지, 경쟁 단지가 있는가에 따라 달라진다. 10년 차 아파트라도 주변에 신규 아파트가 없다면 새 아파트로서의 메리트를 누릴 수 있다. 반면 5년 차 아파트라 해도 주변에 신규 아파트가 입주하면 프리미엄 일부를 양보해야 한다.

서울시 송파구 잠실동에는 주공 아파트 단지가 5개 있었다. 1~4단지는 재건축해서 잠실엘스, 잠실리센츠, 레이크팰리스, 트리지움 모두 2007~2008년 입주해 10년 차 이상이다. 하지만 주변에 신규 아파트가 없어 지금까지도 새 아파트의 프리미엄을 누린다.

주변에 이전 상품보다 뛰어난 상품이 나올 때까지는 상품 경쟁력이 지속될 가능성이 높다. 입지 경쟁력을 갖추지 않은 곳의 상품 경쟁력은 그 가치가 짧게 유지될 수밖에 없다.

반대로 입지 경쟁력이 있는 아파트는 주변에 신규 아파트가 입주하면 몇 년간은 경쟁력을 잃을 수도 있지만 그곳이 새 아파트로서의 메리트를 잃는 순간부터 입지 경쟁을 할 수 있다.

집을 중단기적 측면에서 보면 입지와 상품을 함께 고려해야 한다. 하지만 장기적인 관점에서 주택은 첫째도 입지, 둘째도 입지, 셋째도 입지다.

글 김학렬

국내 최고의 입지 분석가이자 부동산 인기 칼럼니스트. 현재 더리서치그룹 부동산조사연구소장이며, 시장 조사 기관 한국갤럽조사연구소에서 부동산조사본부 팀장을 역임했다. 지난 18년간 1,000여 개의 국내외 부동산 리서치 프로젝트를 진행했으며, 《지금도 사야 할 아파트는 있다》, 《서울이 아니어도 오를 곳은 오른다》, 《서울 부동산의 미래》 등 7권의 베스트셀러를 펴냈다.

절판된
100만 원짜리
투자서

신진오

이 책은 여러모로 전설적이다. 값이 무려 100만 원이다.
절판되었다. 한글로 번역되지 않았다. 내용이 깊고 묵직한 데다
강렬하다. 이 책은 안전마진 및 가치투자의 철학과 트레이딩 기법 등을
전한다. 아울러 투자자들의 실패는 투자업계가 이익 극대화를 위해
고객을 이용하기 때문이라고 고발한다.

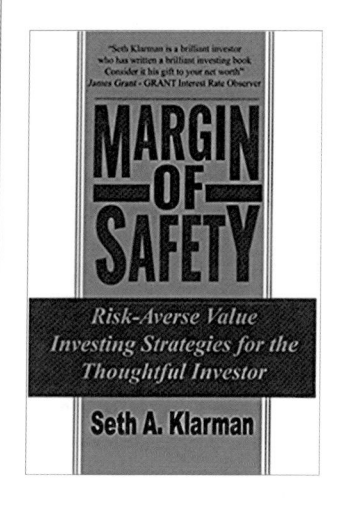

한 권이 무려 100만 원인 투자서가 있다. 2019년 4월 현재 아마존에서 중고는 최저 865달러에, 새 책은 최저 1,399.99달러에 거래된다. 세스 클라만이 쓴 《Margin of Safety(안전마진)》(한국 미출간)가 바로 그 책이다. 1991년에 출판됐고 249쪽 분량이다.

굳이 분석하면, 이 책의 가치가 치솟은 데는 두 가지 요인이 작용했다. 하나는 저자가 책을 절판시켰다는 것이다. 갖지 못하는 물건일수록 더욱 갖고 싶은 게 사람의 마음일까. 아마존의 거래 가격에는 그런 갈망의 크기가 반영되었을 것이다. 다른 하나는 책 내용의 가치다. 이 책에는 안전마진 및 가치투자의 철학과 트레이딩 기법 등이 담겨 있다.

다행스러운 점은 인터넷 검색으로 원서 PDF 파일을 손쉽게 구할 수 있다는 것이다. 다만 원서 PDF 파일을 다운로드하는 것이 불법인지 아닌지는 명확하지 않기 때문에 다운로드를 추천하지는 않는다.

저자가 원서를 절판시킨 마당에 한국어 번역 출간을 동의할 리 없다. 개인적으로 번역 및 제본해서 보는 이들이 있다고 들었다. 여기서는 아쉽지만 핵심 주제라도 알기 쉽게 소개하는 것으로 한국 투자자들의 갈증을 달래볼까 한다. 저작권 시비에 휘말리고 싶은 생각은 전혀 없으니 의혹을 살 만한 직접 인용은 가급적 삼가고 나름대로 잘 녹여내고 쉬운 말로 바꿔서 메시지를 전달하는 데 충실하고자 한다. 이 점 독자들께 미리 양해를 구한다.

이렇게 구성되어 있다

우선 이 책을 개괄해보면 크게 3부로 구성되어 있다. 1부에서는 투자자들이 왜 투자에 실패하는지를 분석한다. 투자자 스스로가 투기에 휩싸이기 때문에 실패할 수밖에 없다고 한다. 또 투자업계, 특히 기관투자가는 자신의 이익을 극대화하기 위해 고객을 이용한다고 고발한다. 심지어 쓰레기에 지나지 않는 불량 채권을 아무 문제 없는 것처럼 팔아먹는다고 지적한다. 2부에서는 투자철학에 대해서 깊이 있게 논의한다. 도대체 무엇 때문에 투자하려는 것인지, 이 책의 제목이기도 한 '안전마진'이 무엇인지를 살펴본다. 가치투자라는 방식이 생겨난 과정과 내재가치 평가 방법을 다룬다. 3부에서는 실제 투자에 도움이 되는 다양한 투자 대안을 소개한다. 실제로 포트폴리오를 운용하는 방법과 그에 따른 트레이딩 기법을 소개한다. 마지막으로 개인 투자자를 위한 대안을 제시하면서 책을 마무리한다.

실패하는 것은 투기를 하기 때문이다

당신이 편의점에서 고등어 통조림을 구입했다고 치자. 통조림을 개봉했더니 내용물이 상했다면 어쩌겠는가? 아마도 구입한 편의점에 찾아가서 자초지종을 말하고 환불을 받거나 교환하려고 할 것이다. 그런데 편의점 사장이 이렇게 말하면 어떤 생각이 들겠는가?

"그 통조림은 그냥 판매용이랍니다. 판매용 통조림을 먹는 사람이 잘못이죠."

주식은 실제 사업의 지분이다. 그런데 매매용 종이 쪼가리로만 인식한다면 투기에 불과한 것이다. 기업의 펀더멘털을 이해하려 하지 않고, 시장이나 주가를 예측해서 수익을 내려고 한다면 당신은 투기를 하고 있는 셈이다. 혹시 '비싸게 사줄 더 바보'를 찾는 중이라면 당신이야말로 '가장 바보'임에 틀림없다. 미술품이나 골동품 등 수집품이 투자 대상이 될 수 없는 것은 그 자체로 이익이 발생하지 않기 때문이다. 같은 맥락에서 최근 거론되는 암호화폐도 투자 대상으로 보기 힘들다.

최근에 발생한 헌법재판관 후보의 이슈에서 보았듯이 대부분의 사람들은 주식에 투자해서 얻은 수익을 불로소득이라고 여기고 색안경을 쓰고 본다. 주식 투자가 그럴 바에는 짧고 굵게 한 방을 노린다. 이런 대박을 좇는 '돼지'들은 탐욕을 이기지 못해 투기를 벌이곤 한다. 이렇게 물불 가리지 않고 벌이는 투기의 결말은 참담하기 그지없다. 실패하는 근본적인 이유는 바로 투자자 자신에게 있는 것이다. 그런데 결과적으로 투기 덕분에 진정한 투자자들에게 투자수익의 기회가 발생한다는 점은 아이러니라고 할 수 있다.

고객을 봉으로 여긴다

투자업계는 고객을 대신해 투자수익을 내야 하는 사명감이 존재한다. 다시 말해 이들은 고객의 '대리인'이다. '주인'인 고객은 투자업계에서 도움을 받는다고 생각한다. 그래서 기꺼이 각종 수수료와 보수를 지불한다. 하지만 이는 단단한 착각일 뿐이다. 그들이 고객을 상대하는 근본적인 목적은 자신들이 돈을 버는 것이다. 고객에게 실질적으로 도움이 되든 말든 아무 관심도 없다. 고객의 이익에 앞서 자신의 이익부터 챙긴다. 고객을 오로지 돈을 버는 수단으로만 생각한다. 이렇게 이해 상충이 발생하는 것을 대리인 문제라고 한다.

주식시장은 투자업계가 고객의 돈을 빼먹기에 최적의 장소다. 그래서 고객들이 건전한 투자 마인드를 가지는 것을 바라지 않는다. 일확천금을 잡아 벼락부자가 된 사례를 알려주며 헛된 꿈을 꾸게 만들고 탐욕에 눈이 멀어 투기에 전념하기를 부추긴다. 고평가된 가격으로 증권을 발행하기 쉽도록 시장에 거품이 발생하기를 원한다. 고객이 돈을 벌든 잃든 관심도 애정도 없다. 틈만 나면 자신들이 받는 수수료와 보수를 높이는 그럴듯한 핑계를 만드느라 분주하다. 복잡한 이유를 들이대며 돈을 요구한다면 고객을 봉으로 보고 있다는 명백한 증거다.

돈이 된다면 쓰레기도 팔아댄다

'정크(junk)'란 문자 그대로 쓰레기라는 의미다. 정크본드란 직역하면 '쓰레기 같은 채권'으로서 부도가 임박한 기업이 발행한, 신용등급이 매우 낮은 채권을 말한다. 정상적인 상황이라면, 그리고 고객을 조금이라도 생각하는 투자회사라면 도저히 판매해서는 안 되는 증권이다. 그런데도 이 정크본드를 묶어서 펀드를 만들면 포트폴리오 효과에 의해 위험이 줄어들 수 있다고 홍보한다. 이렇게 쓰레기 판매에 열을 올리는 것은 판매 수수료가 워낙 두둑하기 때문이다.

얼핏 들으면 이론적으로 그럴듯한 데다가 수익률도 높다는 투자회사의 말에 현혹되는 사람들이 많다. 결과는 참담할 수밖에 없다. 정크본드에 투자하면 상당한 손실을 각오해야 한다. 정크푸드를 먹으면 배탈이 나는 게 당연한 것과 마찬가지다. 쓰레기는 누구나 버리려고 하고, 쓰레기를 받겠다는 곳은 찾기 어렵다. 그래서 우리는 쓰레기를 버리는 데도 돈을 낸다. 이런 현실에 비추어 볼 때도 쓰레기 같은 금융상품을 사는 것은 미친 짓이다. 오히려 돈을 주고 쓰레기를 사는 것이니 말이다.

사실 주식시장에 상장되어 있는 기업 중에서 고객에게 적극적으로 매수를 추천할 만한 보석 같은 우량 기업이 얼마나 될까? 정의상 보석이란 귀한 법이다. 그럼에도 불구하고 자산운용사가 그렇게 많고 그들이 운용하는 펀드가 셀 수 없을 정도로 많다는 것은 그중 일부는 분명히 쓰레기를 섞어서 팔고 있다는 방증이다. 쓰레기 판매도 불사하는 그들이 고객 편일 리가 있을까.

쓰레기 금융상품 판매가 경쟁적으로 점점 더 대규모로 이루어지다가는 경제를 망칠 수도 있다. 서브프라임 사태가 이 위험을 극명하게 보여줬다. 불량 등급인 서브프라임 부동산 대출 채권을 잘게 쪼개 만든 금융상품을 무분별하게 판매한 행태가 만연했고, 이는 결국 글로벌 금융위기를 촉발했다.

힘껏 밟으면 빨리 갈 수는 있다

독특하게 운용해서 스타가 되려다가 실패해서 해고당할 수도 있는 위험을 기꺼이 지려는 펀드매니저가 얼마나 있을까? 아마 대부분은 남들과 비슷하게 운용하면서 가늘고 길게 살아남고 싶을 것이다. 펀드매니저들은 수시로 성과를 평가받기 때문에, 단기 수익률을 높여서 자신의 안위를 지킬 수만 있다면 고객이 감당해야 할 위험 따위는 아랑곳하지 않는다.

펀드의 주식 비중을 시장 상황에 따라 유연하게 조절하려 하지 않고 최대한 100%

에 근접하게 유지한다. 왜냐하면 이미 주식형 펀드에 가입하는 결정 자체가 고객이 그렇게 해달라고 요구한 것으로 보기 때문이다. 결과가 좋으면 펀드매니저가 운용을 잘한 것으로 홍보하고, 결과가 나쁘면 고객이 그렇게 결정한 탓으로 돌릴 수 있다. 빨리 달리길 원하는 고객이 있는 한 액셀러레이터를 힘껏 밟으면 그만이다. 그러다 사고가 난다고 해도 펀드매니저는 책임질 생각이 조금도 없다.

기준을 바꾸면 그럴듯하게 보인다

기업의 이익을 측정하는 지표로 월가에서 통용되는 것에 EBITDA가 있다. 이자, 법인세, 감가상각비를 차감하기 전 이익을 말한다. 인수 합병이 활발한 월가에서는 나름대로 의미가 있는 지표. 어떤 기업을 인수한 이후 부채를 모두 갚아버린다면 굳이 이자를 감안할 필요가 없게 된다. 또 공장 등 유형자산을 모두 처분하면 굳이 감가상각비를 고려할 이유도 없게 된다. 마지막으로 기업을 완전히 청산해버리면 문을 닫는 마당에 법인세를 미리 감안할 필요도 없을 것이다. 그러므로 기업 인수자 입장에서 인수 기업에 대해 백지상태에서 그림을 그리기에 나쁘지 않은 방법이다.

원칙적으로 기업의 이익은 매출액에서 비용을 차감하고 구해야 마땅하다. 그런데 비용이 충분하게 반영되지 않는 이 방식을 사용하면 이익이 과도하게 부풀려 보일 수 있다. 높은 인수 가격도 그럴듯하게 보여서 인수 합병 거래를 성사시키려는 것이다. 계속기업을 가정하는 투자자 입장에서 인수 거래에서나 적용되는 기준을 굳이 사용할 이유는 없다. 그런데도 이 지표를 굳이 사용하는 투자회사가 있다면 투자자를 속이려는 저의가 내재되어 있다고 보아야 한다.

위험을 극복하려면 보수적인 관점을 유지해야 한다

워런 버핏은 "투자의 첫째 원칙은 '돈을 잃지 말라'이며, 둘째 원칙은 '첫째 원칙을 절대로 잊지 말라'이다"라고 자주 이야기한다. 어떤 종류의 리스크도 발생시키지 말라는 뜻이 아니다. 원금에 손실이 발생할 만한 일을 만들지 말라는 의미다. 미래를 예측하는 것은 불가능하다. 어떤 상황에서도 돈을 잃지 않으려면 최악의 상황을 염두에 두고 보수적인 관점을 유지해야 한다. 시간이 지나면 자연스럽게 이익이 따라올 수 있도록 철저한 분석이 앞서야 한다. 희망하는 수익률을 목표로 삼기보다는 감당할 수 있는 위험 수준을 목표로 삼아야 한다. 가치투자야말로 위험을 고려하는 유일한 방법이다.

가치투자란 안전마진을 확보하는 것이다

가치투자는 내재가치보다 현저하게 할인해 주식을 매수한 다음 주가가 내재가치에 수렴할 때까지 보유하는 투자 원칙이다. 여기서 '할인'이라는 요소가 투자 과정의 핵심이다. 가치투자는 내재가치에 대한 철저한 분석과, 할인이 충분할 때까지 기다리는 인내심의 결합체다.

철저한 할인 추구야말로 가치투자가 위험 회피 접근법이 되도록 만들어준다. 가치투자자는 무한한 인내심을 가지고 기다리고 또 기다린다. 흔히 투자에서 인내심이 필요하다는 말을, 투자한 이후 주가가 상승할 때까지 기다리는 것으로 이해하는 투자자들이 있다. 이보다는 매력적인 투자 기회가 올 때까지 현금을 함부로 사용하지 않고 끈기 있게 보유하면서 기다리는 것을 의미한다.

매력적인 투자 기회는 '스트라이크존'에 들어오는 공이 아니라 자신이 '가장 좋아하는 코스'로 날아오는 공이라고 할 수 있다. 가치투자자는 자신이 노리는 공을 기다리는 인내심을 키워야 한다. 아울러 언제 어떻게 공을 칠지 훈련해야 한다. 성급하게 투자해야 한다는 압박을 받지 않아야 수익률을 높일 수 있다.

그레이엄은 내재가치에서 상당히 할인한 매수에만 관심이 있었다. 할인이 곧 안전마진이다. 버핏은 안전마진의 개념을 참을성이라는 용어로 표현했다. 시장의 하락이야말로 투자철학에 대한 진정한 시험 무대라 할 수 있다. 강세장에서 높은 수익을 내는 주식은 대체로 투자자들이 가장 높은 기대를 하는 주식이다. 기대가 현실화되지 못하면 전형적으로 안전마진이 없는 '지뢰 주식들'은 종종 폭락할 수 있다. 가치투자 전략을 축약하면 '기다리다가 싸게 사는 것'이다. 바겐세일인지 알기 위해 내재가치를 측정하는 법을 배워야만 한다. 바겐세일에 해당하는 매수 구간에 들어올 때까지 경제 전체에 대한 관점이나 시장의 현황에 좌우되지 않고 기다려서 매수할 수 있는 인내심을 길러야 한다. 상향식 투자자들은 매력적인 종목을 찾을 수 없을 때는 현금을 유지한다.

사기꾼들도 '가치투자'라는 용어를 애용한다. 그러나 그들은 보수적 관점과는 거리가 멀고 위험한 수익률 게임을 일삼는 투기꾼들이다. 심하게는 처음부터 사기 칠 작정으로 자신들이 '가치투자'를 하고 있다고 홍보한다. 무려 1조 원대의 투자 사기를 저지른 밸류인베스트코리아도 '가치투자'를 회사명으로 사용하고 있었다는 점에 주목하라.

가치투자는 넓은 의미에서 아비트리지 거래다

가치투자가 성공적인 핵심 이유는 주가가 종종 잘못 형성된다는 점이다. 그레이엄과 도드는 이렇게 설명한다. "시장은 내재가치를 적정하게 측정하는 체중계가 아니다. 수많은 투자자들의 이성과 감성을 반영하는 투표소다." 어떤 면에서 가치투자는 넓은 의미에서 주가와 내재가치 사이에서 일어나는 아비트리지 거래다. 그러나 전형적인 아비트리지 거래와는 달리 가치투자는 무위험이 아니다. 이익은 즉시 발생하지도 않고 확정되지도 않는다.

가치투자 철학에는 세 가지 핵심 요소가 있다. 첫째, 가치투자는 저평가된 종목을 발굴하는 상향식 전략이다. 둘째, 가치투자는 절대수익률을 추구한다. 마지막으로 가치투자는 위험 회피 접근법이다.

하향식은 투자가 아니라 투기다

하향식 투자자들은 남들보다 더 빠르고 정확하게 예측 불가능한 것을 예측해야만 하는 임무를 떠맡고 있다. 하향식 투자가 더 높은 가격을 지불할 바보를 찾는 '더 바보 게임'인지, 통찰력 있는 소수가 승리하는 '더 천재 게임'인지는 분명하지 않지만, 위험 회피적인 투자자에게는 둘 다 매력적인 게임으로 비치지 않는다.

하향식 투자에는 안전마진이 없다. 하향식 투자자들은 내재가치에 근거를 두고 매수하지 않는다. 콘셉트, 테마, 트렌드에 따라 매수하곤 한다. 다른 사람이 곧 살 것이라고 믿는 주식을 산다면 이들은 실제로는 투기를 하고 있는 것이다. 하향식 투자 결정의 한 요소로 다른 사람들의 기대치를 고려해야만 한다.

위험을 회피하는 3가지 방법

적절하게 분산하고, 필요하면 헤지하고, 안전마진을 갖고 투자하라. 우리가 특정 기업의 위험을 모두 알 수는 없기 때문에 할인해 투자하려고 노력해야 한다는 점은 명쾌한 논리다. 싸게 사면 예상치 못한 상황에 대해 쿠션이 되어줄 것이다. 헤지는 기회비용을 제한할 수 있는 또 다른 방법이다. 헤지는 가격 하락의 쿠션 역할을 할 수 있도록 보유 포지션과 반대로 움직일 것으로 기대되는 투자안이다.

내재가치는 보수적으로 평가해야 한다

특정 시점에 내재가치를 확정적으로 결정할 수 없다. 그래서 내재가치를 계속해서 다시 평가해야 한다. 내재가치를 확정하려는 어떤 시도도 결국 확정적으로 부정확한 수치를 얻는 것으로 귀결되고 만다. 정확하게 계산할 수 있다고 해서 확정적인 예측을 할 수 있다는 의미는 아니다. 간단한 모형으로 내재가치를 추정한다는 것은 보다 정확하게 내재가치를 확정하기 힘들다고 암묵적으로 동의하고 있다는 의미다. 미래를 제대로 예측할 방법은 없다. 하지만 미래 현금흐름을 할인해야 하는 가치투자자로서는 미래 예측이 불가능하다고 해서 예측하지 않을 도리가 없다. 유일한 방법은 보수적인 관점을 유지하는 것이다. 배수법으로 내재가치를 평가하면 순환 논리에 빠질 위험이 있으므로 지양해야 한다. 이자율이 비정상적으로 낮을 때 지나치게 높은 배수가 적용되는 것을 경계해야 한다.

촉매가 있다면 고마울 따름이다

내재가치보다 싸게 샀는데 주가가 빨리 상승하게 만드는 어떤 이벤트가 발생하면 즉시 이익을 볼 것이다. 이러한 이벤트를 촉매라고 부른다. 촉매가 있는 주식에 투

자하면 안전마진을 확대함과 동시에 투자자들이 부담하는 포트폴리오 위험을 줄일
수 있다.

종목 교체를 두려워 말라

지금 보유한 종목과 새로운 가능성 있는 종목을 지속적으로 비교해야 한다. 비록 보
유 종목을 손실을 보고 매도해야만 할지라도 종목 교체를 두려워해서는 안 된다. 즉
어떤 종목도 신성불가침으로 여겨서는 안 된다.

투자란 특정 종목에 투자하는 것이 아니라,
포트폴리오를 운용하는 것이다

포트폴리오 운용은 구성 종목을 늘 재검토하는 것과 트레이딩 활동을 포함한다. 적
절한 분산을 유지하고, 헤지 결정을 내리며, 포트폴리오의 현금흐름과 유동성을 관
리하는 것까지 포함된다. 포트폴리오 운용은 치열한 연속선상에 있음을 받아들여
야만 한다. 특정 종목으로 보면 투자의 시작과 끝이 있겠지만, 포트폴리오 운용은
영원히 계속되는 것이다.

포트폴리오 운용이란 유동성을 관리하는 것이다

포트폴리오는 유동성 관점에서 균형을 유지해야만 한다. 수익과 유동성 간의 교환
관계를 완화하는 요소가 바로 듀레이션이다. 짧은 듀레이션 자체가 유동성의 근원
으로 작용한다. 예컨대 벤처 투자자라면 높은 손실 가능성 및 오랜 기간의 비유동
성을 상쇄할 만한 예외적으로 큰 보상이 필요하다. 유동성과 비유동성, 수익 추구와
손실 회피 사이의 적절한 균형을 잡는 것은 정말 쉽지 않은 일이다.

어떤 면에서 투자라는 것은 유동성을 관리하는 끝없는 과정이라고 할 수 있다. 원래
투자자들은 '투자 의사가 있는 현금'이라는 유동성을 가지고 시작한다. 이 초기의
유동성이 수익을 얻기 위해 유동성이 적은 투자 대상으로 점차 변모한다. 투자가 성
공함에 따라 유동성은 회복된다. 그리고 이 과정은 다시 시작된다.

포트폴리오 유동성 순환 과정은 두 가지 면에서 매우 유용하다. 첫째, 포트폴리오에 유입되는 현금흐름은 투자자의 기회비용을 줄여줄 수 있다. 둘째, 포트폴리오의 일부분을 주기적으로 유동화하면 포트폴리오를 정화하는 효과를 가져온다. 항상 투자를 100% 하는 것을 선호하는 많은 투자자들은 현재 포지션이 망하든 말든 자기만족에 빠지기 쉽다. 손실이 커지는 것도 무시되고 '죽은 나무'만 쌓여갈 수 있다. 반대로 포트폴리오의 증권을 현금으로 자주 유동화한다면, 투자자는 이 돈으로 최고의 가치 우량주를 지속적으로 찾아 나설 수 있을 것이다.

종목이 아니라 위험을 분산하라
아무리 안전해 보이는 종목에도 어느 정도의 위험은 내포되어 있다. 따라서 확실하게 분산해두는 것이 가능성이 낮은 사건이 발생했을 때 유해한 영향을 최소화하는 최선의 방법이다. 포트폴리오의 위험을 줄이기 위해 많은 종목을 보유할 필요는 없다. 보통 10~15개 종목이면 충분하다. 이때 분산을 위한 분산은 이치에 닿지 않는 일이다. 분산은 얼마나 많은 종목을 보유하고 있는지가 아니라, 보유 종목이 내포하고 있는 위험이 어떻게 다른지에 의해 결정되는 것이다.

헤지도 때로는 유용하다
주식시장이 전체적으로 하락하는 시장 위험은 분산을 통해서 줄일 수 없다. 오직 헤지를 통해서만 줄일 수 있다. 헤지는 투자자가 심각하게 위험한 상태로 몰리는 것을 방지해준다. 하지만 항상 최선은 아니다. 기대 수익이 충분히 크다면 위험을 감내하고 헤지하지 않은 상태로 남아 있어도 된다.

트레이딩은 포트폴리오 운용의 과정이다
대부분의 데이트레이딩은 제로섬의 결과를 낳을 뿐이다. 남들이 바보처럼 행동하거나 규정 때문에 어쩔 수 없이 행동할 때 좋은 투자 기회가 나타난다. 이처럼 투자자에게 트레이딩은 가격 산정의 오류를 활용하는 과정으로 활용되어야 한다.

시장에서 떨어져 있으면서 주기적으로 포트폴리오를 리밸런싱하는 과정으로 트레이딩을 하는 것이 유용하다. 한 번에 100% 매입하는 것보다 평균매입법으로 접근하는 편이 가치투자의 취지에 맞는다. 가치투자자라면 가격이 하락할 때 비중을 늘리고자 할 것이기 때문이다. 그런 의미에서 손절매는 얼핏 효과적으로 보일지 몰라도 사실은 미친 짓이다.

절판시킨 이유가 무엇일까?

세스 클라만의 《안전마진》을 전반적으로 훑어보았다. 혹시라도 투자 비법을 기대한 독자에게는 유감을 전할 수밖에 없다. 사실 아무리 뒤져보아도 특별하게 비법으로 여길 만한 내용은 보이지 않았다. 저자가 비법을 숨기려고 이 책을 서둘러 절판시킨 것은 아닌 것 같다. 이 책의 1부에서 자신들의 이익에 혈안이 된 투자업계의 적나라한 진면목이 거론된다. 업계의 한 사람으로서 내부 고발자가 느꼈을 법한 심리적 부담감 때문은 아니었을까?

이게 핵심이다

두껍지도 않은 이 책이 담담하게 전하는 핵심 메시지는 사뭇 무겁고 강렬하다. 진정한 의미에서 투자란 '가치투자'가 유일하며, 그를 위해서는 보수적인 관점을 유지해야 한다. 구체적으로 내재가치를 평가해서 안전마진을 확보하는 것만이 위험을 줄이고 수익을 기대할 수 있는 방법이라는 것이다. 전설로 남은 이 책을 독자들에게 이런 식으로나마 소개할 수 있어서 다행스럽게 생각한다.🅥

글 신진오
가치투자 독서 클럽 밸류리더스 회장. 신영증권에서 주식운용 담당 임원을 역임했다. 1992년 외국인에게 한국 증시가 개방되기 직전 '저PER 혁명'을 주도하며 한국 가치투자의 서막을 열었다. 《ValueTimer의 전략적 가치투자》 저자.

'부유한 멍거'가
되는
길잡이

김재현

투자와 삶에 대한 찰리 멍거의 지혜는 '멍거리즘Mungerisms'이라고
불린다. 버핏은 "멍거리즘은 내게 크나큰 즐거움의 원천이
되었다"면서 "그는 내가 나만의 사고방식을 형성하는 데에도
큰 도움을 주었다"라고 말했다.
《Poor Charlie's Almanack(가난한 찰리의 연감)》을 통해
우리도 버핏처럼 멍거리즘을 접하고 배울 수 있다.
이 책 548페이지 곳곳에는 보석 같은 투자와 삶의 지혜가 박혀 있다.
이 책으로 우리는 멍거가 주식 투자에 활용해
성공한 '4단계 프로세스'를 터득할 수 있고,
그가 투자에 활용하는 체크리스트를 익힐 수 있다.

워런 버핏은 전 세계 투자자들의 우상이다. 모두가 그의 생각을 알고 싶어 한다. 그런 버핏이 항상 의견을 물어보는 사람이 있다. 바로 버크셔 해서웨이 부회장인 찰리 멍거다.

멍거는 이력이 독특하다. 17세 때 미시간대학 수학과에 입학했다가 19세에 공군에 입대하면서 학업을 중단하게 됐다. 공군에서 기상 예측을 담당했고 캘리포니아공과대학에서 기상 전문가 교육을 받았다. 종전 후 제대한 그는 대학을 마치지 않은 채 하버드 로스쿨에 입학했다. 하버드 로스쿨을 우등으로 졸업했을 때 그의 나이 24세였다.

버핏과 멍거의 인연이 재미있다. 둘은 고향이 같다. 멍거는 1924년, 버핏보다 6년 먼저 네브래스카주 오마하에서 태어났다. 그는 버핏의 집에서 불과 몇 블록 떨어진 곳에서 자랐다.

두 사람이 처음 만난 것은 1959년이었다. 그해 멍거의 부친이 타계했고, 멍거는 집안을 정리하기 위해 고향에 왔다. 지인이 저녁 식사에 두 사람을 초대했다. 앞서 버핏은 의사인 지인이 여러 번 자신을 멍거와 혼동하자 멍거가 도대체 누구인지 궁금해하고 있었다. 두 사람은 만나자마자 의기투합했다.

멍거는 1978년 버크셔 해서웨이의 부회장이 됐다. 이후 40년이 넘는 시간 동안 버핏과 멍거는 파트너로서 버크셔 해서웨이를 키워나갔다. 버핏이 멍거라는 훌륭한 조력자를 만나지 못했다면 버크셔 해서웨이는 지금처럼 시가총액 5,100억 달러가 넘는 기업으로 성장하지 못했을지도 모른다. 버핏이 공식석상에서 멍거를 자주 비즈니스 파트너로 치켜세우는 이유다.

버핏에 관한 책은 많지만, 버핏이 직접 쓴 책은 없다. 멍거는 《Poor Charlie's Almanack(가난한 찰리의 연감)》(한국 미출간)이라는 책을 2005년 출판했다. 멍거가 존경해 마지않는 벤저민 프랭클린(Benjamin Franklin)의 《가난한 리처드의 연감(Poor Richard's Almanack)》을 오마주한 책이다. 그는 이 책에 자신이 20년 동안 한 강연과 대화를 수록했다.

재산이 약 2조 원에 달하는 억만장자가 쓴 책치고는 제목이 역설적이다. 내용은 형식에 얽매이지 않고 자유분방하다. 그러면서 보석 같은 투자와 삶의 지혜가 곳곳에 들어 있다. 양장본에 548페이지에 달하는 이 책에 아마존 독자 중 83%가 5점 만점을 줬다. 평균 평점은 4.7, 100점 만점에 94점이다.

아쉽게 우리나라에는 번역 출간되지 않았는데, 국내 출판사들이 번역 의사를 타진했으나 멍거가 거절했다고 한다. 중국어로만 번역되었고 다른 국가에서는 번역되지 않았다.

버크셔 해서웨이 주주총회에서 멍거는 버핏에게 답변할 기회를 넘기면서 항상 "나는 추가할 내용이 없습니다"라고 말하지만, 사실 할 말이 많다. 《가난한 찰리의 연감》은 멍거가 투자자들, 더 나아가 사람들에게 하고 싶은 말을 담고 있다. 그 안에는 100년 가까이 살아온 현자의 지혜가 넘친다.

승률 vs. 수익률 - 경마와 주식 투자의 공통점

이 책에서 멍거는 경마와 주식 투자의 성공 비결이 똑같다고 말한다. 주식 투자가 도박으로도 인식되는 경마와 똑같다고? 이건 좀 아니지 않은가.

그런데 알고 보면 멍거가 맞다. 대다수 국가에서 경마는 1867년 조세프 올레가 창안한 패리 뮤추얼(pari mutuel, 영어로는 mutual betting) 방식을 채택하고 있다. 즉, 이긴 말에 베팅한 전체 금액 중 비용과 수수료를 제외한 나머지 금액을 배당률에 따라 나누어주는 방식이다.

패리 뮤추얼은 말 그대로 상호(mutual) 간의 내기(betting)다. 다른 사람들의 베팅에 따라 배당률이 달라지기 때문에, 우승 확률이 높으면 배당률이 낮고 우승 확률이 낮으면 배당률이 높다. 가끔씩 경마에서 100배가 넘는 고배당이 나오는데, 이 대박을 잡은 사람은 100분의 1 확률에 베팅했기 때문이다. 정확하게는 경마에서 정부가 세금, 운영비 등으로 27%를 떼기 때문에 137분의 1 확률을 맞혀야 100배를 벌 수 있다.

멍거는 주식시장이 경마의 패리 뮤추얼 방식만큼 효율적이라고 말한다. 인기 있는 주식이 장기적으로 성장할 가능성이 높지만, 이 주식에 베팅한 사람이 반드시 수익을 얻는 것은 아니기 때문이다.

사례로 미국 철도 주식과 IBM을 들어서 자세히 설명했다. 철도 주식은 경쟁 기업과 강성 노조로 인해서 PBR이 0.33배에 불과하지만, IBM 주식은 전성기에 PBR이 6배에 달했다. 패리 뮤추얼 방식이다. 누구나 IBM의 사업 전망이 철도보다 좋다는 사실을 알고 있고 이들이 IBM에 베팅했기 때문이다.

하지만 가격을 고려하면 상황이 달라진다. 과연 PBR이 6배나 되는 IBM을 매수하면 그보다 PBR이 낮은 철도 주식을 매수하는 것보다 높은 수익률을 올릴 수 있을까? 글쎄다.

경마 역시 마찬가지다. 한국 경마에서 역대 최강마였던 '당대불패'는 전성기 시절 단승식(1등을 맞히는 방식) 배당률이 약 1배 수준까지 떨어졌다. 2012년 9월 9일 개최된 제6회 오너스컵 대상 경주에서 당대불패는 1등으로 들어왔다. 하지만 이날 당대불패에게 1,000원을 건 사람은 1,200원밖에 받지 못했다. 누구나 이 말이 1등으로 들어오리라고 예상해서 배당률이 1.2배까지 떨어진 것이다.

이처럼 좋은 기업을 매수하거나 좋은 말에 건다고 해서 시장수익률을 초과할 수 있는 건 아니다. 그럼 패리 뮤추얼 베팅을 이길 수 있는 방법은 없을까? 멍거는 지금까지 패리 뮤추얼 시스템에서 돈을 번 사람들의 특징으로 한 가지를 꼽았다.

"돈을 번 사람들은 자주 베팅하지 않는다."

그들은 주식시장이나 경마를 유심히 관찰하지만, '가격이 잘못 매겨진 베팅' 기회를 발견할 때까지 꿈쩍도 하지 않는다. 멍거는 '투자는 패리 뮤추얼 시스템에 맞서 베팅하는 것'이라고 말하면서, 버핏과 자신은 경마로 치면 승률이 50%지만 배당률은 3배인 투자 기회를 찾는다고 덧붙였다. 그리고 투자란 '가격이 잘못 매겨진 도박'을 찾는 것과 다름없다고 강조한다.

제6회 오너스컵 대상 경주 결과

순위	마번	마명	산지	성별	연령	중량	기수명	조교사	마주명	마체중	단승식	연승식
1	1	당대불패	한	수	5세	58	조성곤	유병복	정영식	507(9)	1.2	1
2	10	경부대로	한	수	3세	56	코스케	오문식	정광화	486(-1)	9.4	1.6
3	12	파워풀코리아	한	거	4세	58	유현명	김남중	곽희원	494(-3)	32.8	4.5
4	6	힘찬질주	한	수	3세	56	채규준	유병복	현길림	489(0)	23.4	3.8
5	8	천지호령	한	수	4세	58	김용근	김상석	전종섭	460(-3)	38.4	5.3
6	4	에이원	한	암	4세	56	구영준	강형곤	강훈표	463(1)	119.5	19
7	2	카오산	한	거	7세	58	후지이	울즐리	김흥보	440(6)	51.9	6.4
8	3	연승대로	한	수	6세	58	최시대	오문식	정광화	490(-6)	20.7	2.9
9	5	[서]포리스트윈드	한	수	5세	58	김영진	유재길	서순배	485(-5)	67.3	7.6
10	9	하늘의축복	한	거	4세	58	쉴렉터	김영관	곽희원	510(-2)	10.2	1.8
11	7	[서]수성티엑스	한	수	7세	58	원정일	하재흥	(주)수성	513(-5)	98.1	9
12	11	[서]강철장사	한	거	5세	58	이기회	김순근	박재천	461(-1)	111.4	15.6

자료: 한국마사회

가치투자에 대한 정의도 독특하다. 멍거는 투자자들이 베팅 가격이 잘못 매겨졌는지를 알 수 있을 만큼 많이 알아야 하며 그게 바로 '가치투자'라고 말한다.

멍거의 주식 투자 성공 '4단계 프로세스'

멍거는 자신이 잘 아는 분야에만 집중한다. 이것이 그가 주식 투자에 성공한 '4단계 프로세스'의 첫 단계다. 둘째 단계로 대상 기업을 정성적·정량적으로 분석하고 경영진을 평가한다. 이어 경쟁우위와 지속 가능성 등을 따져본다. 마지막 단계로는 기업의 내재가치를 평가한다. 현재 주가가 내재가치보다 충분히 낮지 않다면 매수하지 않는다.

1단계: 잘 아는 분야에만 집중

공자는 《논어》 위정편에서 자로에게 "아는 것을 안다고 하고 모르는 것을 모른다고

찰리 멍거의 주식 투자 프로세스

단계	이론적 바탕	평가 방법
1단계	공자	잘 아는 분야에만 집중
2단계	다위니즘	정성적 분석, 정량적 분석, 경영진 평가
3단계	경영학	경쟁우위 및 경쟁적 파괴
4단계	벤저민 그레이엄	기업 내재가치

자료: 《가난한 찰리의 연감》

하는 것이 진정한 아는 것이다"라고 말했다.

멍거는 투자에서 '능력범위'를 강조하면서 공자의 이 말을 자주 인용한다. 즉, 자신이 잘 아는 분야와 잘 모르는 분야가 무엇인지를 알고 잘 아는 분야에만 집중해야 한다는 말이다. "우리는 투자를 위한 세 개의 바구니를 가지고 있는데, 예스(Yes), 노(No)와 너무 어려워 이해할 수 없는 경우(too tough to understand)를 위한 바구니다."

그는 능력범위 안에 머물기 위해 투자 범위를 간단하고 이해 가능한 투자 대상으로 한정한다. 어떠한 시장 환경에서도 지속 가능하고 쉽게 이해할 수 있는 지배적인 사업 프랜차이즈를 가진 기업을 찾으려고 한다. 이 기준을 통과하는 기업은 소수에 불과하다.

대다수 투자자가 선호하는 제약과 IT 업종은 그에게는 너무 어려워 이해할 수 없는 경우를 위한 바구니로 직행한다. 금융회사가 적극 홍보하는 투자나 기업공개상장(IPO)은 노(No) 바구니로 간다.

2단계: 정성적·정량적 분석, 경영진 평가

1단계 평가 과정을 통과한 기업만 멍거의 사고 모델로 걸러진다. 적자생존의 다위니즘에 바탕한 평가 과정이다. 이 과정에서 멍거가 고려하는 요인은 현재 및 미래의 규제 환경, 노동 환경, 공급자, 소비자 관계, 기술 변화로 인한 잠재적 영향, 경쟁력과 취약점, 가격결정력, 확장성, 환경 이슈와 숨겨진 위험 등 끝이 없다.

현금흐름과 재고, 운전자본, 고정자산 및 과대평가되기 쉬운 영업권 등 무형자산도 자신의 방식대로 다시 계산한다. 가장 중요한 평가 대상은 기업 경영진이다. 능력이 있는가, 신뢰할 수 있는가, 주인의식이 있는가를 바탕으로 경영진을 평가한다.

3단계: 경쟁우위와 경쟁적 파괴

멍거의 투자 능력이 가장 잘 드러나는 과정이 바로 3단계 평가 과정이다. 멍거는 제품, 시장, 브랜드, 직원, 유통 채널, 사회적 추세 등 모든 분야에서 기업의 경쟁우위를 가늠할 뿐 아니라 지속 가능성까지 평가한다.

그는 기업의 경쟁우위를 '해자'로 정의한다. 해자는 성곽의 주위를 둘러싼 도랑인데, 여기서는 경쟁사의 침입을 막는 실질적인 장벽을 뜻한다. 그가 선호하는 투자 대상은 이미 깊은 해자를 가지고 있을 뿐 아니라, 그 해자를 확대함으로써 지속적인 보호를 받을 수 있는 기업이다.

그뿐만 아니라 장기적인 관점에서 볼 때 대부분의 기업이 경쟁적 파괴에 직면한다는 사실을 간파했다. 1911년 〈버펄로 이브닝 뉴스〉의 증권 면에 실린 50개 주요 종목 중 제너럴 일렉트릭(GE)만 지금까지 규모가 크고 독립적인 기업으로 남아 있다는 사실을 꼽았다. 바로 경쟁적 파괴의 결과다.

기업들이 오랫동안 투자자들이 바라는 방식대로 생존하기는 어렵다는 사실이 역사에서 입증된다. 이에 대응해 멍거와 버핏은 경쟁적 파괴의 힘을 극복할 수 있는 기업을 찾는 데 모든 시간과 정력을 바친다.

4단계: 기업 내재가치

훌륭한 기업을 찾았다고 해서 가격 불문하고 투자하는 것은 아니다. 멍거는 기업의 내재가치를 계산한 후 시장가격과 비교해서 괜찮은 가격에만 산다. 벤저민 그레이엄이 강조한 안전마진을 확보하기 위해서다.

그리고 그레이엄에서 한 걸음 더 나아가 성장주에 집중한다. 그는 이를 "훌륭한 기업을 괜찮은 가격에 사는 것이 괜찮은 기업을 훌륭한 가격에 사는 것보다 훨씬 낫다"라고 표현한다. 여기서 핵심은 '훌륭한 기업'이다.

또한 "모든 현명한 투자는 가치투자이며 가치투자는 당신이 지불하는 것보다 많은 것을 얻는 것"이라면서 "주식을 평가하기 위해서는 반드시 비즈니스를 평가해야 한다"고 말한다. 주가보다 기업 분석이 우선이라는 말이다.

'격자식 사고 모형'으로 성공 - "재무학 지식만으론 멍청이"

"망치를 든 사람에게는 모든 것이 못으로 보인다."

멍거가 격자식 사고 모형의 중요성을 강조할 때 자주 인용하는 미국 소설가 마크 트웨인(Mark Twain)의 말이다. 모든 문제를 못으로 보지 않기 위해서는 망치뿐 아니라 스패너, 렌치, 드라이버 등 다양한 공구를 가지고 있어야 한다.

망치(경제학), 스패너(심리학), 렌치(화학), 드라이버(경영학) 등 다양한 공구들로 가득 찬 공구함이 바로 멍거가 겸비한 '격자식 사고

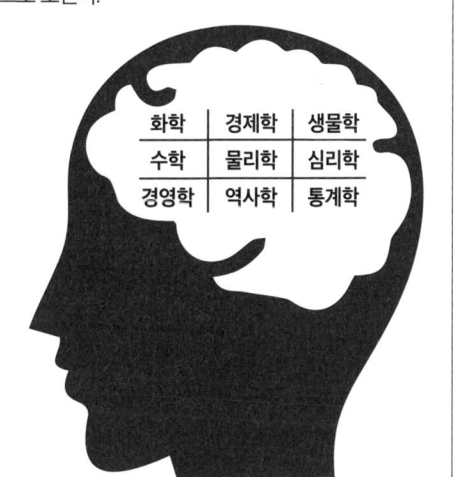

모형'이다. 우리말로 딱 떨어지게 옮기기 어려운데, 멍거는 《가난한 찰리의 연감》에서 '복합적 사고 모형(Multiple Mental Model)'이라는 표현을 자주 사용했다.

사람들 대부분은 한 가지 모형(예를 들어 경제학)으로만 훈련을 받았고 모든 문제를 한 가지 방법으로만 해결하려고 애쓴다. 그런데 멍거의 말에 따르면 이는 아주 멍청한 방법이다.

멍거는 기업의 재무 정보로만 가치 평가를 하지 않고, 투자 대상 기업의 내부 경영뿐 아니라 그 기업이 운영되는 더 큰 생태계를 분석한다. 이때 격자식 사고 모형을 이용해 정보를 수집하고 분석한 후 그 결과에 따라 행동한다. 모든 시스템에 다수의 요인이 영향을 미치기 때문에 다양한 학문들로 구성된 멀티플 모형이 시스템을 이

해하는 데 필수적이라고 멍거는 주장한다.

결국 격자식 사고 모형은 역사학, 심리학, 수학, 경영학, 생물학, 물리학, 화학, 통계학, 경제학 같은 전통적인 학문에서 분석 도구, 방법론, 공식을 빌려서 바느질로 꿰맨 하나의 틀인 셈이다. 복잡한 투자 문제에 내재하는 혼돈을 제거하고 명확하고 정형화된 펀더멘털을 도출하는 분석 도구라고 할 수 있다. 멍거는 다양한 학문들에서 유용한 개념을 빌렸다. 바로 수학의 복리, 물리학의 티핑 포인트(임계점), 화학의 자가 촉매, 생물학의 현대 진화 이론, 심리학의 인지적 오판 모형 등이다.

재밌는 사실은 격자식 사고 모형이 멍거가 독학으로 만들어낸 것이라는 점이다. 멍거는 대학에서 경제학, 경영학, 심리학, 화학을 배운 적이 없다. 그럼에도 지적 능력과 기질, 수십 년간 축적한 경험으로 버핏이 인정하는 비즈니스 분석의 일인자가 되었다. 그는 격자식 사고 모형 안에 큰돈이 들어 있다며, 자신의 경험이 이를 증명할 수 있다고 말했다. 솔깃하지 않은가.

찰리 멍거처럼 투자하기, 돈 버는 '체크리스트 톱5'

"체크리스트를 활용하면 어려운 문제를 풀 수 있다고 생각한다."

멍거의 말이다. 그가 투자에도 체크리스트를 활용하는 것은 물론이다. 그는 주식 투자 결정을 할 때 어떤 체크리스트를 활용할까?《가난한 찰리의 연감》에서 분야별 체크리스트를 소개하면서 지적인 겸손, 엄격한 분석, 인내, 단호함, 변화 수용, 독립성, 준비 등을 강조했다. 이 중 가장 중요한 다섯 가지를 살펴보자.

찰리 멍거의 주식 투자 체크리스트 톱 5

지적인 겸손	자신이 모르는 걸 인정하는 것이 지혜의 출발점이다
엄격한 분석	그림자(주식) 아닌 몸통(기업)을 분석하라
인내	행동 편향에 저항하라
단호함	기회가 왔을 때 과단성과 확신을 가져라
변화 수용	변화를 수용하고 적응하라

자료:《가난한 찰리의 연감》

지적인 겸손: 무지 인정이 지혜의 출발

지적인 겸손을 실천하기 위해서는 자신의 능력범위를 파악하고 그 안에 머무를 필요가 있다. 2018년 2월 자신이 회장으로 있는 데일리 저널 주주총회에 참석한 멍거는 애플, 페이스북, 구글, 아마존, 알리바바 주가가 과대평가됐는지 아니면 저평가됐는지 하는 질문을 받았다. 대답은 "잘 모릅니다"였다.

성공 투자를 위해서는 자기 의견에 반하거나 믿고 싶지 않은 사실도 확인하고 기꺼이 받아들여야 한다. 멍거는 자기 자신이 바로 가장 속이기 쉬운 상대라며 절대로 자신을 속이지 말라고 당부했다.

엄격한 분석: 그림자 아닌 몸통을 분석하라

멍거는 행동(activity)과 진행(progress), 규모(size)와 부(wealth), 가격(price)과 가치(value)의 차이를 정확히 구분하라고 주문했다. 똑같이 생각하기 쉽지만 사실 모두 다른 개념들이다. 또한 거시경제나 주식을 분석하기보다는 비즈니스를 분석해야 한다고 강조했다. 멍거와 버핏 모두 자주 언급하는 내용이다. 누구도 예측할 수 없는 거시경제를 예측하느라 시간 낭비하지 말고 그림자인 주식이 아니라 몸통인 기업을 분석하라는 얘기다.

인내: 행동 편향에 저항하라

투자자들 가운데 행동 편향에 공감하는 사람이 많을 것이다. 끈기 있게 기다리면 좋은 기회가 온다는 것을 알면서도 성급하게 뛰어들어서 손실을 보는 투자자가 많다. 특히 IT 기술 발달로 주식 거래가 쉬워진 것이 독이 되었다. 이전에는 주식을 사려면 증권사 지점에 가거나 전화를 걸어야 했는데, 지금은 스마트폰 터치 몇 번으로 거래가 가능해지면서 불필요한 거래가 늘어났다. 그래서 수익률이 올랐을까? 글쎄다. 멍거는 뭐든지 하려고 하는 인간의 편향에 저항하라면서 행동하지 않음의 중요성을 강조했다. 특히 불필요한 세금이나 거래비용을 피하고 행동을 위한 행동을 절대 하지 말라고 당부했다.

단호함: 기회가 왔을 때 꽉 붙잡아라

대신 기회는 자주 오지 않는다며, 기회가 왔을 때 꽉 붙잡아야 한다고 말했다. 준비된 사람이 기회를 만날 때가 바로 승부처라는 말이다. 여기에는 과단성과 자신만의 확신이 필요하다. 그래야만 "다른 사람이 탐욕을 부릴 때 두려워하고, 다른 사람이 두려워할 때 탐욕을 부릴 수 있다". 집단행동을 추종해서는 평균 이상의 수익률을 올릴 수 없다.

변화: 변화를 수용하고 적응하라

주식 투자와는 상관없는 말로 들릴 수도 있지만, 멍거는 변화에 대한 수용을 강조했다. 즉, 세계가 우리에게 맞추기를 바라지 말고, 우리를 둘러싼 세계의 본질을 인식하고 우리가 적응해야 한다는 말이다. 또한 끊임없이 자신이 '가장 좋아하는 아이디어'에 도전하고 기꺼이 수정하라고 조언했다. 역설적이지만 멍거는 맘에 들지 않는 현실일수록 더 정확히 인식해야 한다고 강조했다.

유의해야 할 점은 멍거의 체크리스트는 하나하나가 모여 모자이크를 구성하는 타일 역할을 한다는 사실이다. 체크리스트가 모두 모여 만들어진 전체 그림을 봐야지, 타일 몇 개만 보면 멍거처럼 될 수 없다.

찰리 멍거의 탁월한 투자 성과는 마법공식이나 경영대학원 스타일의 시스템에서 유래한 것이 아니다. 보다 나은 사고를 위한 끊임없는 탐색, 엄격한 준비 과정을 마다하지 않는 의지, 멍거의 다학문적(multidisciplinary) 연구 모형의 탁월한 결과에서 비롯됐다. ☯

글 김재현

현재 〈머니투데이〉에서 이코노미스트를 맡고 있다. 베이징대 MBA를 거쳐 상하이교통대에서 재무 전공으로 박사 학위를 받았고 중국과 금융에 관심이 많다. 저서로는 《중국경제권력지도》, 《중국 도대체 왜 한국을 오해하나》 등이 있다.

The Mook for Intelligent Investor

✦